| 경록 ONLY 전문기획 인강교재 |

시험장에서
눈을 의심할 만큼,
진가를 **합격**으로 확인하세요

Audio　Video　Physical　e-Book

한방에 합격하는
경록 조리산업기사
양식·중식·일식·복어 실기

임인숙 이경주 정문석 김창현

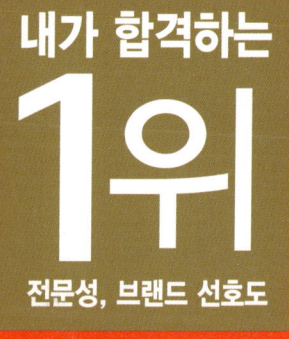

내가 합격하는
1위
전문성, 브랜드 선호도

경록 홈페이지 참조

머리말

"조리산업기사의 정석"
양식, 일식, 중식, 복어 산업기사를 준비하는 수험생 여러분에게 한 번에 합격의 길로 안내할 등대와 같은 길잡이가 되기를 바랍니다.

요즘 K-Food의 위상이 세계적으로 높아지고 있습니다. 더 높은 꿈을 향해 조리산업기사 자격증을 취득하기를 희망하는 모든 분들이 쉽게 이해하고 따라 할 수 있도록 조리 전문가가 철저히 준비하였습니다.

조리 업종별 양식, 일식, 중식, 복어 산업기사 실기 출제 문제를 모아 한 권으로 집필하였습니다. 이 책 한 권으로 4개 업종 시험을 준비할 수 있으며, 업종별 조리 전문가의 핵심 포인트가 시험을 준비하는 수험생 모두에게 도움이 되리라고 봅니다.

이 책은 30년 이상 실무경력과 15년 이상 조리기능장과 산업기사 시험을 감독한 경험을 바탕으로 그동안 어떠한 문제가 나올지 막막하여 시험에 도전 못 하신 분들이 많은데 2021년부터 국가가 지정한 유형별로 양식, 중식, 일식, 복어조리 산업기사를 품목별 재료의 준비과정부터 조리과정을 자세한 설명과 사진으로 정리하였습니다. 또한 국가 공개 문제 및 유의 사항을 수록하여 시험에 대비할 수 있도록 만들었으며, 시험에 출제된 품목을 함께 조리할 때 시간을 절약하여 만들 수 있는 조리 순서를 정리하여 시간 내에 제출할 수 있도록 레시피를 쉽게 정리하였습니다.

본 교재를 통하여 조리산업기사 자격증을 취득하여 조리를 통해 기쁨을 나누는 기회가 넓어지기를 바라며, 책이 출간되어 나올 수 있도록 애써주신 공동 저자와 출판사 관계자 모두에게 감사의 마음을 전합니다.

저자 일동

차례

들어가기
머리말 ·· 3
위생상태 및 안전관리 세부기준 안내 ············· 6
위생상태 및 안전관리에 대한 채점기준 안내 ····· 7

양식조리산업기사 실기
출제기준 (필기) ······································ 10
출제기준 (실기) ······································ 17
수험자 유의사항 ······································ 29
시험장 실기 준비물 ·································· 30
허브와 스파이스 ······································ 31
양식 재료썰기 정리 ·································· 35
닭 해체하기 ·· 36
양식 기본 조리법 ···································· 37

과제 1형
토마토 쿨리를 곁들인
치킨룰라드 ·· 38

과제 2형
타임 소스를 곁들인
양갈비구이 ·· 48

과제 3형
비가라드 소스를 곁들인
오리가슴살구이 ······································ 56

과제 4형
앤초비 버터를 곁들인
소안심구이 ·· 66

과제 5형
타임 벨루테 소스를 곁들인
기름에 저온 조리한 적도미 ······················· 74

중식조리산업기사 실기
출제기준 (필기) ······································ 84
출제기준 (실기) ······································ 90
수험자 유의사항 ······································ 99
시험장 실기 준비물 ································· 100
중식 재료썰기 정리 ································· 101
채소 썰기 ··· 102

과제 1형
삼품냉채 ·· 106
광동식탕수육 ·· 112
물만두 ·· 118

과제 2형
산라탕 ·· 128
양장피잡채 ··· 132
빠스사과 ·· 140

과제 3형
쇼마이 ·· 148
피망돼지고기볶음 ·································· 154
깐쇼새우 ··· 158

과제 4형
면보하 ·· 166
팔보채 ·· 170
궁보계정 ··· 174

과제 5형
라조육 ·· 184
짜춘권 ·· 190
류산슬 ·· 196

일식조리산업기사 실기

출제기준 (필기) ·················· 206
출제기준 (실기) ·················· 215
수험자 유의사항 ················ 224
시험장 실기 준비물 ············ 225
곤부다시 끓이는 방법 ········ 226
가쓰오다시 끓이는 방법 ···· 227
야꾸미 만들기 ···················· 228
채소썰기 ···························· 229
도미 손질 방법 ·················· 232

과제 1형
튀김덮밥 ···························· 238
도미냄비 ···························· 244
삼색갱 ······························· 250

과제 2형
닭양념튀김 ························ 258
모둠냄비 ···························· 262
삼색갱 ······························· 270

과제 3형
광어회 ······························· 278
소고기양념튀김 ················· 284
고등어간장구이 ················· 290

과제 4형
된장국 ······························· 300
꼬치냄비 ···························· 304
모둠튀김 ···························· 310

과제 5형
광어회 ······························· 320
튀김우동 ···························· 326
달걀말이 ···························· 330

복어조리산업기사 실기

출제기준 (필기) ·················· 338
출제기준 (실기) ·················· 345
수험자 유의사항 ················ 354
시험장 실기 준비물 ············ 355
복어과제 요구사항 ············ 356
총재료목록 ························ 357
복어 손질 ·························· 358

과제
복어회 ······························· 370
복어맑은탕 ························ 374
복껍질굳힘 (니꼬고리) ······ 382

핵심정리 핸드북(요점정리)
양식 핵심정리 핸드북 ················ 391
중식 핵심정리 핸드북 ················ 393
일식 핵심정리 핸드북 ················ 397
복어 핵심정리 핸드북 ················ 401

저자 프로필 ·············· 402

조리산업기사

위생상태 및 안전관리 세부기준 안내

순번	구분	세 부 기 준

1	위생복 상의	• 전체 흰색, 손목까지 오는 긴소매
		  – 조리과정에서 발생 가능한 안전사고(화상 등) 예방 및 식품위생(체모 유입방지, 오염도 확인 등) 관리를 위한 기준 적용
		  – 조리과정에서 편의를 위해 소매를 접어 작업하는 것은 허용
		  – 부직포, 비닐 등 화재에 취약한 재질이 아닐 것, 팔토시는 긴팔로 불인정
		• 상의 여밈은 위생복에 부착된 것이어야 하며 벨크로(일명 찍찍이), 단추 등의 크기, 색상, 모양, 재질은 제한하지 않음(단, 핀 등 별도 부착한 금속성은 제외)

2	위생복 하의	• 색상·재질무관, 안전과 작업에 방해가 되지 않는 발목까지 오는 긴바지 – 조리기구 낙하, 화상 등 안전사고 예방을 위한 기준 적용
3	위생모	• 전체 흰색, 빈틈이 없고 바느질 마감처리가 되어 있는 일반 조리장에서 통용되는 위생모 (모자의 크기, 길이, 모양, 재질(면·부직포 등)은 무관)
4	앞치마	• 전체 흰색, 무릎 아래까지 덮이는 길이 – 상하일체형(목끈형) 가능, 부직포·비닐 등 화재에 취약한 재질이 아닐 것
5	마스크	• 침액을 통한 위생상의 위해 방지용으로 종류는 제한하지 않음 (단, 감염병 예방법에 따라 마스크 착용 의무화 기간에는 '투명 위생 플라스틱 입가리개'는 마스크 착용으로 인정하지 않음)
6	위생화 (작업화)	• 색상 무관, 굽이 높지 않고 발가락·발등·발뒤꿈치가 덮여 안전사고를 예방할 수 있는 깨끗한 운동화 형태
7	장신구	• 일체의 개인용 장신구 착용 금지 (단, 위생모 고정을 위한 머리핀 허용)
8	두발	• 단정하고 청결할 것, 머리카락이 길 경우 흘러내리지 않도록 머리망을 착용하거나 묶을 것
9	손 / 손톱	• 손에 상처가 없어야하나, 상처가 있을 경우 보이지 않도록 할 것 (시험위원 확인 하에 추가 조치 가능) • 손톱은 길지 않고 청결하며 매니큐어, 인조손톱 등을 부착하지 않을 것
10	폐식용유 처리	• 사용한 폐식용유는 시험위원이 지시하는 적재장소에 처리할 것
11	교차오염	• 교차오염 방지를 위한 칼, 도마 등 조리기구 구분 사용은 세척으로 대신하여 예방할 것 • 조리기구에 이물질(예, 테이프)을 부착하지 않을 것
12	위생관리	• 재료, 조리기구 등 조리에 사용되는 모든 것은 위생적으로 처리하여야 하며, 조리용으로 적합한 것일 것
13	안전사고 발생 처리	• 칼 사용(손 빔) 등으로 안전사고 발생 시 응급조치를 하여야 하며, 응급조치에도 지혈이 되지 않을 경우 시험진행 불가
14	부정 방지	• 위생복, 조리기구 등 시험장내 모든 개인물품에는 수험자의 소속 및 성명 등의 표식이 없을 것 (위생복의 개인 표식 제거는 테이프로 부착 가능)
15	테이프 사용	• 위생복 상의, 앞치마, 위생모의 소속 및 성명을 가리는 용도로만 허용

※ 위 내용은 식품안전관리인증기준(HACCP) 평가(심사) 매뉴얼, 위생등급 가이드라인 평가기준 및 시행상의 운영사항을 참고하여 작성된 기준입니다.

조리산업기사

위생상태 및 안전관리에 대한 채점기준 안내

위생 및 안전 상태	채점기준
1 위생복(상/하의), 위생모, 앞치마, 마스크 중 한 가지라도 미착용한 경우 2 평상복(흰 티셔츠, 와이셔츠), 패션모자(흰털모자, 비니, 야구모자) 등 기준을 벗어난 위생복장을 착용한 경우	실격 (채점대상 제외)
3 위생복(상/하의), 위생모, 앞치마, 마스크를 착용하였더라도 • 무늬가 있거나 유색의 위생복 상의·위생모·앞치마를 착용한 경우 • 흰색의 위생복 상의·앞치마를 착용하였더라도 부직포, 비닐 등 화재에 취약한 재질의 복장을 착용한 경우 • 팔꿈치가 덮이지 않는 짧은 팔의 위생복을 착용한 경우 • 위생복 하의의 색상, 재질은 무관하나 짧은 바지, 통이 넓은 힙합스타일 바지, 타이츠, 치마 등 안전과 작업에 방해가 되는 복장을 착용한 경우 • 위생모가 뚫려있어 머리카락이 보이거나, 수건 등으로 감싸 바느질 마감 처리가 되어 있지 않고 풀어지기 쉬워 일반 조리장용으로 부적합한 경우 4 이물질(예, 테이프) 부착 등 식품위생에 위배되는 조리기구를 사용한 경우	'위생상태 및 안전관리' 점수 전체 0점
5 위생복(상/하의), 위생모, 앞치마, 마스크를 착용하였더라도 • 위생복 상의가 팔꿈치를 덮기는 하나 손목까지 오는 긴소매가 아닌 위생복(팔토시 착용은 긴소매로 불인정), 실험복 형태의 긴가운, 핀 등 금속을 별도 부착한 위생복을 착용하여 세부기준을 준수하지 않았을 경우 • 테두리선, 칼라, 위생모 짧은 창 등 일부 유색의 위생복 상의·위생모·앞치마를 착용한 경우 (테이프 부착 불인정) • 위생복 하의가 발목까지 오지 않는 8부바지 • 위생복(상/하의), 위생모, 앞치마, 마스크에 수험자의 소속 및 성명을 테이프 등으로 가리지 않았을 경우 6 위생화(작업화), 장신구, 두발, 손/손톱, 폐식용유 처리, 안전사고 발생 처리 등 '위생상태 및 안전관리 세부기준'을 준수하지 않았을 경우 7 '위생상태 및 안전관리 세부기준' 이외에 위생과 안전을 저해하는 기타사항이 있을 경우	'위생상태 및 안전관리' 점수 일부 감점

※ 위 기준에 표시되어 있지 않으나 일반적인 개인위생, 식품위생, 주방위생, 안전관리를 준수하지 않았을 경우 감점처리 될 수 있습니다.
※ 수도자의 경우 제복 + 위생복 상의/하의, 위생모, 앞치마, 마스크 착용 허용

양식조리산업기사

실기

양식조리산업기사

출제기준(필기)

직무 분야	음식서비스	중직무 분야	조리	자격 종목	양식조리산업기사	적용 기간	2022.1.1.~2024.12.31.

○ 직무내용 : 양식메뉴 계획에 따라, 식재료를 선정, 구매, 검수, 보관 및 저장하며, 맛과 영양을 고려하여 안전하고 위생적으로 음식을 조리하고 조리기구와 시설관리 및 급식·외식경영을 수행하는 직무이다.

필기검정방법	객관식	문제수	60	시험시간	1시간 30분

필기 과목명	출제 문제수	주요항목	세부항목	세세항목
위생 및 안전관리	20	1 위생관리	1. 개인 위생관리	1. 위생관리기준 2. 식품위생에 관련된 질병
			2. 식품 위생관리	1. 미생물의 종류와 특성 2. 식품과 기생충질환 3. 살균 및 소독의 종류와 방법 4. 식품의 위생적 취급기준 5. 식품첨가물과 유해물질 혼입
			3. 작업장 위생관리	1. 작업장위생 및 위해요소 2. 해썹(HACCP) 관리기준 3. 작업장 교차오염발생요소 4. 식품위해요소 취급규칙 5. 위생적인 식품조리 6. 식품별 유통, 조리, 생산 시스템
			4. 식중독 관리	1. 세균성 및 바이러스성 식중독 2. 자연독 식중독 3. 화학적 식중독 4. 곰팡이 독소
			5. 식품위생 관계법규	1. 식품위생법 및 관계 법규 2. 식품 등의 표시·광고에 관한 법령

필기 과목명	출제 문제수	주요항목	세부항목	세세항목
		2 안전관리	1. 개인 안전관리	1. 개인 안전관리 점검표 2. 작업 안전관리 3. 개인 안전사고 예방 및 응급조치 4. 산업안전보건법
			2. 장비·도구 안전작업	1. 조리장비·도구의 종류와 특징, 용도 2. 조리장비·도구의 분해 및 조립 방법 3. 조리장비·도구 안전관리 지침 4. 조리장비·도구의 작동 원리 5. 주방도구 활용
			3. 작업환경 안전관리	1. 작업장 환경관리 2. 작업장 안전관리 3. 화재예방 및 화재진압 4. 유해, 위험, 화학물질 관리 5. 정기적 안전교육 실시
		3 공중 보건	1. 공중보건의 개념	1. 공중보건의 개념
			2. 환경위생 및 환경오염	1. 일광 2. 공기 및 대기오염 3. 상하수도, 오물처리 및 수질오염 4. 구충구서
			3. 산업보건관리	1. 산업보건의 개념과 직업병관리
			4. 역학 및 질병관리	1. 역학 일반 2. 급만성감염병관리 3. 생활습관병 및 만성질환
			5. 보건관리	1. 보건행정 및 보건통계 2. 인구와 보건 3. 보건영양 4. 모자보건, 성인 및 노인보건 5. 학교보건

필기 과목명	출제 문제수	주요항목	세부항목	세세항목
식재료관리 및 외식경영	20	1 재료관리	1. 저장 관리	1. 식재료 냉동·냉장·창고 저장관리 2. 식재료 건조창고 저장관리 3. 저장고 환경관리 4. 저장 관리의 원칙
			2. 재고 관리	1. 재료 재고 관리 2. 재료의 보관기간 관리 3. 상비량과 사용 시기 조절 4. 재료 유실방지 및 보안 관리
			3. 식재료의 성분	1. 수분 2. 탄수화물 3. 지질 4. 단백질 5. 무기질 6. 비타민 7. 식품의 색 8. 식품의 갈변 9. 식품의 맛과 냄새 10. 식품의 물성 11. 식품의 유독성분 12. 효소
			4 식품과 영양	1 영양소의 기능 2 영양소 섭취기준
		2 조리외식경영	1. 조리외식의 이해	1. 조리외식산업의 개념 2. 조리외식산업의 분류 3. 외식산업 환경분석 기술
			2. 조리외식 경영	1. 서비스 경영 2. 외식소비자 관리 3. 서비스 매뉴얼 관리 4. 위기상황 예측 및 대처
			3. 조리외식 창업	1. 창업의 개념 2. 외식창업 경영 이론 3. 창업절차

필기 과목명	출제 문제수	주요항목	세부항목	세세항목
양식조리	20	1 메뉴관리	1. 메뉴관리 계획	1. 메뉴 구성 2. 메뉴의 용어와 명칭 3. 계절별 메뉴 4. 메뉴조절, 관리
			2. 메뉴 개발	1. 시장상황과 흐름에 관한 변화분석 2. 메뉴 분석기법 및 메뉴구성 3. 플레이팅 기법과 개념
			3. 메뉴원가 계산	1. 메뉴 품목별 판매량 및 판매가 2. 표준분량크기 3. 식재료 원가 계산 4. 재무제표 5. 대차대조표 6. 손익 분기점
		2 구매관리	1. 시장 조사	1. 재료구매계획 수립 2. 식재료, 조리기구의 유통·공급환경 3. 재료수급, 가격변동에 의한 공급처 대체
			2. 구매관리	1. 공급업체 선정 및 구매 2. 육류의 등급별, 산지, 품종별 차이 3. 어패류의 종류와 품질 4. 채소, 과일류의 종류와 품질 5. 구매관리 관련 서식
			3. 검수관리	1. 식재료 선별 및 검수 2. 검수관리 관련 서식
		3 재료준비	1. 재료준비	1. 재료의 선별 2. 재료의 종류 3. 재료의 조리 특성 및 방법 4. 조리과학 및 기본 조리조작 5. 조리도구의 종류와 용도 6. 작업장의 동선 및 설비 관리

필기 과목명	출제 문제수	주요항목	세부항목	세세항목
			2. 재료의 조리원리	1. 농산물의 조리 및 가공·저장 2. 축산물의 조리 및 가공·저장 3. 수산물의 조리 및 가공·저장 4. 유지 및 유지 가공품 5. 냉동식품의 조리 6. 조미료와 향신료
			3. 식생활 문화	1. 양식의 음식 문화와 배경 2. 양식의 분류 3. 양식의 특징 및 용어
		4 양식 소스 조리	1. 소스 조리	1. 농후제 종류와 특성 2. 소스 종류와 조리법 3. 주재료·부재료 특성과 용도
			2. 소스 완성	1. 소스 품질평가 2. 소스 용도와 역할
		5 양식 수프조리	1. 수프 조리	1. 스톡 종류와 특성 1. 수프 종류와 조리법
			2. 수프요리 완성	1. 수프 가니쉬 1. 수프 품질평가
		6 양식 어패류조리	1. 어패류 조리	1. 어패류 종류와 조리법
			2. 어패류요리 완성	1. 어패류 요리 가니쉬 1. 어패류 요리 품질평가
		7 양식 육류조리	1. 육류 조리	1. 육류 종류와 조리법
			2. 육류요리 완성	1. 육류 요리 가니쉬 1. 육류 요리 품질평가
		8 양식 파스타조리	1. 파스타 조리	1. 파스타 종류와 조리법
			2. 파스타요리 완성	1. 파스타요리 가니쉬 1. 파스타요리 품질평가
		9 양식 사이드디쉬 조리	1. 사이드디쉬 조리	1. 사이드디쉬 종류와 조리법
			2. 사이드디쉬 완성	1. 사이드디쉬 품질평가

필기 과목명	출제 문제수	주요항목	세부항목	세세항목
		10 양식 디저트조리	1. 콜 디저트 조리	1. 콜 디저트 종류와 조리법 2. 콜 디저트 가니쉬 3. 콜 디저트 소스
			2. 핫 디저트 조리	1. 핫 디저트 종류와 조리법 2. 핫 디저트 가니쉬 3. 핫 디저트 소스
			3. 스페셜 디저트 조리	1. 스페셜 디저트 종류와 조리법 2. 스페셜 디저트 가니쉬 3. 스페셜 디저트 소스
		11 연회조리	1. 리셉션 메뉴 조리	1. 리셉션 메뉴 종류와 조리법 2. 리셉션 메뉴 가니쉬 3. 리셉션 테이블 셋팅 4. 리셉션 기물 및 식기
			2. 연회용 뷔페메뉴 조리	1. 연회용 뷔페메뉴 종류와 조리법 2. 연회용 뷔페메뉴 가니쉬 3. 연회용 뷔페메뉴 테이블 셋팅 4. 연회용 뷔페메뉴 기물 및 식기
			3. 연회용 코스메뉴 조리	1. 연회용 코스메뉴 종류와 조리법 2. 연회용 코스메뉴 가니쉬 3. 연회용 코스메뉴 테이블 셋팅 4. 연회용 코스메뉴 기물 및 식기 5. 연회용 코스메뉴 제공 순서
		12 양식 조식조리	1. 달걀요리 조리	1. 달걀 조리 도구 2. 달걀 요리 종류와 조리법 3. 달걀 요리 품질평가 4. 달걀 특성
			2. 조찬용 빵류 조리	1. 조찬용 빵류 종류와 조리법 2. 조찬용 빵류 품질평가 3. 조찬용 빵류 특성
			3. 시리얼류 조리	1. 시리얼류 조리 종류와 조리법 2. 시리얼류 조리 품질평가 3. 시리얼류 조리 특성

필기 과목명	출제문제수	주요항목	세부항목	세세항목
		13 양식 전채조리	1. 전채 조리	1. 전채 종류와 조리법 2. 전채 콘디멘트 3. 전채 특성
			2. 전채요리 완성	1. 전채요리 가니쉬 2. 전채요리 품질평가
		14 푸드 플레이팅	1. 핫 푸드 플레이팅	1. 핫 푸드 플레이팅 개념 2. 핫 푸드 플레이팅 기본 구성요소 3. 핫 푸드 플레이팅 기본 원칙 4. 핫 푸드 플레이팅 도구 5. 접시 용어 6. 음식과 색채의 원리 7. 음식과 조형의 원리 8. 음식과 디자인 원리
			2. 콜 푸드 플레이팅	1. 콜 푸드 플레이팅 개념 2. 콜 푸드 플레이팅 기본 구성요소 3. 콜 푸드 플레이팅 기본 원칙 4. 콜 푸드 플레이팅 도구 5. 콜 푸드 플레이팅 방법
			3. 전시용 푸드 플레이팅	1. 전시용 푸드 개발 2. 전시용 푸드 코팅 3. 전시용 가니쉬 조리 4. 전시용 푸드 플레이팅

출제기준(실기)

양식조리산업기사

| 직무분야 | 음식서비스 | 중직무분야 | 조리 | 자격종목 | 양식조리산업기사 | 적용기간 | 2022.1.1.~2024.12.31. |

○ 직무내용 : 양식메뉴 계획에 따라, 식재료를 선정, 구매, 검수, 보관 및 저장하며, 맛과 영양을 고려하여 안전하고 위생적으로 음식을 조리하고 조리기구와 시설관리 및 급식·외식경영을 수행하는 직무이다.

○ 수행준거 :
1. 육류, 어패류, 채소류, 스톡 류 등을 활용하여 조리에 사용되는 소스를 조리할 수 있다.
2. 육류, 어패류, 채소류, 스톡 류 등을 활용하여 메뉴에 사용되는 수프를 조리할 수 있다.
3. 생선류, 조개류, 갑각류 등을 활용하여 각각의 특성에 맞게 조리하고, 곁들여지는 소스 등을 조리할 수 있다.
4. 육류와 가금류 등을 활용하여 육류, 가금류 조리와 곁들여지는 소스 등을 조리할 수 있다.
5. 파스타와 어패류·육류·채소류·유제품류·가공식품류를 활용하여 파스타와 곁들여지는 소스를 조리할 수 있다.
6. 음식조리 작업에 필요한 위생관련지식을 이해하고 주방의 청결상태와 개인위생·식품위생을 관리하여 전반적인 조리작업을 위생적으로 수행할 수 있다.
7. 조리사가 주방에서 일어날 수 있는 사고와 재해에 대하여 안전기준 확인, 안전수칙 준수, 안전예방 활동을 할 수 있다.
8. 계절·장소·목적 등에 따라 메뉴를 구성하고, 개발하며 메뉴관리를 할 수 있다.
9. 식사 또는 메인 요리에 곁들여 사용되는 전분을 포함한 곡류 및 채소요리를 조리할 수 있다.
10. 식사의 마지막 단계에 요리의 맛을 효과적으로 돋우기 위해 달걀, 설탕, 우유, 생크림, 양주, 과일, 너트, 향신료, 초콜릿 등을 사용하여 차가운 혹은 더운 디저트류를 제조할 수 있다.
11. 축하, 환영, 석별 따위를 위하여 여러 사람이 모여 베푸는 잔치에 필요한 요리를 조리하고 셋팅할 수 있다.
12. 어패류·육류·채소류·유제품류·가공식품류를 활용하여 조식 등에 사용되는 각종 조식요리를 조리할 수 있다.
13. 식욕을 돋우기 위한 요리로 육류, 어패류, 채소류 등을 활용하여 곁들여지는 소스 등을 조리할 수 있다.
14. 고객이 요리에 가치와 문화를 느끼도록 음식을 접시에 맛과 색, 모양 등을 예술적으로 배열할 수 있다.

| 실기검정방법 | 작업형 | 시험시간 | 2시간 정도 |

실기 과목명	주요항목	세부항목	세세항목
양식조리실무	1 양식 위생관리	1. 개인 위생관리하기	1. 위생관리기준에 따라 조리복, 조리모, 앞치마, 조리안전화 등을 착용할 수 있다. 2. 두발, 손톱, 손 등 신체청결을 유지하고 작업수행 시 위생습관을 준수할 수 있다. 3. 근무 중의 흡연, 음주, 취식 등에 대한 작업장 근무수칙을 준수할 수 있다. 4. 위생관련법규에 따라 질병, 건강검진 등 건강상태를 관리하고 보고할 수 있다.
		2. 식품 위생관리하기	1. 식품의 유통기한·품질 기준을 확인하여 위생적인 선택을 할 수 있다. 2. 채소·과일의 농약 사용여부와 유해성을 인식하고 세척할 수 있다. 3. 식품의 위생적 취급기준을 준수할 수 있다. 4. 식품의 반입부터 저장, 조리과정에서 유독성, 유해물질의 혼입을 방지할 수 있다.
		3. 주방 위생관리하기	1. 주방 내에서 교차오염 방지를 위해 조리생산 단계별 작업공간을 구분하여 사용할 수 있다. 2. 주방위생에 있어 위해요소를 파악하고, 예방할 수 있다. 3. 주방, 시설 및 도구의 세척, 살균, 해충·해서 방제 작업을 정기적으로 수행할 수 있다. 4. 시설 및 도구의 노후상태나 위생 상태를 점검하고 관리할 수 있다. 5. 식품이 조리되어 섭취되는 전 과정의 주방 위생 상태를 점검하고 관리할 수 있다. 6. HACCP적용 업장의 경우 HACCP관리기준에 의해 관리할 수 있다.
	2 양식 안전관리	1. 개인 안전관리하기	1. 안전관리 지침서에 따라 개인 안전관리 점검표를 작성할 수 있다. 2. 개인안전사고 예방을 위해 도구 및 장비의 정리정돈을 상시 할 수 있다. 3. 주방에서 발생하는 개인 안전사고의 유형을 숙지시키고 예방을 위한 안전수칙을 교육할 수 있다. 4. 주방 내 필요한 구급품이 적정 수량 비치되었는지 확인하고 개인 안전 보호 장비를 정확하게 착용하여 작업하는지 확인할 수 있다. 5. 개인이 사용하는 칼에 대해 사용안전, 이동안전, 보관안전을 수행 할 수 있다.

실기 과목명	주요항목	세부항목	세세항목
			6. 개인의 화상사고, 낙상사고, 근육팽창과 골절사고, 절단사고, 전기기구에 인한 전기 쇼크 사고, 화재사고와 같은 사고 예방을 위해 주의사항을 숙지하고 실천할 수 있다. 7. 개인 안전사고 발생 시 신속 정확한 응급조치를 실시하고 재발 방지 조치를 실행할 수 있다.
		2. 장비·도구 안전관리하기	1. 조리장비·도구에 대한 종류별 사용방법에 대해 주의사항을 숙지할 수 있다. 2. 조리장비·도구를 사용 전 이상 유무를 점검할 수 있다. 3. 안전 장비 류 취급 시 주의사항을 숙지하고 실천할 수 있다. 4. 조리장비·도구를 사용 후 전원을 차단하고 안전수칙을 지키며 분해하여 청소 할 수 있다. 5. 무리한 조리장비·도구 취급은 금하고 사용 후 일정한 장소에 보관하고 점검할 수 있다. 6. 모든 조리장비·도구는 반드시 목적 이외의 용도로 사용하지 않고 규격품을 사용할 수 있다.
		3. 작업환경 안전관리하기	1. 작업환경 안전관리 시 작업환경 안전관리 지침서를 작성할 수 있다. 2. 작업환경 안전관리 시 작업장주변 정리 정돈 등을 관리 점검할 수 있다. 3. 작업환경 안전관리 시 제품을 제조하는 작업장 및 매장의 온·습도관리를 통하여 안전사고요소 등을 제거할 수 있다. 4. 작업장내의 적정한 수준의 조명과 환기, 이물질, 미끄럼 및 오염을 방지할 수 있다. 5. 작업환경에서 필요한 안전관리시설 및 안전용품을 파악하고 관리할 수 있다. 6. 작업환경에서 화재의 원인이 될 수 있는 곳을 자주 점검하고 화재진압기를 배치하고 사용할 수 있다. 7. 작업환경에서의 유해, 위험, 화학물질을 처리기준에 따라 관리할 수 있다. 8. 법적으로 선임된 안전관리책임자가 정기적으로 안전교육을 실시하고 이에 참여할 수 있다.

실기 과목명	주요항목	세부항목	세세항목
	3 양식 메뉴관리	1. 메뉴관리 계획하기	1. 균형 잡힌 식단 구성 방식을 감안하여 메뉴를 구성할 수 있다. 2. 원가, 식재료, 시설용량, 경제성을 감안하여 메뉴 구성을 조정할 수 있다. 3. 메뉴의 식재료, 조리방법, 메뉴 명, 메뉴판 작성 등 사용되는 용어와 명칭을 정확히 구분하고 사용할 수 있다. 4. 수익성과 선호도에 따른 메뉴 엔지니어링을 할 수 있다. 5. 공헌이익 높일 수 있는 메뉴구성을 할 수 있다.
		2. 메뉴 개발하기	1. 고객의 수요예측, 수익성, 이용 가능한 식자재, 조리설비, 메뉴의 다양성 그리고 영양적 요소를 파악할 수 있다. 2. 고객의 식습관과 선호도에 미치는 경제적, 사회적, 지역적, 그리고 형태적 영향을 파악하고 활용할 수 있다. 3. 주방에서 보유한 조리기구의 특성을 이해하고, 메뉴의 영양적 요소와 설명을 제시할 수 있다. 4. 지역적 위치와 고객수준 등을 고려한 입지분석과 계층분석을 할 수 있다. 5. 식재료 전반에 관한 등 외부적인 환경을 파악하여 메뉴를 개발할 수 있다.
		3. 메뉴원가 계산하기	1. 실제원가를 일단위, 월단위로 계산하며, 이에 대한 의사결정을 할 수 있다. 2. 원가, 식재료, 시설용량, 경제성을 감안하여 메뉴 구성을 할 수 있다. 3. 당일 식료수입과 재료에 대한 현황을 파악하여 실제원가를 알 수 있다. 4. Daily Revenue Report & Daily Food Cost Report 를 이해하고 매출에 대한 재료비율을 산출할 수 있다. 5. 부분별 재료 선입선출에 의한 품목별 단위원가를 산출하여 총원가를 계산할 수 있다.

실기 과목명	주요항목	세부항목	세세항목
	4 양식 소스 조리	1. 소스 재료 준비하기	1. 조리에 필요한 부케가니(Bouquet Garni)를 준비할 수 있다. 2. 미르포아(Mirepoix)를 준비할 수 있다. 3. 루(Roux)는 버터와 밀가루를 동량으로 사용하여 만들 수 있다. 4. 소스에 필요한 스톡을 준비할 수 있다. 5. 소스 조리에 필요한 주방도구(Kitchen Utensil)를 준비할 수 있다.
		2. 소스 조리하기	1. 미르포아(Mirepoix)를 볶은 다음 찬 스톡을 넣고 서서히 끓일 수 있다. 2. 소스의 용도에 맞게 농후제를 사용할 수 있다. 3. 소스를 끓이는 과정에서 불순물이나 기름이 위로 떠오르면 걷어낼 수 있다. 4. 적절한 시간에 향신료를 첨가할 수 있다. 5. 원하는 소스의 지정된 맛, 향, 농도, 색이 될 때까지 조리할 수 있다. 6. 소스를 걸러내어 정제할 수 있다.
		3. 소스 완성하기	1. 소스의 품질이 떨어지지 않도록 적정 온도를 유지할 수 있다. 2. 소스에 표막이 생성되는 것을 막도록 버터나 정제된 버터로 표면을 덮어 마무리 할 수 있다. 3. 마무리 된 소스의 색깔과 맛 투명감, 풍미, 온도를 통해 소스의 품질을 평가할 수 있다. 4. 요구되는 양에 맞추어 소스를 제공할 수 있다.
	5 양식 수프조리	1. 수프재료 준비하기	1. 육류, 어패류, 채소류, 곡류에서 수프용도에 알맞은 재료를 선별하여 준비할 수 있다. 2. 조리에 필요한 부케가니(Bouquet Garni)를 준비할 수 있다. 3. 미르포아(Mirepoix)를 준비할 수 있다. 4. 수프에 적합한 농후제를 준비할 수 있다. 5. 수프에 필요한 스톡을 준비할 수 있다. 6. 수프 조리에 필요한 조리도구(Kitchen Utensil)를 준비할 수 있다.

실기 과목명	주요항목	세부항목	세세항목
		2. 수프 조리하기	1. 수프의 종류에 따라 건더기와 수분의 비율을 조정할 수 있다. 2. 수프의 종류에 따라 주요 향미를 가진 재료를 순서에 따라 볶아낼 수 있다. 3. 재료가 냄비바닥에 눌러 붙지 않도록 조리할 수 있다. 4. 스톡을 넣고 끓이며, 위에 뜨는 불순물을 제거할 수 있다. 5. 원하는 수프의 향, 색, 농도가 충분히 우러나도록 끓일 수 있다. 6. 수프의 종류에 따라 갈아주거나 걸러줄 수 있다.
		3. 수프요리 완성하기	1. 수프의 종류에 따라 크루톤(Crouton), 휘핑크림(Whipping Cream), 퀜넬(Quenell)과 같은 곁들임을 제공할 수 있다. 2. 마무리 된 수프의 색깔과 맛, 투명감, 풍미, 온도를 통해 수프의 품질을 평가할 수 있다.
	6 양식 어패류조리	1. 어패류재료 준비하기	1. 어패류의 원산지, 조리법을 고려하여 선별할 수 있다. 2. 조리에 요구되는 신선도를 갖고 있는지 검사할 수 있다. 3. 구입 후 조리 이전까지 신선한 상태를 유지하도록 보관할 수 있다. 4. 생선류, 조개류, 갑각류를 손질하여 용도에 맞는 크기로 자를 수 있다.. 5. 요리에 알맞은 부재료와 소스를 준비할 수 있다. 6. 필요한 경우 오일과 향신료를 이용하여 마리네이드(Marinade) 할 수 있다. 7. 어패류 조리에 필요한 조리도구(Kitchen Utensil)를 준비할 수 있다.
		2. 어패류 조리하기	1. 재료에 적합한 조리방식과 조리도구를 결정할 수 있다. 2. 재료가 눌러 붙거나 부서지지 않도록 조리할 수 있다. 3. 화력을 조절하여 살이 오그라들거나 덜 익혀지지 않도록 할 수 있다. 4. 용도에 알맞게 향신료와 와인을 사용하여 조리할 수 있다. 5. 요리에 알맞은 부재료와 소스를 조리할 수 있다.

실기 과목명	주요항목	세부항목	세세항목
		3. 어패류요리 완성하기	1. 요리에 알맞은 맛과 풍미를 이끌어 낼 수 있는 소스를 제공할 수 있다. 2. 주재료에 어울리는 부재료(Side Dish), 가니쉬(Garnish)를 제공할 수 있다. 3. 마무리 된 음식의 색깔과 맛, 풍미, 온도를 통해 음식의 품질을 평가 할 수 있다.
	7 양식 육류조리	1. 육류재료 준비하기	1. 조리법과 질김 정도, 향미를 고려하여 육류, 가금류의 종류와 메뉴에 맞는 부위를 선택할 수 있다. 2. 메뉴의 종류에 따라 육류, 가금류의 종류와 조리 부위를 선택할 수 있다. 3. 용도에 맞게 재료를 발골, 절단하여 손질할 수 있다. 4. 요리에 알맞은 부재료와 소스를 준비할 수 있다. 5. 로스팅(Roasting) 할 재료는 끈을 사용하여 감쌀 수 있도록 묶을 수 있다. 6. 필요에 따라 마리네이드(Marinade)방법과 향신료와 채소를 채워 넣는 방법을 사용 할 수 있다. 7. 육류 조리에 필요한 주방도구(Kitchen Utensil)를 준비할 수 있다.
		2. 육류 조리하기	1. 육류, 가금류 요리 시 재료에 적합한 조리 방식과 조리 도구를 결정할 수 있다. 2. 재료가 눌러 붙거나 부서지지 않도록 조리할 수 있다. 3. 육류, 가금류 요리에 알맞은 가니쉬(Garnish)와 소스를 조리할 수 있다. 4. 화력과 시간을 조절하여 원하는 익힘 정도로 조리할 수 있다. 5. 향신료를 사용하여 향과 맛을 조절할 수 있다.
		3. 육류요리 완성하기	1. 육류, 가금류 요리에 알맞은 맛과 풍미를 이끌어 낼 수 있는 요리를 제공할 수 있다. 2. 주재료에 어울리는 가니쉬(Garnish)를 제공 할 수 있다. 3. 마무리 된 음식의 색깔과 맛, 풍미, 온도를 통해 음식의 품질을 평가할 수 있다.

실기 과목명	주요항목	세부항목	세세항목
	8 양식 파스타조리	1. 파스타재료 준비하기	1. 파스타 재료를 계량하여 손으로 반죽할 수 있다. 2. 원하는 모양으로 만든 면발이 서로 엉겨 붙지 않도록 처리할 수 있다. 3. 파스타에 필요한 부재료, 소스 재료를 준비할 수 있다. 4. 파스타 조리에 필요한 주방 도구(Kitchen Utensil)를 준비할 수 있다.
		2. 파스타 조리하기	1. 면의 종류에 따라 끓는 물에 삶아 낼 수 있다. 2. 속을 채운 파스타의 경우, 터지지 않게 삶을 수 있다. 3. 삶아 익힌 면은 물기를 제거한 후 달라붙지 않게 조리할 수 있다. 4. 파스타의 종류에 따라 부재료와 소스를 선택하여 조리할 수 있다.
		3. 파스타요리 완성하기	1. 일인분의 양을 조절하여 제공할 수 있다. 2. 주재료에 어울리는 가니쉬(Garnish)를 제공 할 수 있다. 3. 파스타 종류에 알맞은 그릇에 담아 제공 할 수 있다. 4. 마무리 된 음식의 색깔과 맛, 풍미, 온도를 통해 음식의 품질을 평가할 수 있다.
	9 양식 사이드디쉬 조리	1. 사이드디쉬재료 준비하기	1. 메인 요리와 어울리는 재료를 미리 선정하여 준비할 수 있다. 2. 전분류나 채소에 섞인 불순물을 골라낼 수 있다. 3. 종류나 건조된 정도에 따라 물에 불리거나 삶아낼 수 있다. 4. 물기를 제거하여 준비할 수 있다.
		2. 사이드디쉬 조리하기	1. 크기와 단단한 정도에 따라 조리 방법을 선택할 수 있다. 2. 채소 원래 모양이 유지되고 원하는 색상이 유지되도록 익혀낼 수 있다. 3. 양과 종류에 따라 압력, 시간, 불의 세기를 조절하여 원하는 촉감만큼 익힐 수 있다. 4. 채소의 맛과 타는 것을 방지하기 위해 오일의 양을 조절할 수 있다. 5. 필요한 양념을 하여 익혀낼 수 있다. 6. 소스나 스톡을 바르거나 첨가하여 조리할 수 있다. 7. 익힌 채소나 곡물을 으깨서 퓌레나 메쉬를 만들 수 있다.

실기 과목명	주요항목	세부항목	세세항목
		3. 사이드디쉬 완성하기	1. 더운 메인 요리에는 뜨겁게 찬 메인 요리에는 차게 사이드 디쉬 요리를 제공할 수 있다. 2. 사이드 디쉬에 어울리는 가니쉬(Garnish)를 제공할 수 있다. 3. 마무리 된 사이드 디쉬의 색깔과 맛, 풍미, 온도를 통해 음식의 품질을 평가할 수 있다.
	10 양식 디저트조리	1. 콜 디저트 조리하기	1. 콜(Cold) 디저트 종류별 레시피에 맞게 계량을 할 수 있다. 2. 콜(Cold) 디저트 종류별 레시피에 맞게 반죽 할 수 있다. 3. 콜(Cold) 디저트 종류별 레시피에 맞게 성형 할 수 있다. 4. 콜(Cold) 디저트 종류별에 맞게 굽기/찌기/굳히기를 할 수 있다. 5. 콜(Cold) 디저트 종류별에 맞게 장식 할 수 있다.
		2. 핫 디저트 조리하기	1. 핫(Hot) 디저트 종류별 레시피에 맞게 계량을 할 수 있다. 2. 핫(Hot) 디저트 종류별 레시피에 맞게 반죽 할 수 있다. 3. 핫(Hot) 디저트 종류별 레시피에 맞게 성형 할 수 있다. 4. 핫(Hot) 디저트 종류별에 맞게 굽기/찌기/굳히기를 할 수 있다. 5. 핫(Hot) 디저트 종류별에 맞게 장식 할 수 있다.
		3. 스페셜 디저트 조리하기	1. 스페셜 디저트 종류별 레시피에 맞게 계량을 할 수 있다. 2. 스페셜 디저트 종류별 레시피에 맞게 반죽 할 수 있다. 3. 스페셜 디저트 종류별 레시피에 맞게 성형 할 수 있다. 4. 스페셜 디저트 종류별에 맞게 굽기/찌기/굳히기를 할 수 있다. 5. 스페셜 디저트 종류별에 맞게 장식 할 수 있다.

실기 과목명	주요항목	세부항목	세세항목
	11 연회조리	1. 리셉션 메뉴 조리하기	1. 커피 브레이크 메뉴를 셋팅 할 수 있다. 2. 칵테일 리셉션 메뉴를 조리하고 셋팅 할 수 있다. 3. 스페셜(할로인, 크리스마스이브, 추수감사절행사) 리셉션 메뉴를 조리하고 셋팅 할 수 있다. 4. 와인페어링에 맞는 음식을 조리하고 셋팅 할 수 있다. 5. 리셉션에 맞는 연회 분위기를 연출할 수 있다.
		2. 연회용 뷔페메뉴 조리하기	1. 연회 조식 뷔페메뉴를 조리하고 셋팅할 수 있다. 2. 연회 브런치 뷔페메뉴를 조리하고 셋팅할 수 있다. 3. 연회 점심·저녁 뷔페메뉴를 조리하고 셋팅할 수 있다. 4. 출장 뷔페메뉴를 조리하고 운반 및 셋팅할 수 있다. 5. 세계지역 유명 음식을 조리하고 뷔페로 셋팅할 수 있다.
		3. 연회용 코스메뉴 조리하기	1. 세계지역 식재료를 활용하여 코스별 메뉴를 조리 할 수 있다. 2. 연회 행사에 맞는 컨셉을 정하고 코스 메뉴를 조리할 수 있다. 3. 유명 셰프의 레시피를 적용하여 갈라디너쇼 메뉴를 조리 할 수 있다.
	12 양식 조식조리	1. 달걀 조리하기	1. 달걀 요리에 맞는 재료를 준비할 수 있다. 2. 달걀 조리에 필요한 주방 도구(Kitchen Utensil)를 준비할 수 있다. 3. 달걀과 부재료를 사용하여 달걀 요리 종류에 맞게 조리할 수 있다. 4. 메뉴의 조리법에 따라 알맞은 부재료를 사용하여 완성 할 수 있다. 5. 마무리 된 음식의 색깔과 맛, 풍미, 온도를 통해 음식의 품질을 평가할 수 있다.
		2. 조찬용 빵류 조리하기	1. 조찬용 빵류 조리에 맞는 재료를 준비할 수 있다. 2. 조찬용 빵류 조리에 필요한 주방 도구(Kitchen Utensil)를 준비할 수 있다. 3. 조찬용 빵재료와 부재료를 사용하여 조찬용 빵 종류에 맞게 조리할 수 있다. 4. 메뉴의 조리법에 따라 알맞은 부재료를 사용하여 완성 할 수 있다. 5. 마무리 된 음식의 색깔과 맛, 풍미, 온도를 통해 음식의 품질을 평가할 수 있다.

실기 과목명	주요항목	세부항목	세세항목
		3. 시리얼류 조리하기	1. 시리얼류 요리에 맞는 재료를 준비할 수 있다. 2. 시리얼류 조리에 필요한 주방 도구(Kitchen Utensil)를 준비할 수 있다. 3. 시리얼류와 부재료를 사용하여 시리얼류 요리 종류에 맞게 조리할 수 있다. 4. 메뉴의 조리법에 따라 알맞은 부재료를 사용하여 완성 할 수 있다. 5. 마무리 된 음식의 색깔과 맛, 풍미, 온도를 통해 음식의 품질을 평가할 수 있다.
	13 양식 전채조리	1. 전채 조리하기	1. 메뉴 구성에 알맞은 양의 전채를 준비할 수 있다. 2. 채소와 허브를 적절하게 사용할 수 있다. 3. 전채에 적합한 콘디멘트(Condiments)를 사용할 수 있다. 4. 메뉴와 어울릴 수 있는 조리법을 선택할 수 있다.
		2. 전채요리 완성하기	1. 요리에 알맞은 온도로 접시를 준비할 수 있다. 2. 색과 모양 그리고 여백을 살려 접시에 담을 수 있다. 3. 전채를 먹는데 필요한 접시나 기물, 핑거볼을 제공할 수 있다. 4. 전채에 적합한 콘디멘트(Condiments)를 제공할 수 있다. 5. 마무리 된 음식의 색깔과 맛, 풍미, 온도를 통해 음식의 품질을 평가할 수 있다.
	14 푸드플레이팅	1. 핫 푸드 플레이팅하기	1. 푸드 플레이팅의 개념을 이해 할 수 있다. 2. 푸드 플레이팅의 구성요소를 이해 할 수 있다. 3. 메뉴에 따른 음식을 조리하고 푸드 플레이팅을 할 수 있다. 4. 핫 푸드 플레이팅 가니쉬를 개발하고 조리 할 수 있다. 5. 고급조리기술(분자요리, 저온조리)을 활용하여 조리하고 푸드 플레이팅 할 수 있다.

실기 과목명	주요항목	세부항목	세세항목
		2. 콜 푸드 플레이팅하기	1. 연회 콜 트레이에 맞게 조리하고 푸드 플레이팅을 할 수 있다. 2. 다양한 채소를 활용한 샐러드를 조리하고 푸드 플레이팅 할 수 있다. 3. 계절 과일을 모양내어 썰고 푸드 플레이팅 할 수 있다. 4. 치즈를 모양내서 썰고 푸드 플레이팅 할 수 있다. 5. 다양한 오드블을 조리하고 푸드 플레이팅 할 수 있다.
		3. 전시용 푸드 플레이팅하기	1. 대회에 맞는 컨셉을 개발하고 프리젠테이션 할 수 있다. 2. 팀을 조직하고 컨셉에 맞는 전시용 푸드를 연구·개발할 수 있다. 3. 전시용 푸드를 조리하고 코팅할 수 있다. 4. 전시용 가니쉬를 조리할 수 있다. 5. 전시용 푸드를 종합해서 다양한 접시에 모양내서 담을 수 있다.

수험자 유의사항

※ 다음 유의사항을 고려하여 요구사항을 완성합니다.

1. 조리산업기사로서 갖추어야 할 숙련도, 재료관리, 작품의 예술성을 나타내어야 합니다.
2. 지정된 시설을 사용하고, 지급재료 및 지참공구목록 이외의 조리기구는 사용할 수 없으며, 지참공구목록에 없는 단순 조리기구(수저통 등) 지참 시 시험위원에게 확인 후 사용합니다.
3. 지급재료는 1회에 한하여 지급되며 재지급은 하지 않습니다.
   (단, 수험자가 시험 시작 전 지급된 재료를 검수하여 재료가 불량하거나 양이 부족하다고 판단될 경우에는 즉시 시험위원에게 통보하여 교환 또는 추가지급을 받도록 합니다.)
4. 요구사항 및 지급재료의 규격은 "정도"의 의미를 포함하며, 재료의 크기에 따라 가감하여 채점됩니다.
5. 위생복, 위생모, 앞치마, 마스크를 착용하여야 하며, 시험장비, 가스레인지(가스밸브 개폐기 사용), 조리도구 등을 사용할 때에는 안전사고 예방에 유의합니다.
6. 다음 사항은 실격에 해당하여 채점대상에서 제외됩니다.
   가. 수험자 본인이 시험 도중 시험에 대한 포기 의사를 표현하는 경우
   나. 위생복, 위생모, 앞치마, 마스크를 착용하지 않은 경우
   다. 시험시간 내에 과제를 모두 제출하지 못한 경우
   라. 문제의 요구사항대로 과제의 수량이 만들어지지 않은 경우
   마. 완성품을 요구사항의 과제(요리)가 아닌 다른 요리(예, 달걀말이→달걀찜)로 만들었거나, 요구사항에 없는 과제(요리)를 추가하여 만든 경우
   바. 불을 사용하여 만든 과제가 과제특성에 벗어나는 정도로 타거나 익지 않은 경우
   사. 요구사항의 조리기구(석쇠 등)를 사용하여 완성품을 조리하지 않은 경우
   아. 수험자지참준비물 이외 조리기술에 영향을 줄 수 있는 기구를 사용한 경우
   자. 시험 중 시설·장비(칼, 가스레인지 등) 사용 시 시험위원 및 타수험자의 시험 진행에 위해를 일으킬 것으로 시험위원 전원이 합의하여 판단한 경우
   차. 요구사항에 표시된 실격 및 부정행위에 해당하는 경우
7. 완료된 과제는 지정한 장소에 시험시간 내에 제출하여야 합니다.
8. 가스레인지 화구는 2개까지 사용 가능합니다.
9. 과제를 제출한 다음 본인이 조리한 장소의 주변을 깨끗이 청소하고 조리기구를 정리 정돈한 후 시험위원의 지시에 따라 퇴실합니다.
10. 시험시작 전 가벼운 몸 풀기(스트레칭) 동작으로 긴장을 풀고 시험을 시작합니다.

양식조리산업기사

시험장 실기 준비물

준비물		규격	단위	수량	비고
위생복		상의 – 백색 하의 – 긴바지(색상 무관)	벌	1	위생복장을 제대로 갖추지 않을 경우는 실격처리됩니다.
위생모 또는 머리수건		백색	EA	1	
앞치마		백색(남, 녀 공용)	EA	1	
마스크			EA	1	
강판		조리용	EA	1	
거품기(whipper)		중	EA	1	자동 및 반자동 제외
계량스푼		사이즈별	SET	1	
계량컵		200ml	EA	1	
고무주걱		소	EA	1	
나무젓가락		40~50cm 정도	SET	1	
나무주걱		소	EA	1	
냄비		조리용	EA	1	시험장에도 준비되어 있음
도마		흰색 또는 나무도마	EA	1	시험장에도 준비되어 있음
랩, 호일		조리용	EA	1	
볼(bowl)		크기 제한 없음	EA	1	시험장에도 준비되어 있음
소창 또는 면보		30×30cm 정도	장	1	
쇠조리(혹은 체)		조리용	EA	1	시험장에도 준비되어 있음
위생타올		면	매	1	
위생팩		비닐팩	EA	1	
상비의약품		손가락골무, 밴드 등	EA	1	시험장에도 준비되어 있음
이쑤시개		-	EA	1	
종이컵		-	EA	1	
치즈그레이터 (강판)			EA	1	도피노와즈 포테이토에 사용
칼		조리용 칼, 칼집 포함	EA	1	
샤또 나이프			EA	1	
원형 몰드		지름 4cm	EA	1	
키친타올(종이)		주방용(소 18×20cm)	장	1	
테이블스푼		-	EA	2	숟가락으로 대체 가능
팬	중형	-	EA	1	시험장에도 준비되어 있음
	소형	지름 18~20cm	EA	1	

허브와 스파이스(herb&spice)

구분	종류			
후레쉬	파슬리	처빌	바질	딜
	차이브	애플민트	타임	로즈마리
통조림	그린올리브	케이퍼		
마른 것	월계수 잎	정향	오레가노	로즈마리
	통후추	바질	통계피	강황가루

허브와 스파이스 (Herb&Spice)

향신료는 육류의 누린 내와 생선의 비린내를 제거하며 음식의 맛과 향을 북 돕고 색깔을 내어 식욕을 증진 시키고 소화를 촉진하며 여러 가지 약용 성분이 있어 몸을 이롭게 하지만 많은 양을 사용하면 재료 고유의 맛을 잃어버리게 하며 부작용이 생길 수 있다.
향신료는 크게 허브와 스파이스로 분리한다.

허브(Herb)는 식물의 잎, 줄기 부분, 꽃, 봉우리로 부드럽고,
스파이스는 씨, 열매, 껍질, 뿌리 부분으로 단단하다.
옛날부터 약이나 향료로 써온 식물로 바질, 라벤더, 월계수 잎 등 100여 종이 넘는 향신료를 사용하였다.

1. 허브의 종류

바질(Basil)
원산지는 열대 아시아이며 이탈리아, 프랑스에서 많이 사용하고 토마토 요리에 반드시 들어갈 정도로 토마토와 잘 어울리는 허브 향신료이다. 스튜, 수프, 각종 소스에 이용되는 이탈리아, 프랑스 향료의 대표 격이다.

딜(Dill)
원산지는 지중해 연안과 인도이며 식물 전체에 독특한 향기가 나서 잎, 줄기, 꽃, 종자를 허브로 사용한다. 생선요리의 비린내를 제거에 좋으며 생선이나 조개, 해산물, 가금류 요리에 많이 활용한다. 오이피클의 맛을 내는 데도 사용된다. 뜨거운 음식에 넣을 때는 음식을 내기 직전에 넣어야 향이 오래간다.

애플민트(Apple Mint)
원산지는 남유럽과 지중해 연안이며 싱싱한 사과 맛과 박하 향이 섞인 듯한 순한 향기를 내는 식물이다.
면역력, 위장 건강 강화. 신경 안정에 좋으며 육류, 생선, 달걀 요리에 냄새 제거에 많이 쓰인다.

타임(Thyme)
원산지는 지중해 연안으로 꿀풀과 여러해살이 식물이다.
소화를 돕고 면역체계를 보조하고 통증을 완화한다.
유럽에서는 없어서는 안 될 대표적 허브로 짜릿한 자극이 있어 요리의 풍미와 깊은 맛을 준다.
맛이 강하여 소량을 사용하며 고기, 생선, 어패류, 가금류의 나쁜 냄새를 제거하는 조미료로 이용한다.

처빌(Chervil)
원산지는 서아시아, 러시아 남부이며 혈압강하, 이뇨 작용, 거담작용, 소화 촉진에 좋다.
처빌은 향이 진하여 조금 사용하며 가금류, 해물, 생선, 샐러드, 수프, 달걀, 고기 요리에 많이 사용한다.

로즈마리(Rosemary)
원산지는 지중해 연안으로 라벤더와 같이 향수나 약제로 사용되었다.
로즈마리는 항균 작용, 피부 노화 방지, 신경 안정, 기억력 개선에 도움이 된다.
박하과에 속하며, 솔잎 모양으로 감미롭고 향기로운 맛을 내며 열을 가하면 풍미가 살아난다. 양고기, 닭, 돼지고기, 소고기, 수프, 스튜에 사용한다.

차이브(Chives)
원산지는 시베리아와 유럽이며 가늘고 길어서 실파와 비슷하다.
독특한 풍미와 향이 있으며 식욕 증진, 혈압 강하, 빈혈 예방, 신장 강장작용에 좋으며 방부제 역할을 한다.
육류, 생선, 어패류, 수프 등 각종 요리의 향신료로 사용한다.

파슬리(Parsley)
원산지는 지중해 연안이며 두해살이 풀로 전 세계 어디 서나 많이 이용되는 허브로 비타민 A, C, 칼슘, 철분이 많으며 향기가 좋아 가루로 만들어 각종 요리에 사용하며 모양이 예뻐 장식용으로 사용되기도 한다.

2. 스파이스의 종류

월계수 잎(Bay Leaf)
원산지는 남유럽으로 생잎 일 때는 쓴맛과 떫은맛이 있지만 건조하여 사용하며 달콤하고 독특한 향이 식욕을 증진시키며 풍미와 방부력이 있고 강력한 이뇨 작용 있어 체내에 쌓인 노폐물과 독소를 체외로 배출시킨다.
육류 소스, 생선 소스, 스튜, 수프, 피클 등에 사용하며 서양요리에 없어서는 안 될 중요한 향료이다.

정향(Clove)
원산지는 인도네시아, 서인도이며 향신료로 쓰이는 부분은 꽃봉오리를 말린 것으로 못과 비슷하고 향이 있어 정향(丁香)이라는 이름을 붙었다. 영어 이름은 클로브(Clove) 못이란 뜻을 가지고 있다. 정향은 미네랄이 풍부하여 뼈를 튼튼하게 하고 골다공증 예방에 좋으며 유제놀 성분이 풍부하여 근육통, 치통과 같은 통증을 개선해주는 효능이 있다.
양념 중에서 가장 얼얼한 맛을 내며 향이 강하다. 돼지고기, 수프, 스튜, 피클 등 다양한 요리에 이용한다.

오레가노(Oregano)
원산지는 남유럽과 서아시아이며 박하과 식물로 잎사귀를 그대로 또는 말려서 가루로 사용한다. 방부제, 진정, 강장효과 있고 피자, 토마토 요리, 멕시코, 이탈이아 요리, 육류, 닭고기 요리에 이용된다.

후추(Pepper)
원산지는 인도이며 전 세계에서 가장 많이 쓰이는 향신료이다.
통후추와 가루 후추로 나뉘며 가루 후추는 검정, 흰색이 있다.
흰 후추는 열매가 붉게 잘 익은 것을 껍질을 벗겨서 말려서 사용한다.

검은 후추는 완전히 익기 전에 수확하여 말린 것으로 껍질에 매운맛을 내는 피페린 성분이 있어 매운맛이 흰 후추보다 강하다.
검은 후추는 다양한 요리에 이용하고 흰 후추는 생선요리, 닭 요리 등 깨끗한 요리의 색을 유지하는 데 이용된다.

마른 바질(Dry Basil)
잎이나 줄기를 말려서 가금류, 육류, 토마토 소스 등 향신료로 사용한다.

샤프란(Saffron)
원산지는 서남아시아로 창포, 붓꽃과의 일종으로 암술을 말려서 사용하며 강한 노란색으로 세계에서 가장 비싼 향신료로 알려져 있다.
독특한 향과 쓴맛, 단맛을 낸다. 소스, 수프, 쌀 요리, 파스타, 어류. 조개 수프 등에 이용하며 스페인의 빠에야(쌀 요리)와 프랑스의 부이야베스(해물 수프) 등에 이용한다.

시나몬(Cinnamon)
원산지는 스리랑카, 인도 남부이며 오늘날 열대 모든 지역에서 재배한다.
시나몬은 녹나무과 나무껍질을 벗겨 쪄서 하루 동안 식힌 후 바깥쪽 껍질을 제거하여 안쪽 껍질만 건조한 향신료로 통시나몬과 시나몬가루로 사용한다.
항균 작용과 방부제로 이용하며 소고기, 돼지고기. 닭고기와 디저트 요리에 많이 사용한다.
시나몬과 계피는 조금 다르며 시나몬은 은은한 단맛을 낸다.

강황(Turmeric)
원산지는 남아시아이며 말려서 가루로 많이 이용한다.
강력한 항염증, 항산화 특성을 가진 커큐민이 많이 함유되어 있으며 각종 암에 좋으면 혈관 내에 존재하는 나쁜 콜레스테롤이 피를 뭉치게 하는 어혈을 방지하는 데 도움이 된다.
강황은 카레에 대표적인 향신료이며 육류나 생선의 냄새 제거에 이용하는 향신료이다.

스타 아니스(팔각향 Star Anise)
원산지는 지중해 연안이며 아니스 열매의 씨로 팔각 별 모양으로 되어 있다.
감초 맛이 나며 식이섬유, 비타민, 무기질이 풍부하며 소화 개선, 면역력 증진, 변비 개선, 기관지 예방에 좋은 향신료로 육류의 냄새 제거와 쿠키, 캔디, 피클, 케이크 만들 때 사용한다.

올스파이스(Allspice)
원산지는 중남미이며 올스파이스 나무의 열매가 성숙하기 전에 건조한 향신료이다. 정향, 넛맥, 계핏가루 합친 맛과 같으며 모양은 검은 후추와 비슷하나 매운맛은 없다. 피클, 육류, 닭요리, 생선요리, 그레이비, 푸딩, 케이크, 쿠키, 칵테일 등에 열매 또는 가루로 만들어 사용한다.

양식 재료 썰기 정리

번호	종류	내 용
1	찹핑(Chopping)	채소를 곱게 다지기
2	미디엄 줄리엔느(Medium Julienne)	6cm×0.3cm×0.3cm 채썰기
3	파인줄리엔느(Fine Julienne)	0.15cm×0.15×5cm 가는 채설기
4	라지 줄리엔느(Large Julienne)	6cm×0.6cm×0.6 막대형 썰기
5	스몰 다이스(Small Dice)	0.6cm×0.6cm×0.6cm 크기의 주사위 모양 썰기
6	파인 브뤼누아즈(Fine Brunoise)	0.15cm×0.15cm×0.15 주사위 모양 썰기
7	브뤼누아즈(Brunoise)	0.3cm×0.3×0.3cm 주사위 모양 썰기
8	미디엄 다이스(Medium Dice)	1.2cm×1.2cm×1.2cm 크기의 주사위 모양 썰기
9	라지 다이스(Large Dice)	2cm×2cm×2cm 크기의 주사위 모양 썰기
10	페이잔느(Paysanne)	1.2cm×1.2cm×0.3 크기의 직육면체로 납작하게 썰기
11	에멩세(Emincer)	채소를 얇게 저미는 것(슬라이스)
12	비시(Vichy)	0.7cm두께로 가장자리를 둥글게 다듬어 내는 것
13	샤토(Chateau)	양쪽 끝이 가늘고 가운데가 굵게 5cm 정도의 모양으로 썰기
14	올리베또(Olivette)	올리브 모양으로 중간 부분이 둥글게 썰기
15	토마토 콩까세(Concasse)	토마토 껍질을 벗겨 0.5cm×0.5cm×0.5cm 크기의 주사위 모양 썰기
16	빠리지엔느(Parisienne)	둥근 구슬 모양 – 스쿠프(scoop)를 이용

닭 해체하기

중식, 일식에도 동일하게 적용됨

양식 기본 조리법

조리법	내 용
보일링(Boiling)	100℃ 끓는 물에 넣고 완전히 익히는 조리법
데치기(Blanching)	끓는 물에 살짝 데쳐서 찬물에 헹구는 조리법
구이(Broiling)	석쇠 위에 음식 재료를 놓고 직화로 굽는 방법 또는 그릴 팬 속에 석쇠 모양의 받침대를 놓고 그 위에 음식을 얹어 위에서 밑으로 복사되는 열을 이용해 굽는 조리법
굽기(Baking)	건조열로 굽는 방법으로 Bread류 등 빵집에서 많이 사용
찌기(Steaming)	200~250℃의 수증기를 이용하여 영양소와 맛의 변화 없이 익히는 조리법
로스팅(Roasting)	육류, 가금류, 감자 등을 통째로 오븐 220~260℃에 넣어 뚜껑을 덮지 않은 상태로 익히다가 표면을 수축한 다음 온도를 낮추어 충분한 시간을 들여 속까지 익히는 조리 조리법(고기는 굽는 동안 육즙이 빠지는 것을 방지하기 위해 saute를 하여 갈색을 낸 후 굽기도 함)
브레이징(Braising)	건열과 습열을 합쳐서 조리하는 조리법(우리나라의 찜과 비슷함)
포칭(Poaching)	원형이 변하지 않게 60~80℃의 물에 삶는 조리법(달걀, 소시지)
스튜(Stewing)	한국에서의 찌개와 비슷한 조리법으로 고기, 채소 등을 굵게 썰어 푹 끓이는 조리법
튀기기(Frying)	식품을 기름에 튀기는 조리법
시머링(Simmering)	95~98℃ 온도에서 장시간 조리하는 조리법(국물을, 육수를 낼 때 씀)
소테(Sauteing)	표면이 연한 육류의 간이나 내장 또는 채소를 뜨겁게 달군 팬에 빠르게 재료 표면을 익혀 내부의 영양분이 밖으로 흘러나오지 않도록 하는 조리법
그릴링(Grilling)	석쇠 바로 아래에 열을 받아 조리를 하는 Under Heat 방식으로 훈연의 향을 돋울 수 있는 장점과 석쇠의 온도 조절이 편리한 조리법
글레이징(Glazing)	재료를 손질하여 데쳐서 버터, 설탕, 고기즙 또는 물 등을 넣고 졸여서 표면을 윤기 나게 코팅시키는 조리법(무, 당근, 샬롯 등을 조리하여 가니쉬로 사용)

과제 1형

토마토 쿨리를 곁들인 치킨룰라드

Chicken Roulade With Tomato Coulis

시험시간 **80분**

토마토 쿨리를 곁들인 치킨룰라드

재료

- 닭 다리 (뼈 있는 것) 1개 (약 250g 정도)
- 버터 130g
- 생크림 (동물성) 50mL
- 빵가루 30g
- 당근 1/2개
- 사과 1/4개
- 가지 1/2개
- 브로콜리 50g
- 감자 1개
- 올리브 오일 10mL
- 양파 1/4개
- 마늘 1쪽
- 토마토 퓨레 70mL
- 적포도주 30mL
- 토마토 1/2개
- 달걀 1개
- 바질 (fresh) 2줄기
- 타임 (fresh) 5g
- 월계수 잎 (마른 것) 1잎
- 소금 10g
- 흰 후춧가루 5g
- 흰 설탕 10g
- 양송이 80g
- 실 (조리용 흰 실) 50cm

요구사항

※ 위생과 안전에 유의하여 주어진 재료로 **토마토 쿨리를 곁들인 치킨 룰라드**(chicken roulade with tomato coulis)를 다음과 같이 만드시오.

가. 치킨 룰라드 (chicken roulade)
 1) 닭 다리는 뼈와 살을 분리하여 사용하시오.
 2) 양송이와 기타 재료를 사용하여 듁셀(duxells)을 만들어 닭 다리 살에 넣고 룰라드 하시오.
 3) 닭 다리는 정제 버터를 사용하여 갈색으로 팬후라이 하시오.

나. 토마토 쿨리 (tomato coulis)
 1) 토마토와 양파, 마늘 등 기타 재료를 사용하여 토마토 쿨리를 만드시오.
 2) 닭육수를 만들어 사용하시오.

다. 가니쉬 (garnish)
 1) 감자는 더치 포테이토(duchesse potato)를 만들고, 채소를 이용하여 가니쉬를 만드시오.
 2) 사과는 글레이징(glazing) 하시오.

라. 룰라드한 닭 다리는 적당한 크기로 잘라 토마토 쿨리, 가니쉬와 함께 담아내시오.

만드는 법

1 치킨룰라드 만들기

① 닭 다리는 뼈와 살을 분리하여 넓게 펼쳐준 후 마리네이드(소금,후추,올리브 오일,타임)한다.
② 버터 100g을 중탕으로 녹여 불순물이 가라앉으면 다른 그릇으로 옮겨 정제 버터를 준비한다.
③ 양송이와 양파를 0.3×0.3×0.3cm 브뤼누아즈로 썬 후 팬에 버터를 둘러 볶아준다.
④ 생크림과 빵가루를 넣어 농도를 맞추고 소금, 흰 후춧가루로 간하여 듁셀을 만들어 식힌다.
⑤ 닭 다리 살에 버섯 듁셀을 올려 말아 준 후 조리용 실을 이용하여 묶어준다.
⑥ 팬에 정제버터와 타임을 이용하여 갈색이 나게 구워준다.
⑦ 180℃~200℃ 정도의 오븐에서 익혀 적당한 크기로 자른다.

토마토 쿨리를 곁들인 치킨룰라드

조리용어 설명

1. **토마토쿨리(Tomato coulis)**
   토마토를 이용한 농도가 진한 퓌레나 소스를 나타내는 말.

2. **듁셀(Duxelles)**
   곱게 다진 버섯, 샬롯, 양파, 허브 등을 버터에 넣고 천천히 페이스트가 될 때까지 조리한 혼합물.

3. **룰라드(Roulade)**
   얇게 저민 고기 등으로 채소 등을 넣어 말아서 익힌 음식.

4. **콩카세(concasser)**
   식재료를 0.5cm 크기 정사각형으로 써는 것.

5. **데글라쎄(Deglacer)**
   조리시 팬에 눌러 붙은 것을 와인, 육수 등을 이용하여 녹여 내는 조리방법.

2 토마토 쿨리 만들기

① 닭 뼈는 찬물에 담가 핏물을 뺀 다음 냄비에 물 500ml와 닭 뼈, 양파, 당근, 월계수 잎을 넣고 끓여 면포에 내려 닭육수를 만든다.
② 양파, 마늘, 타임, 바질은 다져서 준비한다.
③ 토마토는 데쳐서 껍질과 씨를 제거한 후 다져준다.
④ 팬에 버터를 두른 후 양파, 마늘을 볶다가 적포도주를 넣어 졸인 후 토마토 퓨레와 다진 토마토를 넣어 끓여준다.
⑤ ④에 닭육수를 넣고 바질, 소금, 후추를 넣은 후 끓여 농도를 조절하여 체에 내린다.

3 가니쉬 만들기

① 더치 포테이토 : 감자를 잘게 썰어 소금물에 삶아 체에 내린 후 버터, 소금, 흰 후춧가루, 생크림을 넣어 농도를 조절하고, 깍지 모양 짤주머니에 담아, 파이팬에 버터를 바른 후 모양 있게 짠 다음, 달걀노른자를 발라 오븐(180℃)에서 노릇하게 구워 준다.
② 사과글레이징 : 사과를 모양 있게(올리베또, 반달 모양) 썰어 팬에 버터 1T을 두른 후 흰 설탕 1/2T, 물 3T(육수), 소금을 넣어 윤기 나게 졸여준다.
③ 당근 : 올리베또 모양으로 다듬어 삶아서 버터 1T을 두른 후 흰 설탕 1/2T, 물 3T(육수), 소금을 넣어 윤기 나게 졸여준다.
④ 가지 : 세로로 커팅 후 마리네이드(소금, 후추, 올리브오일, 타임)하여 오븐에 굽는다.
⑤ 브로콜리 : 끓는 물에 소금을 넣어 데친 후 팬에 버터를 두르고 살짝 볶아준다.

4 치킨룰라드와 토마토쿨리, 가니쉬를 함께 담아낸다.

합격 point

1. 룰라드의 모양이 흐트러지지 않도록 실로 묶을 때 주의한다.
2. 더치 포테이토를 만들 때에는 달걀노른자가 색깔이 너무 많이 나지 않도록 주의한다.
3. 당근과 브로콜리는 삶을 때 너무 푹 익지 않도록 주의한다.

조리과정 토마토 쿨리를 곁들인 **치킨룰라드**

1 치킨룰라드 만들기

❶ 닭 다리는 뼈와 살을 분리하여 넓게 펼쳐준 후 마리네이드(소금, 후추, 올리브오일, 타임)한다.

❷ 버터 100g을 중탕으로 녹여 불순물이 가라앉으면 다른 그릇으로 옮겨 정제버터를 준비한다.

❸ 양송이와 양파를 0.3×0.3×0.3cm 브뤼누아즈로 썬 후 팬에 버터를 둘러 볶아준다.

❹ 생크림과 빵가루를 넣어 농도를 맞추고 소금, 흰 후춧가루로 간하여 듁셀을 만들어 식힌다.

❺ 닭 다리 살에 버섯듁셀을 올려 말아준 후 조리용 실을 이용하여 묶어준다.

조리과정 토마토 쿨리를 곁들인 **치킨룰라드**

2 토마토 쿨리 만들기

❻ 팬에 정제버터와 타임을 이용하여 갈색이 나게 구워준다.

❶ 닭 뼈는 찬물에 담가 핏물을 뺀 다음 냄비에 물 500ml와 닭 뼈, 양파, 당근, 월계수 잎을 넣고 끓여 면포에 내려 닭육수를 만든다.

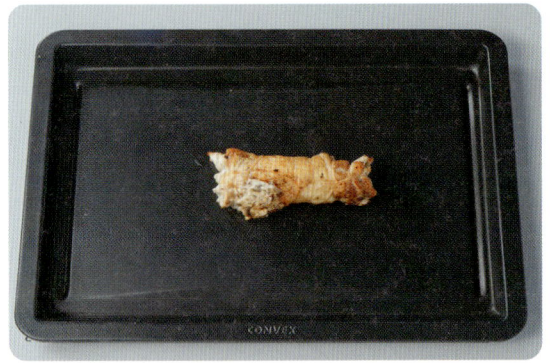

❼ 180℃~200℃ 정도의 오븐에서 익혀 적당한 크기로 자른다.

❷ 양파, 마늘, 타임, 바질은 다져서 준비한다.

조리과정   토마토 쿨리를 곁들인 **치킨룰라드**

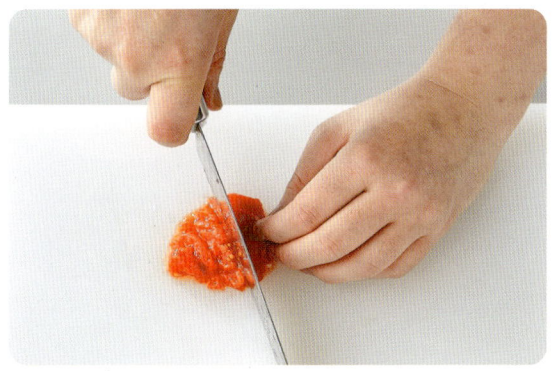

❸ 토마토는 데쳐서 껍질과 씨를 제거 후 다져준다.

❺ ❹에 닭육수를 넣고 바질, 소금, 후추를 넣은 후 끓여 농도를 조절하여 체에 내린다.

❹ 팬에 버터를 두른 후 양파, 마늘을 볶다가 적포도주를 넣어 졸인 후 토마토퓨레와 다진 토마토를 넣어 끓여준다.

조리과정 토마토 쿨리를 곁들인 **치킨룰라드**

3 가니쉬 만들기

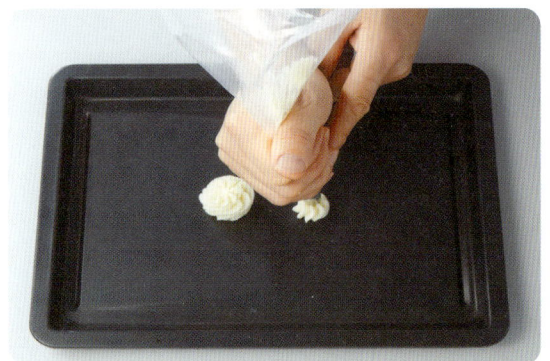

❶ **더치 포테이토** : 감자를 잘게 썰어 소금물에 삶아 체에 내린 후 버터, 소금, 흰 후춧가루, 생크림을 넣어 농도를 조절하고, 깍지 모양 짤주머니에 담아, 파이팬에 버터를 바른 후 모양 있게 짠 다음, 달걀노른자를 발라 오븐(180℃)에서 노릇하게 구워 준다.

❷ **사과글레이징** : 사과를 모양 있게(올리베또, 반달 모양) 썰어 팬에 버터 1T을 두른 후 흰 설탕 1/2T, 물 3T(육수), 소금을 넣어 윤기 나게 졸여준다.

조리과정 토마토 쿨리를 곁들인 **치킨룰라드**

❺ **브로콜리** : 끓는 물에 소금을 넣어 데친 후 팬에 버터를 두르고 살짝 볶아준다.

❸ **당근** : 올리베또 모양으로 다듬어 삶아서 버터 1T을 두른 후 흰 설탕 1/2T, 물 3T(육수), 소금을 넣어 윤기 나게 졸여준다.

❹ **가지** : 세로로 커팅 후 마리네이드(소금, 후추, 올리브오일, 타임)하여 오븐에 굽는다.

④ 치킨룰라드와 토마토쿨리, 가니쉬를 함께 담아낸다.

양식조리산업기사 합격비법

주의사항

※ 아래 번호 순서대로 조리하면 완성시간을 단축할 수 있다.
1. 메뉴별 재료를 구분하고 메뉴별 지급재료에 있는 재료만 사용한다.
2. 요구사항에 있는 작품의 크기와 개수를 꼭 확인하고 요구사항대로 한다.
3. 조리대를 청결하게 사용하고 먼저 만들 조리와 나중에 만들 조리를 구분하여 만든다.
4. 먼저 끓여 준비할 것, 나중에 끓일 것을 구분하여 끓이는 시간이 부족하지 않도록 한다.

과제 1형 토마토 쿨리를 곁들인 치킨 룰라드
Chicken Loullard with Tomato Coolie

시험시간 1시간 20분

1	닭 다리 : 뼈와 살 분리 —살은 마리네이드 (소금, 후추, 올리브 오일, 타임)하고 뼈는 물에 담가 핏물 제거
2	정제 버터 ; 버터 100g 중탕으로 녹여 불순물 제거
3	룰라드 : 양송이와 양파를 0.3×0.3×0.3cm 브뤼누아즈로 썬 후 버터 넣고 볶기—생크림+빵가루 넣고 듀셀 만들기 – 닭 다리 살에 차게 식힌 듀셀 넣고 말기 – 실로 묶기 – 시어링하기 – 오븐에서 익혀 치킨룰라드 만들기
4	닭육수 : 물, 닭뼈, 당근, 양파, 월계수 잎을 – 끓이기 – 거르기
5	토마토 쿨리 : 양파찹, 마늘찹 볶은 후 토마토퓨레, 토마토 콩가세, 바질, 적포도주, 닭육수 넣고 조려 간하기—체에 내리기
6	더치 포테이토 : 감자 삶아 체에 내리가—소금, 흰 후추, 정제 버터, 생크림 넣고 농도 맞추기 – 짤주머니에 깍지 끼워 넣어 모양 나게 짠 후 노른자 발라 오븐에 굽기
7	사과 : 설탕에 글레이징하기
8	당근 : 올리베또(Olivette) 모양내기 – 삶기 – 버터 + 물 + 설탕 – 글레이징
9	브로콜리 : 데치기 –버터 넣어 볶기
10	가지 : 슬라이스 – 마리네이드 (소금, 후추, 올리브 오일, 타임) 하기 – 오븐에 굽기
11	룰라드한 닭 다리를 작당한 크기로 썰어 토마토 쿨리와 가니쉬를 이용하여 플레이팅

조리 *tip*

1. 닭 다리를 손질할 때에는 찢어지지 않도록 조심해서 작업을 한다.
2. 양송이 듀셀을 만들 때는 농도가 묽어지지 않도록 주의한다.

과제 2형

타임 소스를 곁들인 양갈비구이
Roasted Rack of Lamb With Thyme Sauce

시험시간 **90분**

타임 소스를 곁들인 양갈비구이

재료

- 양갈비 (프렌치랙) 250g (뼈가 3개 붙어 있는 것)
- 양겨자 50g (Dijon Mustard 가능)
- 파슬리 5g
- 타임 (fresh) 5g
- 로즈마리 5g
- 마늘 5쪽
- 당근 1/2개
- 양파 1/2개
- 감자 1개
- 버터 60g
- 아스파라거스 (green) 2개
- 적포도주 50mL
- 올리브오일 50mL
- 전분 10g
- 빵가루 40g
- 토마토 페이스트 30g
- 민트 젤리 (박하향 소스) 10g
- 꿀 10g
- 흰 후춧가루 5g
- 소금 10g
- 검은 통후추 5g

요구사항

※ 위생과 안전에 유의하여 주어진 재료로 **타임 소스를 곁들인 양갈비구이**(roasted rack of lamb with thyme sauce)를 다음과 같이 만드시오.

가. 양갈비구이 (roasted rack of Lamb)
　1) 양갈비의 살과 뼈는 깨끗이 다듬어 소금, 으깬 검은 후추, 향신료 등으로 마리네이드 하시오.
　2) 양갈비는 팬에서 연한 갈색을 내어 꿀을 넣은 민트 젤리와 양 겨자 크러스트(mustard crust)를 만들어 바르시오.
　3) 양 겨자 크러스트는 양 겨자, 빵가루, 마늘, 향신료 등을 사용하여 만드시오.
　4) 양갈비는 오븐에서 미디움으로 구워 뼈를 포함해 3등분으로 잘라 접시에 담으시오.

나. 안나 포테이토 (anna potato)
　1) 안나 포테이토는 지름 4cm, 두께 0.2cm, 높이 3cm 정도의 크기로 몰드, 틀, 쿠킹호일 등으로 만들어 오븐에서 갈색으로 구우시오.
　2) 아스파라거스는 끓는 물에 데친 후 볶아 사용하시오.
　3) 끓는 물에 데쳐 오븐에서 구운 마늘과 타임도 가니쉬로 사용하시오.

다. 타임 소스(thyme sauce)
　1) 타임 소스는 타임 향이 있게 하고 농도에 유의하시오.
　2) 손질하고 남은 양고기, 뼈, 토마토 페이스트, 적포도주 등을 사용하여 만드시오.

라. 양갈비, 안나 포테이토, 아스파라거스, 구운 마늘, 타임 소스, 타임을 함께 담아내시오.

만드는 법

1 양갈비구이 만들기

① 양갈비는 나이프(본나이프)를 이용하여 힘줄과 기름기를 제거한 후 뼈 사이를 긁어 다듬어 준다.(남는 양갈비 뼈와 자투리 살코기는 타임 소스에 사용한다.)
② 손질한 양갈비는 마리네이드(소금, 으깬 검은 후추, 로즈마리, 타임, 올리브오일) 한다.
③ 팬에 올리브오일과 버터를 두른 후 양갈비를 갈색 나게 구워준다.
④ 양겨자, 파슬리, 타임, 마늘, 빵가루, 올리브오일을 넣어 양겨자 크러스트를 만든다.
⑤ 시어링한 양갈비에 민트 젤리와 꿀을 섞어 바르고, 양겨자 크러스트를 입혀 오븐에서 미디엄(Medium)으로 익힌 후 레스팅 한다.

타임 소스를 곁들인 양갈비구이

조리용어 설명

1. **마리네이드(Marinade)**
   고기나 생선을 조리하기 전에 맛을 내거나 부드럽게 하기 위해 허브, 오일, 와인, 등에 재워 두는 것.

2. **크러스트(Crust)**
   빵가루, 허브, 버터, 오일 등을 이용하여 겉 표면이 바싹바싹하게 조리하는 방법.

3. **버터몽테(Monter)**
   완성된 소스에 버터를 넣어가며 윤기나도록 섞어 부드럽고 매끄러운 질감으로 만들어 주는 것.

4. **세그먼트(Segment)**
   과일의 껍질을 제거하고 막 없이 순수 살 알맹이만 있는 모양.

5. **실버스킨(Silver skin)**
   안심 등 육류의 특정 부위의 고기에서 보이는 얇은 흰색의 막.

2 가니쉬 만들기
   ① 안나 포테이토 : 감자는 지름 3cm 원통형으로 만든 후, 0.2cm 두께로 썰어 끓는 물에 살짝 데쳐 전분기를 제거하고, 소금, 흰 후춧가루로 간을 하여, 전분을 묻혀 지름 4cm 원형 몰드 안쪽에 버터를 바르고, 높이 3cm 회오리 모양으로 돌려 담아 오븐에 구워 준다.
   ② 통마늘구이 : 끓는 물에 삶은 후 버터를 바르고 안나 포테이토와 함께 구워 준다.
   ③ 아스파라거스 : 껍질의 섬유질을 제거 후 끓는 물에 데쳐 버터를 넣어 살짝 볶아주고 소금, 흰 후춧가루로 간을 한다.

3 타임 소스 만들기
   ① 소스 팬에 양갈비 뼈와 자투리 살을 갈색으로 구워 준다.
   ② 당근과 양파를 갈색 나게 볶아준 후 토마토 페이스트 넣고 볶다가 적포도주를 넣어 신맛이 날아갈 때까지 볶아준다.
   ③ 물과 타임, 구운 양갈비 뼈를 넣어 뭉근하게 끓여 졸여준 후 체에 내려, 소금, 흰 후춧가루로 간을 하고 버터 몽테 하여 타임 소스를 완성한다.

4 양갈비구이와 안나 포테이토, 아스파라거스, 구운 마늘, 타임 소스, 타임을 곁들여 낸다.

합격 point

1. 토마토 페이스트를 볶을 때는 타지 않도록 주의한다.
2. 마늘을 삶을 때에는 푹 익히지 않도록 주의한다.
3. 버터 몽테를 할 때에는 불을 끄고 버터가 분리되지 않도록 주의한다.

조리과정 타임 소스를 곁들인 **양갈비구이**

1 양갈비구이 만들기

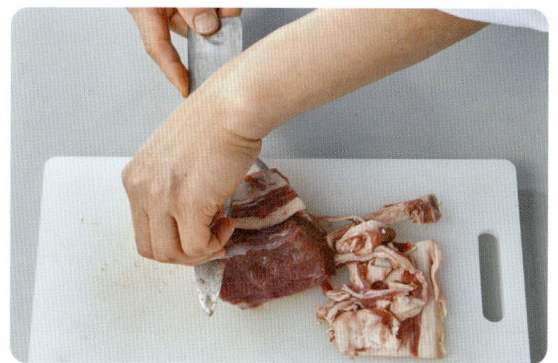

❶ 양갈비는 나이프(본나이프)를 이용하여 힘줄과 기름기를 제거한 후 뼈 사이를 긁어 다듬어 준다.(남는 양갈비 뼈와 자투리 살코기는 타임 소스에 사용한다.)

❷ 손질한 양갈비는 마리네이드(소금, 으깬 검은 후추, 로즈마리, 타임, 올리브오일) 한다.

❸ 팬에 올리브오일과 버터를 두른 후 양갈비를 갈색 나게 구워준다.

❹ 양겨자, 파슬리, 타임, 마늘, 빵가루, 올리브오일을 넣어 양겨자 크러스트를 만든다.

❺ 시어링한 양갈비에 민트 젤리와 꿀을 섞어 바르고, 양겨자 크러스트를 입혀 오븐에서 미디엄(Medium)으로 익힌 후 레스팅 한다.

조리과정 타임 소스를 곁들인 **양갈비구이**

2 가니쉬 만들기

❶ 안나 포테이토 : 감자는 지름 3cm 원통형으로 만든 후, 0.2cm 두께로 썰어 끓는 물에 살짝 데쳐 전분기를 제거하고, 소금, 흰 후춧가루로 간을 하여, 전분을 묻혀 지름 4cm 원형 몰드 안쪽에 버터를 바르고, 높이 3cm 회오리 모양으로 돌려 담아 오븐에 구워 준다.

❷ 통마늘구이 : 끓는 물에 삶은 후 버터를 바르고 안나 포테이토와 함께 구워 준다.

조리과정   타임 소스를 곁들인 **양갈비구이**

2 가니쉬 만들기

❸ 아스파라거스 : 껍질의 섬유질을 제거 후 끓는 물에 데쳐 버터를 넣어 살짝 볶아주고 소금, 흰 후춧가루로 간을 한다.

3 타임 소스 만들기

❶ 소스 팬에 양갈비 뼈와 자투리 살을 갈색으로 구워 준다.

❷ 당근과 양파를 갈색 나게 볶아준 후 토마토 페이스트 넣고 볶다가 적포도주를 넣어 신맛이 날아갈 때까지 볶아준다.

조리과정 타임 소스를 곁들인 **양갈비구이**

3 타임 소스 만들기

❸ 물과 타임, 구운 양갈비 뼈를 넣어 뭉근하게 끓여 졸여준 후 체에 내려, 소금, 흰 후춧가루로 간을 하고 버터 몽테 하여 타임 소스를 완성한다.

4 완성

양갈비구이와 안나 포테이토, 아스파라거스, 구운 마늘, 타임 소스, 타임을 곁들여 낸다.

양식조리산업기사 합격비법

주의사항

※ 아래 번호 순서대로 조리하면 완성시간을 단축할 수 있다.
1. 메뉴별 재료를 구분하고 메뉴별 지급재료에 있는 재료만 사용한다.
2. 요구사항에 있는 작품의 크기와 개수를 꼭 확인하고 요구사항대로 한다.
3. 조리대를 청결하게 사용하고 먼저 만들 조리와 나중에 만들 조리를 구분하여 만든다.
4. 먼저 끓여 준비할 것, 나중에 끓일 것을 구분하여 끓이는 시간이 부족하지 않도록 한다.

과제 2형 타임 소스를 곁들인 양갈비구이
Grilled lamb chops with time sauce

시험시간 1시간 30분

1	양갈비 : 손질하여 타임, 로즈마리, 소금, 으깬 검은 후추, 올리브오일로 마리네이드 하기
2	타임 소스 : 팬에 양갈비 뼈와 자투리 살 굽기 – 당근, 양파 볶기 – 토마토 페이스트, 적포도주 넣어 볶기 – 타임, 물 넣어 끓이기 – 체에 내리기 – 소금, 흰 후춧가루로 간하기 – 버터 몽테 하여 완성
3	양겨자 크러스트 : 마늘, 파슬리, 타임 다져서 빵가루, 양겨자, 올리브오일 섞어 크러스트 만들기
4	양갈비 : 시어링 – 민트 젤리+꿀 섞어 바르기 – 양겨자 크러스트 입히기 – 오븐에서 굽기(미디움)
5	안나 포테이토 : 감자 지름 3cm 원통형 모양 – 두께 0.2cm로 썰어 데치기 – 전분 입히기 – 소금, 흰 후춧가루 간하기 – 원형 몰드에서 3cm 높이 회오리 모양으로 만들어 오븐에 굽기
6	마늘 : 데친 후 버터 넣고 안나포테이토와 같이 오븐에 굽기(가니쉬)
7	아스파라거스 : 다듬기 – 물에 데치기 – 팬에 버터, 소금, 흰후춧가루 넣어 볶기
8	양갈비 : 3등분하여 접시에 담고 가니쉬와 타임 소스로 플레이팅 하기

조리 tip

1. 양갈비를 익힐 때에는 미디움으로 익힐 수 있도록 시간에 유의한다.
2. 안나 포테이토의 회오리 모양을 유지하기 위해 원형 몰드를 이용하면 좋다.

과제 3형

비가라드 소스를 곁들인 오리가슴살구이
Duck Breast With Bigarade Sauce

시험시간 **80분**

비가라드 소스를 곁들인 오리가슴살구이

재료

- 오리가슴살 (150g 정도, 껍질 있는 것) 1개
- 꿀 20g
- 오렌지 2개
- 적포도주 200mL
- 월계수 잎 2잎
- 감자 1개
- 베이컨 1개
- 올리브 (검은 것) 2개
- 브로콜리 30g
- 타임 (fresh) 5g
- 배 1/4개
- 레몬 1/2개
- 당근 1개
- 양파 1/4개
- 전분 (옥수수 전분) 20g
- 브라운스톡 100mL (데미글라스 소스 대체 가능)
- 검은 통후추 5g
- 소금 20g
- 흰 후춧가루 5g
- 식용유 50mL
- 마늘 3쪽
- 버터 70g
- 흰 설탕 50g
- 식초 10mL

요구사항

※ 위생과 안전에 유의하여 주어진 재료로 **비가라드 소스를 곁들인 오리가슴살구이**(duckbreast with bigarade sauce)를 다음과 같이 만드시오.

가. 오리가슴살구이 (roasted duck breast)
  1) 오리가슴살은 껍질 부분에 솔방울 모양으로 칼집을 내어 팬프라잉하시오.
  2) 팬프라잉한 오리가슴살은 꿀을 발라 오븐에 갈색으로 익혀 3쪽으로 썰어내시오.
  3) 껍질은 바삭하게 하고 속은 미디움(medium)으로 구우시오.

나. 로스티 감자 (rosti potatoes)
  1) 베이컨과 블랙올리브를 넣은 로스티감자를 연한 갈색으로 만드시오.

다. 비가라드 소스 (bigarade sauce)
  1) 오렌지 주스와 적포도주 등을 넣어 2/3 정도 졸여 농도에 유의하여 비가라드 소스를 만드시오.

라. 가니쉬 (garnish)
  1) 브로콜리는 삶아 버터에 볶아 사용하시오.
  2) 당근은 올리베또(olivette) 모양으로 3개를 사용하시오.
  3) 배 콘피(pear confit)는 샤토(chateau) 모양으로 레드와인에 졸여 2개를 만드시오.
  4) 오렌지 제스트와 오렌지 살, 타임을 이용하여 가니쉬 하시오.

마. 3등분한 오리가슴살과 로스티 감자, 가니쉬를 담고 비가라드 소스를 뿌려 오렌지살과 오렌지 제스트, 타임으로 장식하여 내시오.

만드는 법

1 오리가슴살구이(Roasted duck breast)

① 오리가슴살의 힘줄을 제거하고 껍질에 솔방울 모양으로 칼집을 내어 준다.
② 마리네이드(마늘, 타임, 식용유, 소금, 흰 후춧가루) 하여 준비한다.
③ 팬에서 약한 불로 껍질 부분을 먼저 바싹하게 익혀 중불에서 버터와 타임을 넣어 아로제 하여 골고루 익힌다.
④ 오리 껍질에 꿀을 발라 오븐(180℃)에 약 6분 정도 구워 레스팅한 후 3쪽으로 나눠 썰어 낸다.

비가라드 소스를 곁들인 오리가슴살구이

조리용어 설명

1. **팬프라잉(Pan frying)**
   고온의 팬에 고기의 겉면이 바싹하게 구워내는 조리 방법.

2. **레스팅(Resting)**
   고기를 굽고 난 다음 뜨거운 열기가 골고루 퍼져 들어가도록 잠시 두는 것.

3. **아로제(Arroser)**
   고기 등을 구울 때 재료의 표면에 굽고 있는 재료에서 흘러나온 육수 또는 기름, 버터 등을 표면에 끼얹는 조리법.

4. **글레이징(Glazing)**
   익은 음식의 표면을 버터, 설탕, 육수 등을 이용하여 윤기 나게 코팅 시키는 조리법.

5. **콩피(Confit)**
   시럽이나 기름에 식재료를 넣고 오랜 시간 동안 끓이는 조리 방법.

6. **제스트(zest)**
   향이 있는 레몬, 오렌지, 감귤류의 색이 있는 표피를 얇게 분리하여 음식의 향을 더해 주는 조리법

2 로스티 감자(Rosti potatoes)
① 감자는 껍질을 벗긴 후 채 썰어 물에 담가 전분을 제거하고, 베이컨은 채 썰고, 블랙올리브와 타임은 다진다.
② 감자, 베이컨, 올리브, 소금, 흰 후춧가루를 믹스하고, 팬 위에서 몰드에 믹스한 감자를 채워 넣어 준다.
③ 약한 불로 연한 갈색이 나게 양면을 구워 낸다.

3 비가라드 소스(Bigarade sauce)
① 오렌지 껍질로 제스트를 만들고, 속살은 세그먼트와 오렌지즙을 각각 만들어 준비한다.
② 팬에 설탕을 펼쳐 넣어 캐러멜화 시킨 후 식초와 오렌지즙을 넣어 조린다.
③ 채 썰어 볶은 양파, 적포도주, 브라운스톡(데미글라스 소스), 타임, 월계수 잎, 검은 통후추를 넣어 끓여주고, 충분히 끓으면 체에 걸러 준다.
④ 체에 거른 소스에 오렌지 제스트를 넣고, 버터 몽테 한다.

4 가니쉬(Garnish)
① 당근 올리베또 3개를 끓는 물에 삶아 버터 1/2T, 오렌지즙 1T, 물 4T, 설탕 1/2T, 소금을 넣어 글레이징 한다.
② 브로콜리는 한입 크기로 자른 후 끓는 물에 데쳐서 버터를 넣고 볶아준다.
③ 배를 샤토 모양으로 2개 만들어 레몬주스, 적포도주 1/2C, 설탕을 넣어 조려 배 콩피를 만든다.
④ 타임은 전분물을 묻혀 튀기고, 오렌지 세그먼트는 가니쉬로 사용한다.

5 담기(Plating)
3등분한 오리가슴살과 로스티 감자, 당근 올리베또, 브로콜리, 배 콩피 가니쉬를 접시에 담고, 오렌지 세그먼트를 곁들이고 비가라드 소스를 뿌리고 타임으로 장식한다.

합격 point

1. 오리가슴살을 솔방울 무늬 모양을 만들 때 칼집이 골고루 들어 갈 수 있게 천천히 조심해서 한다.
2. 오렌지 세그먼트를 만들 때는 살이 깨지지 않도록 주의한다.
3. 설탕을 캐러멜화 시킬 때는 타지 않도록 주의한다.

조리과정 비가라드 소스를 곁들인 오리가슴살구이

1 오리가슴살구이 만들기

❶ 오리가슴살의 힘줄을 제거하고 껍질에 솔방울 모양으로 칼집을 내어 준다.

❸ 팬에서 약한 불로 껍질 부분을 먼저 바싹하게 익혀 중불에서 버터와 타임을 넣어 아로제 하여 골고루 익힌다.

❷ 마리네이드(마늘, 타임, 식용유, 소금, 흰 후춧가루) 하여 준비한다.

❹ 오리 껍질에 꿀을 발라 오븐(180℃)에 약 6분 정도 구워 레스팅한 후 3쪽으로 나눠 썰어 낸다.

조리과정 비가라드 소스를 곁들인 오리가슴살구이

2 로스티 감자 만들기

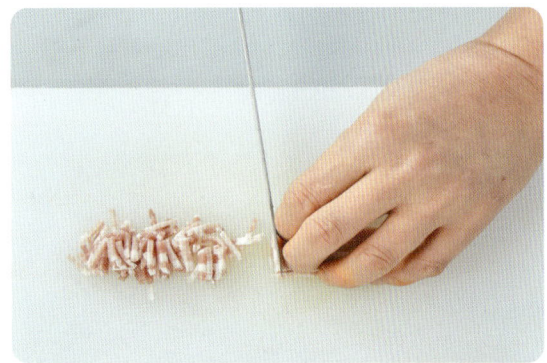

❶ 감자는 껍질을 벗긴 후 채 썰어 물에 담가 전분을 제거하고, 베이컨은 채 썰고, 블랙올리브와 타임은 다진다.

❷ 감자, 베이컨, 올리브, 소금, 흰 후춧가루를 믹스하고, 팬 위에서 몰드에 믹스한 감자를 채워 넣어 준다.

❸ 약한 불로 연한 갈색이 나게 양면을 구워 낸다.

조리과정 비가라드 소스를 곁들인 **오리가슴살구이**

3 비가라드 소스 만들기

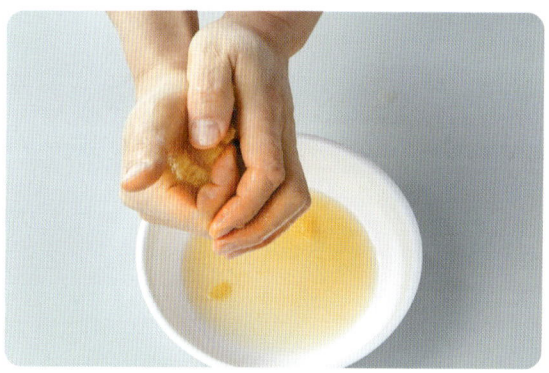

❶ 오렌지 껍질로 제스트를 만들고, 속살은 세그먼트와 오렌지즙을 각각 만들어 준비한다.

❷ 팬에 설탕을 펼쳐 넣어 캐러멜화 시킨 후 식초와 오렌지즙을 넣어 조린다.

❸ 채 썰어 볶은 양파, 적포도주, 브라운스톡(데미글라스 소스), 타임, 월계수 잎, 검은 통후추를 넣어 끓여주고, 충분히 끓으면 체에 걸러 준다.

조리과정 — 비가라드 소스를 곁들인 **오리가슴살구이**

❹ 체에 거른 소스에 오렌지 제스트를 넣고, 버터 몽테 한다.

4 가니쉬 만들기

❶ 당근 올리베또 3개를 끓는 물에 삶아 버터 1/2T, 오렌지즙 1T, 물 4T, 설탕 1/2T, 소금을 넣어 글레이징 한다.

❷ 브로콜리는 한입 크기로 자른 후 끓는 물에 데쳐서 버터를 넣고 볶아준다.

조리과정 비가라드 소스를 곁들인 **오리가슴살구이**

4 가니쉬 만들기

❸ 배를 샤토 모양으로 2개 만들어 레몬주스, 적포도주 1/2C, 설탕을 넣어 조려 배 콘피를 만든다.

❹ 타임은 전분물을 묻혀 튀기고, 오렌지 세그먼트는 가니쉬로 사용한다.

5 담기

3등분한 오리가슴살과 로스티 감자, 당근 올리베또, 브로콜리, 배 콘피 가니쉬를 접시에 담고, 오렌지 세그먼트를 곁들이고 비가라드 소스를 뿌리고 타임으로 장식한다.

양식조리산업기사 합격비법

주의사항

※ 아래 번호 순서대로 조리하면 완성시간을 단축할 수 있다.
1. 메뉴별 재료를 구분하고 메뉴별 지급재료에 있는 재료만 사용한다.
2. 요구사항에 있는 작품의 크기와 개수를 꼭 확인하고 요구사항대로 한다.
3. 조리대를 청결하게 사용하고 먼저 만들 조리와 나중에 만들 조리를 구분하여 만든다.
4. 먼저 끓여 준비할 것, 나중에 끓일 것을 구분하여 끓이는 시간이 부족하지 않도록 한다.

과제 3형 비가라드 소스를 곁들인 오리가슴살구이
Grilled duckbreast with Bigarade sauce

시험시간 1시간 20분

1	오리가슴살: 껍질 부분에 솔방울 모양 칼집 넣기 - 소금, 흰 후춧가루, 마늘, 타임, 식용유로 마리네이드 하기 - 팬에 껍질 부분부터 중불에서 익히면서 버터와 타임 넣어 아로제 하여 굽기 - 껍질 부분에 꿀 발라 오븐에서 굽기(미디움)
2	로스티 감자 : 채 썰어 전분 뺀 감자 + 베이컨 채 + 다진 블랙 올리브+전분, 소금, 후추 혼합하기 - 프라이팬에 양면 노릇하게 굽기
3	오렌지 : 껍질은 제스트 만들기- 속살은 세그먼트 3쪽 만들기- 나머지 오렌지주스 만들기
4	비가라드 소스: 팬에 설탕 캐러멜화 하기 - 식초, 오렌지 주스 졸이기 - 양파, 적포도주 넣어 졸이기 - 브라운스톡, 타임, 월계수 잎, 검은 통후추 넣고 졸이기 - 체에 내리기 - 제스트 넣고 소금, 흰 후춧가루로 간하기 - 버터 몽테 하기
5	당근 : 올리베또 3개 - 글레이징
6	배 : 샤토 2개 - 레드와인에 졸여 배 콘피(Pear Confit) 만들기
7	브로콜리 : 한입 크기로 다듬기 - 데치기 - 버터에 볶기
8	잘 익은 오리가슴살은 3쪽으로 잘라 담고 준비한 가니쉬, 비가라드 소스 플레이팅 하기

조리 tip

1. 오리가슴살을 구울 때는 약한 불에서 껍질부터 구워 주어야 바싹하게 익는다.
2. 감자를 채 썰어 전분기를 제거해야 바싹하게 구워진다.

과제 4형

앤초비 버터를 곁들인 소안심구이
Beef Fillet Steak With A Anchovy Butter

시험시간 80분

앤초비 버터를 곁들인 소안심구이

재료

- 소고기 (안심, 스테이크용) 160g
- 케이퍼 15g
- 타라곤 5g
- 파슬리 5g
- 앤초비 10g
- 타임 5g
- 감자 1개
- 당근 1/2개
- 방울 양배추 2개
- 아스파라거스 (green) 1개
- 적포도주 200mL
- 데미글라스 소스 50mL
- 우유 150mL
- 버터 (무염) 100g
- 샬롯 1개
- 마늘 3쪽
- 파르미지아노 레지아노치즈 (덩어리) 20g
- 밀가루 (중력분) 10g
- 흰 설탕 30g
- 올리브 오일 30mL
- 양파 1/2개
- 셀러리 50g
- 검은 통후추 10g
- 소금 15g

요구사항

※ 위생과 안전에 유의하여 주어진 재료로 **앤초비 버터를 곁들인 소안심구이**(beef fillet steak with a anchovy butter)를 다음과 같이 만드시오.

가. 소안심 구이 (beef fillet steak)
1) 소고기 안심은 손질(마리네이드)하여 medium으로 구우시오.
2) 레드와인 소스를 만들어 곁들이시오.

나. 앤초비 버터 (anchovy butter)
1) 앤초비, 허브, 채소, 버터를 이용하여 앤초비 버터를 만들어 스테이크에 올리시오.

다. 도피노와즈 포테이토 (dauphinoise potato)
1) 베샤멜 소스를 만들어 사용하시오.
2) 파르미지아노 레지아노 치즈를 뿌려 오븐에 구워내시오.

라. 곁들임 채소 (hot vegetables)
1) 당근은 글레이징(glazing) 하시오.
2) 방울양배추, 아스파라거스를 조리하여 곁들이시오.

만드는 법

1 소안심구이(Beef Fillet Steak)

① 소안심은 힘줄과 지방을 제거하여 손질한 뒤 둥글게 모양을 잡아 마리네이드(마늘, 타임, 올리브오일, 소금, 으깬 검은 후추) 해준다.
② 팬에 안심을 시어링 한 후 버터, 타임을 넣어 아로제 하고, 180℃ 오븐에서 미디움으로 구워 레스팅 해준다.
③ 미르포아(양파, 당근, 셀러리)는 채 썰어 갈색이 나도록 볶아주고, 자투리 고기도 갈색이 되게 볶는다.
④ 볶은 채소에 적포도주를 넣어 알코올이 날아갈 때까지 끓인 후 데미글라스 소스, 물, 파슬리 줄기, 검은 통후추를 넣고 끓여준다.
⑤ 충분히 끓여 농도가 나오면 체에 걸러 준 후 소금간 하고, 버터 몽테 하여 완성한다.

앤초비 버터를 곁들인 소안심구이

조리용어 설명

1. 팬시어링(Pan Searing)
   식재료의 표면을 강한 불에 구워 갈색으로 만드는 것

2. 포마드(Pommade)
   버터를 상온에 두어서 부드럽고 말랑말랑한 크림스타일 상태

3. 미르포아(Mirepoix)
   스톡, 소스 등을 끓이기 위해 준비한 양파, 당근, 셀러리 슬라이스와 허브 등을 일컫는 조리용어

4. 베샤멜 소스 (Bechamel Sauce)
   화이트 루(Roux)에 우유를 넣고 끓이면서 양파, 넛맥, 월계수 잎 등을 넣어 끓인 흰색 소스

5. 제스트(Zeste)
   오렌지, 레몬 등 시트러스류의 껍질의 색깔이 있는 부분을 일컫는 조리용어

---

2 앤초비 버터(Anchovy Butter)
① 포마드 상태의 버터 50g을 휘핑하여 앤초비, 마늘, 샬롯, 케이퍼, 파슬리, 타라곤 다진 것을 넣어 섞어 준다.
② 비닐(랩)을 넓게 펴서 버터를 올린 후 동그랗게 만든다.
③ 냉장고에 굳힌 후 링으로 잘라 스테이크 위에 올린다.

3 도피노와즈 포테이토(Dauphinoise potato)
① 버터 10g, 밀가루 10g을 약한 불에서 볶아 화이트 루를 만든다.
② 화이트루에 양파를 볶다가 우유를 넣어 농도가 되직해지면 소금으로 간하여 체에 내려 베샤멜 소스를 만든다.
③ 감자는 얇게 편 썰어 팬에 버터를 두르고 살짝 익혀 준다.
④ 파이팬 또는 호일로 밑을 감싼 코팅한 몰드에 베샤멜 소스와 감자를 층층이 넣고 마지막에는 파르미지아노 레지아노 치즈를 올린다.
⑤ 치즈를 올린 감자는 180℃ 오븐에서 약 8분 정도 익혀 갈색이 나도록 구워 사각으로 썬다.

4 더운 채소(Hot vegetables)
① 당근은 올리베토 3개를 깎아 끓는 물에 소금을 넣고 4분 익힌 후 버터, 설탕, 물, 소금을 넣고 글레이징 한다.
② 아스파라거스는 껍질을 제거하고 물에 데친 후 버터에 볶아 준다.
③ 방울양배추는 반으로 잘라 다듬은 후 끓는 물에 데쳐 버터에 볶아 준다.

5 담기(Plating)
완성된 안심스테이크와 도피노와즈 포테이토, 당근 글레이징, 아스파라거스, 방울양배추를 접시에 가지런히 담고 안심스테이크 위에 앤초비 버터를 잘라 올리고 소스를 곁들여 완성한다.

합격 point
1. 베샤멜 소스를 만들 때 버터와 밀가루의 비율이 1:1로 잘 유지되도록 주의한다.
2. 도피노와즈 포테이토를 만들 때에 감자의 색깔이 너무 많이 나지 않도록 주의한다.
3. 방울양배추를 삶을 때에는 너무 덜 익히거나, 많이 익히지 않도록 주의한다.

조리과정　앤초비버터를 곁들인 **소안심구이**

1 소안심구이 만들기

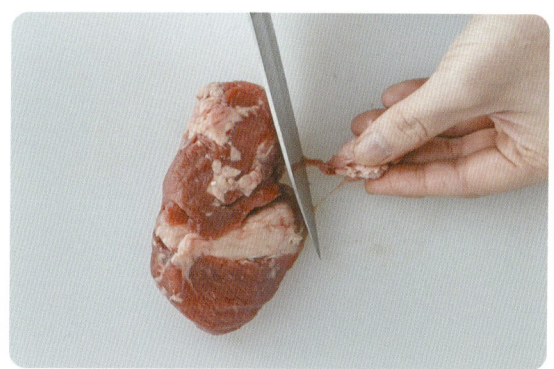

❶ 소안심은 힘줄과 지방을 제거하여 손질한 뒤 둥글게 모양을 잡아 마리네이드(마늘, 타임, 올리브오일, 소금, 으깬 검은 후추) 해준다.

❷ 팬에 안심을 시어링 한 후 버터, 타임을 넣어 아로제 하고, 180℃ 오븐에서 미디움으로 구워 레스팅 해준다.

❸ 미르포아(양파, 당근, 셀러리)는 채 썰어 갈색이 나도록 볶아주고, 자투리 고기도 갈색이 되게 볶는다.

❹ 볶은 채소에 적포도주를 넣어 알코올이 날아갈 때까지 끓인 후 데미글라스 소스, 물, 파슬리 줄기, 검은 통후추를 넣고 끓여준다.

조리과정 앤초비버터를 곁들인 **소안심구이**

2 앤초비 버터 만들기

❶ 포마드 상태의 버터 50g을 휘핑하여 앤초비, 마늘, 샬롯, 케이퍼, 파슬리, 타라곤 다진 것을 넣어 섞어 준다.

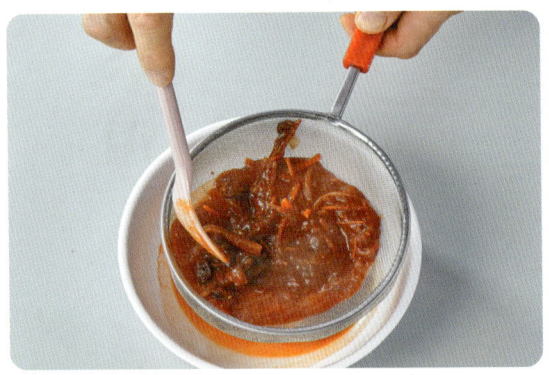

❺ 충분히 끓여 농도가 나오면 체에 걸러 준 후 소금간 하고, 버터 몽테 하여 완성한다.

❷ 비닐(랩)을 넓게 펴서 버터를 올린 후 동그랗게 만든다.

❸ 냉장고에 굳힌 후 링으로 잘라 스테이크 위에 올린다.

조리과정 앤초비버터를 곁들인 **소안심구이**

3 도피노와즈 포테이토 만들기

❶ 버터 10g, 밀가루 10g을 약한 불에서 볶아 화이트루를 만든다.

❸ 감자는 얇게 편 썰어 펜에 버터 두르고 살짝 익혀 준다.

❷ 화이트 루에 양파를 볶다가 우유를 넣어 농도가 되직해지면 소금으로 간하여 체에 내려 베샤멜 소스를 만든다.

❹ 파이팬 또는 호일로 밑을 감싼 코팅한 몰드에 베샤멜 소스와 감자를 층층이 넣고 마지막에는 파르미지아노 레지아노 치즈를 올린다.

❺ 치즈를 올린 감자는 180℃ 오븐에서 약 8분 정도 익혀 갈색이 나도록 구워 사각으로 썬다.

조리과정 앤초비버터를 곁들인 **소안심구이**

4 더운 채소 만들기

❶ 당근은 올리베또 3개를 깎아 끓는 물에 소금을 넣고 4분 익힌 후 버터, 설탕, 물, 소금을 넣고 글레이징 한다.

❷ 아스파라거스는 껍질 제거하고 물에 데친 후 버터에 볶아 준다.

❸ 방울양배추는 반으로 잘라 다듬은 후 끓는 물에 데쳐 버터에 볶아 준다.

5 담기

완성된 안심스테이크와 도피노와즈 포테이토, 당근 글레이징, 아스파라거스, 방울양배추를 접시에 가지런히 담고 안심스테이크 위에 앤초비 버터를 잘라 올리고 소스를 곁들여 완성한다.

양식조리산업기사 합격비법

주의사항

※ 아래 번호 순서대로 조리하면 완성시간을 단축할 수 있다.
1. 메뉴별 재료를 구분하고 메뉴별 지급재료에 있는 재료만 사용한다.
2. 요구사항에 있는 작품의 크기와 개수를 꼭 확인하고 요구사항대로 한다.
3. 조리대를 청결하게 사용하고 먼저 만들 조리와 나중에 만들 조리를 구분하여 만든다.
4. 먼저 끓여 준비할 것, 나중에 끓일 것을 구분하여 끓이는 시간이 부족하지 않도록 한다.

과제 4형 엔쵸비버터를 곁들인 소안심구이
Grilled beef tenderloin with enchobie butter

시험시간 1시간 20분

1	소고기안심 : 손질 후 160g으로 컷팅 – 마늘, 타임, 올리브오일, 소금, 으깬 검은 후추로 마리네이드 – 팬에 안심 시어링 한 후 버터, 타임으로 아로제 하기 – 180℃ 오븐에서 미디움으로 구워 레스팅 하기
2	레드와인 소스 : 당근, 양파, 셀러리 갈색으로 볶기 – 레드 와인 첨가 졸이기 – 데리글라스 소스, 파슬리 줄기, 검은 통후추 넣어 끓이기 – 체에 걸러 소금으로 간하기 – 버터 몽테 하여 완성하기
3	앤초비버터 : 포마드 상태 버터 휘핑 – 앤초비, 마늘, 샬롯, 케이퍼, 파슬리, 타라곤 다져서 혼합 – 랩으로 모양 잡아 냉장고 굳히기
4	도피노와즈 포테이토 : 밀가루와 버터 볶아 화이트 루 만들기 – 루에 양파 넣고 볶기–우유 넣고 끓이기 – 간하여 체에 내려 베샤멜 소스 완성하기 – 감자 얇게 썰어 볶기 – 감자, 베샤멜 소스 층층으로 놓고 마지막에 파르미지아노 레지아노 치즈 올려 오븐에 갈색으로 굽기 – 사각으로 썰기
5	당근 : 올리베또 3개 만들기– 글레이징
6	방울양배추, 아스파라거스 : 데치기 – 프라이팬에 볶아 간하기
7	안심스테이크를 담고 준비한 가니쉬, 레드와인 소스 플레이팅 하기

조리 tip

1. 안심스테이크를 구울 때에는 너무 익히지 않고 미디움으로 구울 수 있도록 주의한다.
2. 앤초비 버터를 만들 때에는 포마드 상태에서 흰색이 될 때까지 잘 휘핑하여 사용한다.

과제 5형

타임벨루테 소스를 곁들인 기름에 저온조리한 적도미
Oil Poached Red Snapper With Thyme Veloute

시험시간 **90분**

타임벨루테 소스를 곁들인 기름에 저온조리한 적도미

재료

- 감자 1개
- 버터 (무염) 100g
- 브로콜리 50g
- 휘핑크림 200mL
- 적도미 (500~600g 정도) 1마리
- 양파 1/2개
- 셀러리 30g
- 토마토 1개
- 케이퍼 20g
- 대파 (흰 부분 4cm 정도) 1토막
- 파슬리 5g
- 타임 (fresh) 5g
- 밀가루 (중력분) 20g
- 식용유 500mL
- 샬롯 1개
- 빨간 파프리카 1/4개
- 가지 1/2개
- 애호박 50g
- 흰 후춧가루 5g
- 월계수 잎 (dry) 1개
- 검은 통후추 5g
- 소금 10g

요구사항

※ 위생과 안전에 유의하여 주어진 재료로 **타임벨루테 소스를 곁들인 기름에 저온 조리한 적도미**(oil poached red snapper with thyme veloute)를 다음과 같이 만드시오.

가. 기름에 저온 조리한 적도미 (oil poached red snapper)
  1) 적 도미를 손질하여, 80g 정도의 fillet으로 2쪽을 사용하시오.
  2) 타임향이 우러나도록 기름에 타임을 넣어 사용하시오.
  3) 적 도미는 기름에 저온 조리하여 부드러운 질감이 나도록 하시오.

나. 타임 향의 벨루테 소스 (thyme veloute sauce)
  1) 적 도미를 손질하고 남은 살과 뼈로 생선 스톡(fish stock)을 만들어 사용하시오.
  2) 화이트 루(White Roux)와 생선 스톡으로 소스를 만들고 타임은 chop해서 소스에 넣으시오.

다. 더운 채소 (hot vegetables)
  1) 브로콜리는 데친 후 버터 물에 조리하시오.
  2) 샬롯, 가지, 호박, 붉은 파프리카, 토마토, 케이퍼를 이용하여 라따뚜이(ratatouille)를 만드시오.

라. 퐁당 감자 (fondants potato)
  1) 작은 보일드 감자 (Boiled Potato) 모양으로 2개를 다듬어 버터의 향을 살려 오븐에서 조리하시오.

마. 접시에 적 도미, 감자, 더운 채소를 놓고 타임 벨루테 소스를 곁들이시오.

만드는 법

1 기름에 저온 조리한 적도미(Oil poached red snapper) 만들기
  ① 적도미를 3장 뜨기 한 후 80g 크기로 2개의 필렛을 만들어 소금, 흰 후춧가루를 뿌려 밑간을 한다.
  ② 팬에 기름을 넉넉하게 채운 후 타임을 넣어 온도 56~60℃ 사이에서 10~15분 정도 부드럽게 익힌다.
  ③ 기름에 저온 조리한 적도미를 키친타월을 이용해 기름기를 제거한다.

타임벨루테 소스를 곁들인 기름에 저온조리한 적도미

조리용어 설명

1. 라따뚜이(Ratatouille)
   가지, 애호박, 피망, 토마토 등에 허브와 올리브오일을 넣고 뭉근히 끓여 만든 채소 스튜

2. 벨루테 소스(Veloute sauce)
   화이트 루(roux)에 각종 스톡을 넣어 만든 소스

3. 퐁당포테이토 (Fondant potato)
   감자를 버터와 타임을 이용하여 갈색으로 코팅하여 요리하는 프랑스 조리 방법

4. 필렛(Fillet)
   고기나 생선의 뼈 없는 순수 살만 있는 부분

5. 스키밍(Skimming)
   스톡을 끓일 때 올라오는 거품과 불순물을 걷어 내는 것으로 맑은 스톡을 얻을 수 있음

2 타임 향의 벨루테 소스(Thyme veloute sauce) 만들기

① 깨끗이 씻은 생선 뼈와 슬라이스한 대파, 양파, 셀러리를 버터에 볶아 준다.
② 볶은 재료에 찬물 3컵, 으깬 검은 후추, 월계수 잎을 넣어 끓여 주면서 불순물을 제거하고, 충분히 끓으면 면포에 걸러 맑은 생선 스톡을 만든다.
③ 밀가루와 버터를 볶아 화이트 루를 만든 후 생선 스톡을 넣어 멍울이 없이 풀어 주고, 농도가 나오면 휘핑크림을 넣어 끓여 벨루테 소스를 만든다.
④ 완성된 벨루테 소스에 다진 타임, 다진 파슬리, 소금, 흰 후춧가루로 간을 한 후 버터 몽테 한다.

3 더운 채소(Hot vegetables) 만들기

① 퐁당포테이토는 보일드 감자 모양으로 2개를 만든 후 오븐팬에 버터와 타임을 올려 180℃ 오븐에서 8분 정도 갈색이 나도록 굽는다.
② 토마토는 칼집을 내어 끓는 물에 살짝 데쳐 껍질을 벗겨 씨를 제거한다.
③ 토마토는 콩카세 하고, 샬롯, 가지, 애호박, 파프리카는 0.6cm×0.6cm×0.6cm(스몰 다이스)로 썰어서 준비한다.
④ 팬에 버터를 녹인 후, 샬롯, 가지, 애호박, 파프리카, 케이퍼를 볶은 후 토마토를 넣어 볶다가 소금, 흰 후춧가루로 간을 한다.
⑤ 브로콜리는 적당한 크기로 커팅 후 끓는 물에 데쳐 버터 1/2T, 물 4T, 소금을 약간 넣고 졸인다.

4 담기(Plating)

접시에 적도미, 퐁당 포테이토, 라따뚜이, 브로콜리를 가지런히 놓고 타임벨루테 소스를 곁들인다.

합격 point

1. 벨루테 소스는 만들어 놓고 식으면 농도가 되어지니 마지막에 농도 조절에 유의한다.
2. 라따뚜이 조리시 오버쿡되어 채소가 뭉글어지지 않도록 주의한다.
3. 퐁당 포테이토를 만들 때 버터는 색깔이 빨리 나므로 색깔에 주의한다.

조리과정   타임벨루테 소스를 곁들인 기름에 저온조리한 적도미

1   기름에 저온 조리한 적도미 만들기

❶ 적도미를 3장 뜨기 한 후 80g 크기로 2개의 필렛을 만들어 소금, 흰 후춧가루를 뿌려 밑간을 한다.

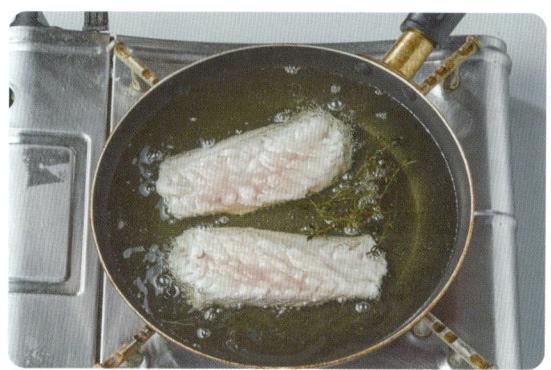

❷ 팬에 기름을 넉넉하게 채운 후 타임을 넣어 온도 56~60℃ 사이에서 10~15분 정도 부드럽게 익힌다.

❸ 기름에 저온 조리한 적도미를 키친타월을 이용해 기름기를 제거한다.

2   타임 향의 벨루테 소스 만들기

❶ 깨끗이 씻은 생선 뼈와 슬라이스한 대파, 양파, 셀러리를 버터에 볶아 준다.

❷ 볶은 재료에 찬물 3컵, 으깬 검은 후추, 월계수 잎을 넣어 끓여 주면서 불순물을 제거하고, 충분히 끓으면 면포에 걸러 맑은 생선 스톡을 만든다.

❸ 밀가루와 버터를 볶아 화이트 루를 만든 후 생선 스톡을 넣어 멍울이 없이 풀어 주고, 농도가 나오면 휘핑크림을 넣어 끓여 벨루테 소스를 만든다.

조리과정   타임벨루테 소스를 곁들인 기름에 저온조리한 적도미

3 더운 채소 만들기

❶ 퐁당포테이토는 보일드 감자 모양으로 2개를 만든 후 오븐팬에 버터와 타임을 올려 180℃ 오븐에서 8분 정도 갈색이 나도록 굽는다.

❹ 완성된 벨루테 소스에 다진 타임, 다진 파슬리, 소금, 흰 후춧가루로 간을 한 후 버터 몽테 한다.

❷ 토마토는 칼집을 내어 끓는 물에 살짝 데쳐 껍질을 벗겨 씨를 제거한다.

❸ 토마토는 콩카세 하고, 샬롯, 가지, 애호박, 파프리카는 0.6cm×0.6cm×0.6cm(스몰 다이스)로 썰어서 준비한다.

조리과정 타임벨루테 소스를 곁들인 기름에 저온조리한 적도미

4 담기

❹ 팬에 버터를 녹인 후, 샬롯, 가지, 애호박, 파프리카, 케이퍼를 볶은 후 토마토를 넣어 볶다가 소금, 흰 후춧가루로 간을 한다.

접시에 적도미, 퐁당 포테이토, 라따뚜이, 브로콜리를 가지런히 놓고 타임 벨루테 소스를 곁들인다.

❺ 브로콜리는 적당한 크기로 커팅 후 끓는 물에 데쳐 버터 1/2T, 물 4T, 소금을 약간 넣고 졸인다.

양식조리산업기사 합격비법

주의사항

※ 아래 번호 순서대로 조리하면 완성시간을 단축할 수 있다.
1. 메뉴별 재료를 구분하고 메뉴별 지급재료에 있는 재료만 사용한다.
2. 요구사항에 있는 작품의 크기와 개수를 꼭 확인하고 요구사항대로 한다.
3. 조리대를 청결하게 사용하고 먼저 만들 조리와 나중에 만들 조리를 구분하여 만든다.
4. 먼저 끓여 준비할 것, 나중에 끓일 것을 구분하여 끓이는 시간이 부족하지 않도록 한다.

과제 5 타임벨루테 소스를 곁들인 기름에 저온 조리한 적도미
Sous-vide in oil with Time Belute sauce

시험시간 1시간 30분

1	적도미 : 3장 뜨기 - 칼집 넣기 - 소금, 흰 후춧가루 밑간하기(적도미 뼈 - 찬물에 담가 핏물 제거)
2	생선 스톡 : 적도미 뼈, 대파, 양파, 셀러리 버터에 볶기 - 물, 월계수 잎, 으깬 검은 후추 넣어 끓이기 - 면포에 걸러 완성하기
3	벨루테 소스 : 화이트 루에 생선 스톡 풀고 휘핑크림 넣어 끓이기 - 다진 타임, 파슬리, 소금, 흰 후춧가루 간하기 - 버터 몽테 하여 완성하기
4	퐁당 감자 : 보일드(Boiled potato)모양으로 썰기 - 오븐에 버터와 타임을 넣고 굽기
5	라따뚜이 : 샬롯, 가지, 애호박, 붉은파프리카, 토마토, 케이퍼 스몰다이스하여 볶아 간하기
6	브로콜리 : 다듬기 - 데치기 - 버터물에 조리하기
7	적도미는 타임을 곁들인 기름에 낮은 온도에서 서서히 익히기
8	기름기를 뺀 적도미, 가니쉬, 벨루테 소스를 이용하여 플레이팅 하기

조리 tip

1. 적도미를 저온조리 할 때 기름의 온도가 올라가지 않도록 주의한다.
2. 생선스톡을 끓일 때 거품을 제거해야 맑은 스톡을 얻을 수 있으니 주의한다.

MEMO

중식조리산업기사
실기

출제기준(필기)

중식조리산업기사

| 직무분야 | 음식서비스 | 중직무분야 | 조리 | 자격종목 | 중식조리산업기사 | 적용기간 | 2022.1.1.~2024.12.31. |

○ 직무내용 : 중식메뉴 계획에 따라, 식재료를 선정, 구매, 검수, 보관 및 저장하며, 맛과 영양을 고려하여 안전하고 위생적으로 음식을 조리하고 조리기구와 시설관리 및 급식·외식경영을 수행하는 직무이다.

| 필기검정방법 | 객관식 | 문제수 | 60 | 시험시간 | 1시간 30분 |

필기 과목명	출제 문제수	주요항목	세부항목	세세항목
위생 및 안전관리	20	1 위생관리	1. 개인 위생관리	1. 위생관리기준 2. 식품위생에 관련된 질병
			2. 식품 위생관리	1. 미생물의 종류와 특성 2. 식품과 기생충질환 3. 살균 및 소독의 종류와 방법 4. 식품의 위생적 취급기준 5. 식품첨가물과 유해물질 혼입
			3. 작업장 위생관리	1. 작업장위생 및 위해요소 2. 해썹(HACCP) 관리기준 3. 작업장 교차오염발생요소 4. 식품위해요소 취급규칙 5. 위생적인 식품조리 6. 식품별 유통, 조리, 생산 시스템
			4. 식중독 관리	1. 세균성 및 바이러스성 식중독 2. 자연독 식중독 3. 화학적 식중독 4. 곰팡이 독소
			5. 식품위생 관계법규	1. 식품위생법 및 관계 법규 2. 식품 등의 표시·광고에 관한 법령

필기 과목명	출제 문제수	주요항목	세부항목	세세항목
		2 안전관리	1. 개인 안전관리	1. 개인 안전관리 점검표 2. 작업 안전관리 3. 개인 안전사고 예방 및 응급조치 4. 산업안전보건법
			2. 장비·도구 안전작업	1. 조리장비·도구의 종류와 특징, 용도 2. 조리장비·도구의 분해 및 조립 방법 3. 조리장비·도구 안전관리 지침 4. 조리장비·도구의 작동 원리 5. 주방도구 활용
			3. 작업환경 안전관리	1. 작업장 환경관리 2. 작업장 안전관리 3. 화재예방 및 화재진압 4. 유해, 위험, 화학물질 관리 5. 정기적 안전교육 실시
		3 공중 보건	1. 공중보건의 개념	1. 공중보건의 개념
			2. 환경위생 및 환경오염	1. 일광 2. 공기 및 대기오염 3. 상하수도, 오물처리 및 수질오염 4. 구충구서
			3. 산업보건관리	1. 산업보건의 개념과 직업병관리
			4. 역학 및 질병관리	1. 역학 일반 2. 급만성감염병관리 3. 생활습관병 및 만성질환
			5. 보건관리	1. 보건행정 및 보건통계 2. 인구와 보건 3. 보건영양 4. 모자보건, 성인 및 노인보건 5. 학교보건

필기 과목명	출제 문제수	주요항목	세부항목	세세항목
식재료관리 및 외식경영	20	1 재료관리	1. 저장 관리	1. 식재료 냉동·냉장·창고 저장관리 2. 식재료 건조창고 저장관리 3. 저장고 환경관리 4. 저장 관리의 원칙
			2. 재고 관리	1. 재료 재고 관리 2. 재료의 보관기간 관리 3. 상비량과 사용 시기 조절 4. 재료 유실방지 및 보안 관리
			3. 식재료의 성분	1. 수분 2. 탄수화물 3. 지질 4. 단백질 5. 무기질 6. 비타민 7. 식품의 색 8. 식품의 갈변 9. 식품의 맛과 냄새 10. 식품의 물성 11. 식품의 유독성분 12. 효소
			4 식품과 영양	1 영양소의 기능 2 영양소 섭취기준
		2 조리외식경영	1. 조리외식의 이해	1. 조리외식산업의 개념 2. 조리외식산업의 분류 3. 외식산업 환경분석 기술
			2. 조리외식 경영	1. 서비스 경영 2. 외식소비자 관리 3. 서비스 매뉴얼 관리 4. 위기상황 예측 및 대처
			3. 조리외식 창업	1. 창업의 개념 2. 외식창업 경영 이론 3. 창업절차

필기 과목명	출제 문제수	주요항목	세부항목	세세항목
중식조리	20	1 메뉴관리	1. 메뉴관리 계획	1. 메뉴 구성 2. 메뉴의 용어와 명칭 3. 계절별 메뉴 4. 메뉴조절, 관리
			2. 메뉴 개발	1. 시장상황과 흐름에 관한 변화분석 2. 메뉴 분석기법 및 메뉴구성 3. 플레이팅 기법과 개념
			3. 메뉴원가 계산	1. 메뉴 품목별 판매량 및 판매가 2. 표준분량크기 3. 식재료 원가 계산 4. 재무제표 5. 대차대조표 6. 손익 분기점
		2 구매관리	1. 시장 조사	1. 재료구매계획 수립 2. 식재료, 조리기구의 유통·공급환경 3. 재료수급, 가격변동에 의한 공급처 대체
			2. 구매관리	1. 공급업체 선정 및 구매 2. 육류의 등급별, 산지, 품종별 차이 3. 어패류의 종류와 품질 4. 채소, 과일류의 종류와 품질 5. 구매관리 관련 서식
			3. 검수관리	1. 식재료 선별 및 검수 2. 검수관리 관련 서식
		3 재료준비	1. 재료준비	1. 재료의 선별 2. 재료의 종류 3. 재료의 조리 특성 및 방법 4. 조리과학 및 기본 조리조작 5. 조리도구의 종류와 용도 6. 작업장의 동선 및 설비 관리

필기 과목명	출제 문제수	주요항목	세부항목	세세항목
			2. 재료의 조리원리	1. 농산물의 조리 및 가공·저장 2. 축산물의 조리 및 가공·저장 3. 수산물의 조리 및 가공·저장 4. 유지 및 유지 가공품 5. 냉동식품의 조리 6. 조미료와 향신료
			3. 식생활 문화	1. 중식의 음식 문화와 배경 2. 중식의 분류 3. 중식의 특징 및 용어
		4 중식 냉채 조리	1. 냉채 조리	1. 냉채조리방법의 종류와 특성 2. 냉채 종류에 따른 소스 조리 3. 냉채조리의 온도와 선도
			2. 냉채 완성	1. 냉채 종류에 따른 소스 선택 2. 냉채 종류에 따른 기초 장식
		5 중식 딤섬조리	1. 딤섬 빚기	1. 딤섬조리방법의 종류와 특성
			2. 딤섬 익히기	1. 딤섬 종류에 따른 익히는 방법
			3. 딤섬 완성	1. 딤섬 종류에 따른 소스 선택 2. 딤섬 종류에 따른 담기
		6 중식 수프·탕 조리	1. 수프·탕 조리	1. 수프 조리방법의 종류와 특성 2. 탕 조리방법의 종류와 특성
			2. 수프·탕 완성	1. 수프 종류에 따른 담기 2. 탕 종류에 따른 담기
		7 중식 볶음조리	1. 볶음 조리	1. 볶음조리방법의 종류와 특성 2. 볶음조리 종류에 따른 소스 조리
			2. 볶음 완성	1. 볶음조리 종류에 따른 소스 선택 2. 볶음조리 종류에 따른 기초 장식
		8 중식 찜조리	1. 찜 조리	1. 찜 조리방법의 종류와 특성 2. 찜 조리 종류에 따른 소스 조리 3. 찜 조리의 온도와 선도
			2. 찜 완성	1. 찜조리 종류에 따른 소스 선택 2. 찜조리 종류에 따른 기초 장식

필기 과목명	출제 문제수	주요항목	세부항목	세세항목
		9 중식 구이조리	1. 구이 조리	1. 구이조리방법의 종류와 특성 2. 구이조리 종류에 따른 소스 조리
			2. 구이 완성	1. 구이조리 종류에 따른 소스 선택 2. 구이조리 종류에 따른 기초 장식
		10 중식 후식조리	1. 더운 후식류 조리	1. 더운 후식조리방법의 종류와 특성 2. 더운 후식조리 종류에 따른 조리
			2. 찬 후식류 조리	1. 찬 후식조리방법의 종류와 특성 2. 찬 후식조리 종류에 따른 조리
			3. 후식류 완성	1. 후식조리 종류에 따른 소스 선택 2. 후식조리 종류에 따른 기초 장식
		11 중식 식품조각	1. 식품 조각 만들기	1. 식품조각방법의 종류와 특성 2. 식품조각 종류에 따른 기법
			2. 식품 조각완성	1. 식품조각 종류에 따른 기초 장식
		12 중식 튀김조리	1. 튀김 조리	1. 튀김조리방법의 종류와 특성 2. 튀김조리 종류에 따른 소스 조리
			2. 튀김 완성	1. 튀김조리 종류에 따른 소스 선택 2. 튀김조리 종류에 따른 기초 장식
		13 중식 면조리	1. 반죽하여 면 뽑기	1. 면조리 방법의 종류와 특성
			2. 면 삶아 담기	1. 면조리 종류에 따른 삶는 방법
			3. 요리별 조리하여 완성	1. 면조리 종류에 따른 소스 선택

중식조리산업기사

출제기준(실기)

직무분야	음식서비스	중직무분야	조리	자격종목	중식조리산업기사	적용기간	2022.1.1.~2024.12.31.

○ 직무내용 : 중식메뉴 계획에 따라, 식재료를 선정, 구매, 검수, 보관 및 저장하며, 맛과 영양을 고려하여 안전하고 위생적으로 음식을 조리하고 조리기구와 시설관리 및 급식·외식경영을 수행하는 직무이다.

○ 수행준거
1. 전채요리로서 메뉴의 특성에 맞는 적합한 재료를 이용하여 냉채요리를 조리할 수 있다.
2. 딤섬 류의 종류에 따라 밀가루와 전분 반죽에 육류와 해산물·채소류를 이용한 소를 넣어 다양한 모양으로 만들어 조리할 수 있다.
3. 중식 육수에 육류와 해산물류·채소류와 양념류를 넣어 수프와 탕의 특성에 따라 조리할 수 있다.
4. 육류·생선류·채소류·두부에 각종 양념과 소스를 이용하여 볶음요리를 할 수 있다.
5. 육류·해물류 등 재료 특성에 어울리는 양념이나 소스를 이용하여 찜 요리를 할 수 있다.
6. 구이 재료의 특성을 이해하고 그에 따른 조리법에 맞추어 조리할 수 있다.
7. 주 요리와 어울릴 수 있도록 더운 후식류나 찬 후식류를 조리할 수 있다.
8. 중식조리작업 수행에 필요한 위생관련지식을 이해하고 주방의 청결상태와 개인위생·식품위생을 관리하여 전반적인 조리작업을 위생적으로 수행 할 수 있다
9. 조리사가 주방에서 일어날 수 있는 사고와 재해에 대하여 안전기준 확인, 안전수칙 준수, 안전예방 활동을 할 수 있다.
10. 계절·장소·목적 등에 따라 메뉴를 구성하고, 개발하며 메뉴관리를 할 수 있다.
11. 요리와 조화를 이루어, 음식에 맞는 이미지연출로 시각적으로 표현 할 수 있다.
12. 육류·갑각류·어패류·채소류·두부류 재료 특성을 이해하고 손질하여 기름에 튀겨 조리할 수 있다.
13. 밀가루의 특성을 이해하고 반죽하여 면을 뽑아 각종 면을 조리할 수 있다.

실기검정방법	작업형	시험시간	2시간 정도

실기 과목명	주요항목	세부항목	세세항목
중식조리실무	1 중식 위생관리	1. 개인 위생관리하기	1. 위생관리기준에 따라 조리복, 조리모, 앞치마, 조리안전화 등을 착용할 수 있다. 2. 두발, 손톱, 손 등 신체청결을 유지하고 작업수행 시 위생습관을 준수할 수 있다. 3. 근무 중의 흡연, 음주, 취식 등에 대한 작업장 근무수칙을 준수할 수 있다. 4. 위생관련법규에 따라 질병, 건강검진 등 건강상태를 관리하고 보고할 수 있다.
		2. 식품 위생관리하기	1. 식품의 유통기한·품질 기준을 확인하여 위생적인 선택을 할 수 있다. 2. 채소·과일의 농약 사용여부와 유해성을 인식하고 세척할 수 있다. 3. 식품의 위생적 취급기준을 준수할 수 있다. 4. 식품의 반입부터 저장, 조리과정에서 유독성, 유해물질의 혼입을 방지할 수 있다.
		3. 주방 위생관리하기	1. 주방 내에서 교차오염 방지를 위해 조리생산 단계별 작업공간을 구분하여 사용할 수 있다. 2. 주방위생에 있어 위해요소를 파악하고, 예방할 수 있다. 3. 주방, 시설 및 도구의 세척, 살균, 해충·해서 방제 작업을 정기적으로 수행할 수 있다. 4. 시설 및 도구의 노후상태나 위생 상태를 점검하고 관리할 수 있다. 5. 식품이 조리되어 섭취되는 전 과정의 주방 위생 상태를 점검하고 관리할 수 있다. 6. HACCP적용 업장의 경우 HACCP관리기준에 의해 관리할 수 있다.
	2 중식 안전관리	1. 개인 안전관리하기	1. 안전관리 지침서에 따라 개인 안전관리 점검표를 작성할 수 있다. 2. 개인안전사고 예방을 위해 도구 및 장비의 정리정돈을 상시 할 수 있다. 3. 주방에서 발생하는 개인 안전사고의 유형을 숙지시키고 예방을 위한 안전수칙을 교육할 수 있다. 4. 주방 내 필요한 구급품이 적정 수량 비치되었는지 확인하고 개인 안전 보호 장비를 정확하게 착용하여 작업하는지 확인할 수 있다. 5. 개인이 사용하는 칼에 대해 사용안전, 이동안전, 보관안전을 수행할 수 있다.

실기 과목명	주요항목	세부항목	세세항목
			6. 개인의 화상사고, 낙상사고, 근육팽창과 골절사고, 절단사고, 전기기구에 인한 전기 쇼크 사고, 화재사고와 같은 사고 예방을 위해 주의사항을 숙지하고 실천할 수 있다. 7. 개인 안전사고 발생 시 신속 정확한 응급조치를 실시하고 재발 방지 조치를 실행할 수 있다.
		2. 장비·도구 안전관리하기	1. 조리장비·도구에 대한 종류별 사용방법에 대해 주의사항을 숙지할 수 있다. 2. 조리장비·도구를 사용 전 이상 유무를 점검할 수 있다. 3. 안전 장비 류 취급 시 주의사항을 숙지하고 실천할 수 있다. 4. 조리장비·도구를 사용 후 전원을 차단하고 안전수칙을 지키며 분해하여 청소 할 수 있다. 5. 무리한 조리장비·도구 취급은 금하고 사용 후 일정한 장소에 보관하고 점검할 수 있다. 6. 모든 조리장비·도구는 반드시 목적 이외의 용도로 사용하지 않고 규격품을 사용할 수 있다.
		3. 작업환경 안전관리하기	1. 작업환경 안전관리 시 작업환경 안전관리 지침서를 작성할 수 있다. 2. 작업환경 안전관리 시 작업장주변 정리 정돈 등을 관리 점검할 수 있다. 3. 작업환경 안전관리 시 제품을 제조하는 작업장 및 매장의 온·습도관리를 통하여 안전사고요소 등을 제거할 수 있다. 4. 작업장내의 적정한 수준의 조명과 환기, 이물질, 미끄럼 및 오염을 방지할 수 있다. 5. 작업환경에서 필요한 안전관리시설 및 안전용품을 파악하고 관리할 수 있다. 6. 작업환경에서 화재의 원인이 될 수 있는 곳을 자주 점검하고 화재진압기를 배치하고 사용할 수 있다. 7. 작업환경에서의 유해, 위험, 화학물질을 처리기준에 따라 관리할 수 있다. 8. 안전관리 책임자는 업무를 수행하는 인원을 대상으로 월1회 안전교육을 실시할 수 있다.

실기 과목명	주요항목	세부항목	세세항목
	3 중식 메뉴관리	1. 메뉴 계획하기	1. 균형 잡힌 식단 구성 방식을 감안하여 메뉴를 구성할 수 있다. 2. 원가, 식재료, 시설용량, 경제성을 감안하여 메뉴 구성을 조정할 수 있다. 3. 메뉴의 식재료, 조리방법, 메뉴 명, 메뉴판 작성 등 사용되는 용어와 명칭을 정확히 구분하고 사용할 수 있다. 4. 수익성과 선호도에 따른 메뉴 엔지니어링을 할 수 있다. 5. 공헌이익 높일 수 있는 메뉴구성을 할 수 있다.
		2. 메뉴 개발하기	1. 고객의 수요예측, 수익성, 이용 가능한 식자재, 조리설비, 메뉴의 다양성 그리고 영양적 요소를 파악할 수 있다. 2. 고객의 식습관과 선호도에 미치는 경제적, 사회적, 지역적, 그리고 형태적 영향을 파악하고 활용할 수 있다. 3. 주방에서 보유한 조리기구의 특성을 이해하고, 메뉴의 영양적 요소와 설명을 제시할 수 있다. 4. 지역적 위치와 고객수준 등을 고려한 입지분석과 계층분석을 할 수 있다. 5. 식재료 전반에 관한 등 외부적인 환경을 파악하여 메뉴를 개발할 수 있다.
		3. 메뉴원가 계산하기	1. 실제원가를 일단위, 월단위로 계산하며, 이에 대한 의사결정을 할 수 있다. 2. 원가, 식재료, 시설용량, 경제성을 감안하여 메뉴 구성을 할 수 있다. 3. 당일 식료수입과 재료에 대한 현황을 파악하여 실제원가를 알 수 있다. 4. 당일 매출 보고서를 이해하고 매출에 대한 재료 비율을 산출할 수 있다. 5. 부분별 재료 선입선출에 의한 품목별 단위원가를 산출하여 총원가를 계산할 수 있다.

실기 과목명	주요항목	세부항목	세세항목
	4 중식 냉채조리	1. 냉채 준비하기	1. 선택된 메뉴를 고려하여 냉채요리를 선정할 수 있다. 2. 냉채조리의 특성과 성격을 고려하여 재료를 선정할 수 있다. 3. 재료를 계절과 재료 수급 등 냉채요리 종류에 맞추어 손질할 수 있다.
		2. 기초 장식 만들기	1. 요리에 따른 기초 장식을 선정할 수 있다. 2. 재료의 특성을 고려하여 기초 장식을 만들 수 있다. 3. 만들어진 기초 장식을 보관·관리할 수 있다.
		3. 냉채 조리하기	1. 무침·데침·찌기·삶가·조림 등의 조리방법을 표준조리법에 따라 적용할 수 있다. 2. 해산물, 육류 및 가금류 등 냉채의 일부로서 사용되는 재료를 표준조리법에 따라 준비하여 조리할 수 있다. 3. 냉채 종류에 따른 적합한 소스를 선택하여 조리할 수 있다. 4. 숙성 및 발효가 필요한 소스를 조리할 수 있다.
		4. 냉채 완성하기	1. 전체 식단의 양과 구성을 고려하여 제공하는 양을 조절할 수 있다. 2. 냉채요리의 모양새와 제공 방법을 고려하여 접시를 선택할 수 있다. 3. 숙성 시간과 온도, 선도를 고려하여 요리를 담아낼 수 있다. 4. 냉채요리에 어울리는 기초 장식을 사용할 수 있다.
	5 중식 딤섬조리	1. 딤섬 준비하기	1. 딤섬의 특성을 고려하여 적합한 재료를 선정할 수 있다. 2. 재료를 딤섬 종류에 맞추어 손질할 수 있다. 3. 조리법에 따라 소 재료를 준비할 수 있다.
		2. 딤섬 빚기	1. 딤섬을 만들기 위한 반죽과 숙성을 할 수 있다. 2. 딤섬 조리법에 따라 소를 준비할 수 있다. 3. 원하는 모양의 딤섬을 빚을 수 있다. 4. 달라붙거나 갈라지는 것을 방지하여 조리 전의 모양을 유지할 수 있다.

실기 과목명	주요항목	세부항목	세세항목
		3. 딤섬 익히기	1. 딤섬의 모양과 크기에 따라 조리 시간과 익히는 방법을 선택할 수 있다. 2. 표준조리법에 따라 화력과 가열시간 조절, 뜸들이기를 할 수 있다. 3. 설익거나 풀어지지 않도록 조리법을 준수하여 삶거나 쪄낼 수 있다.
		4. 딤섬 완성하기	1. 딤섬의 모양과 종류에 따라 용기를 준비, 활용할 수 있다. 2. 딤섬을 색깔, 맛과 온도를 유지하여 담을 수 있다. 3. 딤섬에 어울리는 소스를 제공할 수 있다.
	6 중식 수프·탕 조리	1. 수프·탕 준비하기	1. 수프의 특성을 고려하여 적합한 재료를 선정할 수 있다. 2. 탕의 특성을 고려하여 적합한 재료를 선정할 수 있다. 3. 각 재료를 수프·탕의 종류에 맞추어 손질할 수 있다.
		2. 수프·탕 조리하기	1. 재료와 육수의 비율을 맞추어 조리를 준비할 수 있다. 2. 표준조리법에 따라 끓이는 시간과 화력의 강약을 조절할 수 있다. 3. 메뉴별 풍미를 위한 향신료를 선택하여 사용할 수 있다. 4. 메뉴별 표준조리법에 따라 전분을 이용하여 농도를 조절할 수 있다.
		3. 수프·탕 완성하기	1. 메뉴별 표준조리법에 따라 향, 맛, 농도, 색상을 고려하여 담을 수 있다. 2. 보관이나 운반을 위한 조치를 취할 수 있다. 3. 메뉴의 특성을 고려하여 어울리는 곁들임을 할 수 있다.
	7 중식 볶음조리	1. 볶음 준비하기	1. 볶음의 특성을 고려하여 적합한 재료를 선정할 수 있다. 2. 볶음 방법에 따른 조리용 매개체(물, 기름류, 양념류)를 이용하고 선정할 수 있다. 3. 각 재료를 볶음의 종류에 맞게 준비할 수 있다.
		2. 볶음 조리하기	1. 재료를 볶음요리에 맞게 썰 수 있다. 2. 썰어진 재료를 조리 순서에 맞게 기름에 익히거나 물에 데칠 수 있다. 3. 화력의 강약을 조절하고 양념과 향신료를 첨가하여 볶음요리를 할 수 있다. 4. 메뉴별 표준조리법에 따라 전분을 이용하여 볶음요리의 농도를 조절할 수 있다.

실기 과목명	주요항목	세부항목	세세항목
		3. 볶음 완성하기	1. 볶음요리의 종류와 제공방법에 따른 그릇을 선택할 수 있다. 2. 메뉴에 따라 어울리는 기초 장식을 할 수 있다. 3. 메뉴의 표준조리법에 따라 볶음요리를 담을 수 있다
	8 중식 찜조리	1. 찜 준비하기	1. 찜의 특성을 고려하여 찜에 알맞은 재료를 선정할 수 있다. 2. 찜 요리의 종류에 맞추어 재료를 준비할 수 있다. 3. 찜 요리의 특성에 맞는 도구를 선택할 수 있다.
		2. 찜 조리하기	1. 재료를 각 찜 요리의 특성에 맞게 손질할 수 있다. 2. 손질한 재료를 기름에 익히거나 물에 데칠 수 있다. 3. 찜 요리를 위해 찜 기의 화력을 강약으로 조절할 수 있다. 4. 찜 요리에 따라 양념과 향신료를 사용할 수 있다. 5. 찜 요리 종류 따라 전분으로 농도를 조절하여 완성할 수 있다.
		3. 찜 완성하기	1. 찜 요리의 종류와 크기에 따라 그릇을 선택할 수 있다. 2. 찜 요리에 어울리는 기초 장식을 할 수 있다. 3. 요리의 특성에 따라 색깔, 맛, 향, 온도를 고려하여 요리를 담을 수 있다. 4. 도구를 사용하여 알맞은 크기로 요리를 잘라 제공할 수 있다.
	9 중식 구이조리	1. 구이 준비하기	1. 구이의 특성을 고려하여 적합한 재료를 선정할 수 있다. 2. 각 재료를 구이의 종류에 맞게 준비할 수 있다. 3. 구이의 종류에 맞게 도구를 선택할 수 있다.
		2. 구이 조리하기	1. 재료를 각 구이요리의 특성에 맞게 손질할 수 있다. 2. 구이의 종류에 따라 손질한 재료를 기름에 익히거나 물에 데칠 수 있다. 3. 재료에 따라 구이 온도를 조절하며 양념과 향신료를 첨가하여 구이요리를 할 수 있다. 4. 각 구이의 종류에 따라 소스와 양념장을 만들 수 있다.

실기 과목명	주요항목	세부항목	세세항목
		3. 구이 완성하기	1. 구이요리의 종류에 따라 그릇을 선택할 수 있다. 2. 구이요리에 어울리는 기초 장식을 할 수 있다. 3. 색깔, 맛, 향, 온도를 고려하여 구이요리를 담을 수 있다. 4. 도구를 사용하여 적합한 크기로 요리를 잘라 제공할 수 있다.
	10 중식 후식조리	1. 후식 준비하기	1. 주 메뉴의 구성을 고려하여 알맞은(적합한) 후식요리를 선정할 수 있다. 2. 표준조리법에 따라 후식재료를 선택할 수 있다. 3. 소비량을 고려하여 재료의 양을 미리 조정할 수 있다. 4. 재료에 따라 전 처리하여 사용할 수 있다.
		2. 더운 후식류 만들기	1. 메뉴의 구성에 따라 더운 후식의 재료를 준비할 수 있다. 2. 용도에 맞게 재료를 알맞은 모양으로 잘라 준비할 수 있다. 3. 조리재료에 따라 튀김 기름의 종류, 양과 온도를 조절할 수 있다. 4. 재료 특성에 맞게 튀김을 할 수 있다. 5. 알맞은 온도와 시간으로 설탕을 녹여 재료를 버무릴 수 있다.
		3. 찬 후식류 만들기	1. 재료를 후식요리에 맞게 썰 수 있다. 2. 후식류의 특성에 맞추어 조리를 할 수 있다. 3. 용도에 따라 찬 후식류를 만들 수 있다.
		4. 후식류 완성하기	1. 후식요리의 종류와 모양에 따라 알맞은 그릇을 선택할 수 있다. 2. 표준조리법에 따라 용도에 알맞은 소스를 만들 수 있다. 3. 더운 후식요리는 온도와 시간을 조절하여 빠스요리를 만들 수 있다. 4. 후식요리의 종류에 맞춰 담아 낼 수 있다.
	11 중식 식품조각	1. 식품 조각 준비하기	1. 요리의의 특성을 고려하여 적합한 식품조각 재료를 선정할 수 있다. 2. 각 재료를 식품조각의 종류에 맞게 준비할 수 있다. 3. 식품조각의 종류에 맞게 도구를 선택할 수 있다.

실기 과목명	주요항목	세부항목	세세항목
		2. 식품 조각 만들기	1. 재료를 각 식품조각의 특성에 맞게 손질할 수 있다. 2. 식품조각의 종류에 따라 손질한 재료를 조각 할 수 있다. 3. 재료에 따라 조각도를 활용하여 대상과 요리에 맞게 식품조각을 할 수 있다. 4. 각 식품조각의 종류에 따라 특징을 고려하여 조각 할 수 있다.
		3. 식품 조각완성하기	1. 식품조각에 작품에 따른 테이블과 접시를 선택할 수 있다. 2. 요리에 어울리는 기초 장식을 할 수 있다. 3. 요리를 고려하여 식품조각을 장식할 수 있다. 4. 도구를 사용하여 적합한 크기로 고정하여 장식할 수 있다.
	12 중식 튀김조리	1. 튀김 조리하기	1. 재료를 튀김요리에 맞게 썰 수 있다. 2. 용도에 따라 튀김옷 재료를 준비할 수 있다. 3. 조리재료에 따라 기름의 종류, 양과 온도를 조절 할 수 있다. 4. 재료 특성에 맞게 튀김을 할 수 있다. 5. 사용한 기름의 재사용 또는 폐기를 위한 처리를 할 수 있다.
		2. 튀김 완성하기	1. 튀김요리의 종류에 따라 그릇을 선택할 수 있다. 2. 튀김요리에 어울리는 기초 장식을 할 수 있다. 3. 표준조리법에 따라 색깔, 맛, 향, 온도를 고려하여 튀김요리를 담을 수 있다.
	13 중식 면조리	1. 반죽하여 면 뽑기	1. 면의 종류에 따라 적합하게 반죽하여 숙성할 수 있다. 2. 면 요리에 따라 수타면과 제면기를 이용하여 면을 뽑을 수 있다. 3. 면 요리에 따라 면의 두께를 조절할 수 있다.
		2. 면 삶아 담기	1. 면의 종류와 양에 따라 끓는 물에 삶을 수 있다. 2. 삶은 면을 찬물에 헹구어 면을 탄력 있게 할 수 있다. 3. 메뉴에 따라 적합한 그릇을 선택하여 차거나 따뜻하게 담을 수 있다.
		3. 요리별 조리하여 완성하기	1. 메뉴에 따라 소스나 국물을 만들 수 있다. 2. 요리별 표준조리법에 따라 색깔, 맛, 향, 온도, 농도, 국물의 양을 고려하여 소스나 국물을 담을 수 있다. 3. 메뉴에 따라 어울리는 기초 장식을 할 수 있다.

수험자 유의사항

※ 다음 유의사항을 고려하여 요구사항을 완성합니다.

1. 조리산업기사로서 갖추어야 할 숙련도, 재료관리, 작품의 예술성을 나타내어야 합니다.
2. 지정된 시설을 사용하고, 지급재료 및 지참공구목록 이외의 조리기구는 사용할 수 없으며, 지참공구목록에 없는 단순 조리기구(수저통 등) 지참 시 시험위원에게 확인 후 사용합니다.
3. 지급재료는 1회에 한하여 지급되며 재지급은 하지 않습니다.
   (단, 수험자가 시험 시작 전 지급된 재료를 검수하여 재료가 불량하거나 양이 부족하다고 판단될 경우에는 즉시 시험위원에게 통보하여 교환 또는 추가지급을 받도록 합니다.)
4. 요구사항 및 지급재료의 규격은 "정도"의 의미를 포함하며, 재료의 크기에 따라 가감하여 채점됩니다.
5. 위생복, 위생모, 앞치마, 마스크를 착용하여야 하며, 시험장비, 가스레인지(가스밸브 개폐기 사용), 조리도구 등을 사용할 때에는 안전사고 예방에 유의합니다.
6. 다음 사항은 실격에 해당하여 채점대상에서 제외됩니다.
   가. 수험자 본인이 시험 도중 시험에 대한 포기 의사를 표현하는 경우
   나. 위생복, 위생모, 앞치마, 마스크를 착용하지 않은 경우
   다. 시험시간 내에 과제를 모두 제출하지 못한 경우
   라. 문제의 요구사항대로 과제의 수량이 만들어지지 않은 경우
   마. 완성품을 요구사항의 과제(요리)가 아닌 다른 요리(예, 달걀말이→달걀찜)로 만들었거나, 요구사항에 없는 과제(요리)를 추가하여 만든 경우
   바. 불을 사용하여 만든 과제가 과제특성에 벗어나는 정도로 타거나 익지 않은 경우
   사. 요구사항의 조리기구(석쇠 등)를 사용하여 완성품을 조리하지 않은 경우
   아. 수험자지참준비물 이외 조리기술에 영향을 줄 수 있는 기구를 사용한 경우
   자. 시험 중 시설·장비(칼, 가스레인지 등) 사용 시 시험위원 및 타수험자의 시험 진행에 위해를 일으킬 것으로 시험위원 전원이 합의하여 판단한 경우
   차. 요구사항에 표시된 실격 및 부정행위에 해당하는 경우
7. 완료된 과제는 지정한 장소에 시험시간 내에 제출하여야 합니다.
8. 가스레인지 화구는 2개까지 사용 가능합니다.
9. 과제를 제출한 다음 본인이 조리한 장소의 주변을 깨끗이 청소하고 조리기구를 정리 정돈한 후 시험위원의 지시에 따라 퇴실합니다.
10. 시험시작 전 가벼운 몸 풀기(스트레칭) 동작으로 긴장을 풀고 시험을 시작합니다.

중식조리산업기사

시험장 실기 준비물

준비물		규격	단위	수량	비고
위생복		상의 – 백색 하의 – 긴바지(색상 무관)	벌	1	위생복장을 제대로 갖추지 않을 경우는 실격처리됩니다.
위생모 또는 머리수건		백색	EA	1	
앞치마		백색(남, 녀 공용)	EA	1	
마스크			EA	1	
계량스푼		사이즈별	SET	1	
계량컵		200ml	EA	1	
국대접			EA	1	
공기			EA	1	
고무주걱		소	EA	1	
나무젓가락		40~50cm 정도	SET	1	
나무주걱		소	EA	1	
냄비		조리용	EA	1	시험장에도 준비되어 있음
도마		흰색 또는 나무도마	EA	1	시험장에도 준비되어 있음
랩, 호일		조리용	EA	1	
볼(bowl)		크기 제한 없음	EA	1	시험장에도 준비되어 있음
소창 또는 면보		30×30cm 정도	장	1	
쇠조리(혹은 체)		조리용	EA	1	시험장에도 준비되어 있음
위생타올		면	매	1	
위생팩		비닐팩	EA	1	
상비의약품		손가락골무, 밴드 등	EA	1	시험장에도 준비되어 있음
이쑤시개		–	EA	1	
종이컵		–	EA	1	
칼		조리용 칼, 칼집 포함	EA	1	
		중식칼	EA	1	
키친타올(종이)		주방용(소 18×20cm)	장	1	
숟가락		–	EA	2	스테인리스
프라이팬	중형	–	EA	1	시험장에도 준비되어 있음
	튀김팬	–	EA	1	

중식 재료썰기 정리

번호	종류	내용
1	편 (片-피엔)	얇고 납작하게 썰기(ex. 채소볶음)
2	정 (丁-띵)	정육면체 썰기(ex. 궁보계정, 깐풍기)
3	말 (末-모)	0.5cm 잘게 썰기(ex. 새우볶음밥)
4	사 (絲-스)	가늘게 채썰기/ 가늘게 찢기(ex. 경장육사, 부추잡채)
5	괴 (塊-콰이)	큼직하게 덩어리 썰기(2.5cm 정도의 크기로 다각형으로 썰기)
6	단 (段-듀안)	깍뚝썰기
7	조 (條-티아오)	채보다 굵게 막대 모양으로 썰기
8	마이 (馬耳-마알)	긴 삼각형으로 썰기
9	추 (捶-때릴 추)	칼등이나 망치로 때려서 다지기
10	배 (排-밀칠 배)	재료를 평평하게 펴서 칼 앞쪽과 뒤끝을 이용하여 두들겨 연하게 하기
11	양 (瓤-량)	속을 파내어 다른 재료로 채우기(ex 홍소양두부)
12	니 (泥-니)	으깨기
13	포 (包-빠오)	고기/채소 등을 얇은 피나 껍질에 말기
14	환 (丸-완)	둥글게 빚기(ex 빠스 옥수수)
15	권 (卷-쥐안)	기둥형으로 돌돌 말기(ex. 짜춘권)

● 닭 해체하기 ⇒ 양식 (p36) 참조

채소 썰기

1 0.5cm 썰기

3 채 썰기

2 다지기

4 편 썰기

채소 썰기 (당근꽃)

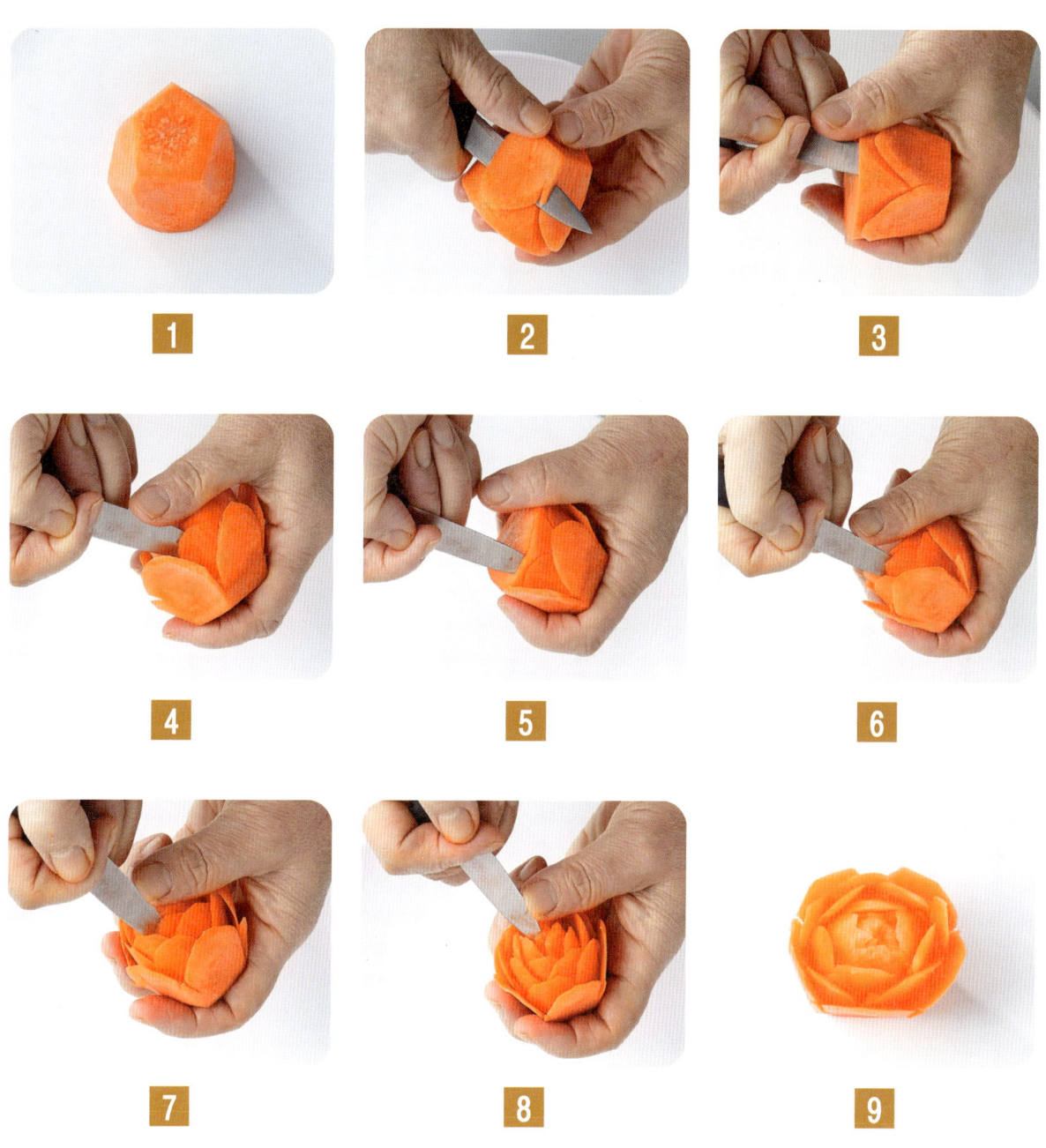

과제1형 총재료목록

중식조리산업기사

삼품냉채, 광동식탕수육, 물만두   시험시간 1시간 30분

| 1. 삼품냉채 | 2. 광동식탕수육 | 3. 물만두 |

구 분	재료명	규격	단위	수량	비 고
1	돼지고기	등심	g	250	
2	새우살		g	50	
3	달걀		개	1	
4	부추		g	30	
5	청피망	중(75g 정도)	개	1/2	
6	완두콩	캔(통조림)	g	10	
7	파인애플	캔(통조림)	쪽	1	
8	송화단		개	1	
9	해파리		g	100	
10	오이		개	1	
11	당근		g	80	
12	밀가루	중력분	g	100	
13	파슬리	잎, 줄기포함	g	10	
14	토마토케첩		g	80	
15	겨자가루		g	30	
16	양파		개	1/4	
17	마늘		쪽	3	
18	대파	10cm 정도	토막	1	
19	진간장		mL	30	
20	청주		mL	50	
21	소금		g	10	
22	흰 설탕		g	80	
23	생강		g	20	
24	식초		mL	30	
25	참기름		mL	20	
26	전분	감자전분	g	80	
27	식용유		mL	800	
28	검은 후춧가루		g	3	

1형 총재료목록

중식조리산업기사

과제1형 과제별 재료목록

시험시간 1시간 30분

1. 삼품냉채	2. 광동식탕수육	3. 물만두
새우살	돼지고기	밀가루
송화단	달걀	돼지고기
해파리	양파	부추
오이	청피망	대파
당근	완두콩	생강
파슬리	생강	소금
겨자가루	파인애플	진간장
대파	진간장	청주
진간장	청주	참기름
참기름	흰 설탕	검은 후춧가루
흰 설탕	식초	
마늘	토마토케첩	
생강	전분	
식초	식용유	

과제 1형

① 삼품냉채
三品冷菜

삼품냉채

재료
- 새우살 50g
- 송화단 1개
- 해파리 100g
- 오이 1개
- 당근 80g
- 파슬리 (잎, 줄기 포함) 10g
- 겨자가루 30g
- 대파 5cm
- 진간장 10mL
- 참기름 10mL
- 흰 설탕
- 마늘 3쪽
- 생강
- 식초

요구사항 ※ 위생과 안전에 유의하여 주어진 재료로 다음과 같이 만드시오.

가. 새우는 편으로 썰고, 해파리에 염분이 없도록 하시오.
나. 겨자 소스와 마늘 소스를 만들어 사용하시오.
다. 당근으로 꽃 모양을 만들어 장식하시오.

만드는 법

1. 해파리는 여러 번 주물러 씻어 식초 물에 담갔다가 뜨거운 물에 식초를 넣고 살짝 데쳐서 헹구어 해파리의 염분을 제거한다.
   - *tip* 오래 데치면 질기고 양이 많이 줄어든다.
2. 송화단은 뚜껑을 조금 열어 놓고 찌거나 삶아 껍질을 벗겨 6~8등분하여 썰어 놓는다.
   - *tip* 송화단을 삶을 때 뚜껑을 조금 열고 삶으면 깨지는 것을 방지할 수 있다.
3. 새우는 내장을 제거하여 끓은 물에 소금을 넣고 삶아서 식힌 다음 껍질을 벗겨서 반으로 저며 썬다.
   - *tip* 껍질 있는 새우는 내장을 제거하고 삶아서 껍질을 벗긴다.
4. 오이 2/3는 채로, 1/3은 편으로 썬다.
5. 마늘은 곱게 다져서 설탕 1T, 식초 1T, 소금 1/2t, 참기름 1/2t을 넣고 소스를 만든다.
6. 겨잣가루는 따뜻한 물로 갠 다음 따뜻한 냄비 뚜껑 위에 엎어 숙성시킨다.
7. 숙성시킨 겨자 1T, 설탕 1.5T을 넣고 잘 섞은 다음 식초 1.5T, 소금 1/2t, 참기름 1/2t을 넣고 소스를 만든다.
8. 당근은 오각형을 만들어 당근꽃을 깎아서 물에 담가 놓는다.
9. 오이채와 해파리는 마늘 소스에 잘 무쳐서 접시에 담고, 오이 편 썬 것을 돌려 담은 위에 새우를 얹고 송화단과 같이 담아 새우에는 겨자 소스를 끼얹고 파슬리와 당근꽃으로 장식한다.

합격 point

1. 해파리는 너무 오래 데치지 않는다.
2. 해파리냉채와 오이는 곱게 채 썰어 준다.
3. 지급재료에 대파가 있을 경우 새우 삶을 때 사용한다.
4. 지급재료에 간장이 있을 경우 겨자 소스에 약간 넣어 준다.

조리과정 삼품냉채

1 해파리는 여러 번 주물러 씻어 식초 물에 담갔다가 뜨거운 물에 식초를 넣고 살짝 데쳐서 헹구어 해파리의 염분을 제거한다.

tip 오래 데치면 질기고 양이 많이 줄어든다.

3 새우는 내장을 제거하여 끓은 물에 소금을 넣고 삶아서 식힌 다음 껍질을 벗겨서 반으로 저며 썬다.

tip 껍질 있는 새우는 내장을 제거하고 삶아서 껍질을 벗긴다.

2 송화단은 뚜껑을 조금 열어 놓고 찌거나 삶아 껍질을 벗겨 6~8등분하여 썰어 놓는다.

tip 송화단을 삶을 때 뚜껑을 조금 열고 삶으면 깨지는 것을 방지할 수 있다.

조리과정 삼품냉채

4 오이 2/3는 채로, 1/3은 편으로 썬다.

6 겨잣가루는 따뜻한 물로 갠 다음 따뜻한 냄비 뚜껑 위에 엎어 숙성시킨다.

5 마늘은 곱게 다져서 설탕 1T, 식초 1T, 소금 1/2t, 참기름 1/2t을 넣고 소스를 만든다.

7 숙성시킨 겨자 1T, 설탕 1.5T을 넣고 잘 섞은 다음 식초 1.5T, 소금 1/2t, 참기름 1/2t을 넣고 소스를 만든다.

조리과정 삼품냉채

8 당근은 오각형을 만들어 당근꽃을 깎아서 물에 담가 놓는다.

9 오이채와 해파리는 마늘 소스에 잘 무쳐서 접시에 담고, 오이 편 썬 것을 돌려 담고 위에 새우를 얹고 송화단과 같이 담아 새우에는 겨자 소스를 끼얹고 파슬리와 당근꽃으로 장식한다.

과제 1형

② 광동식탕수육
古老肉

광동식탕수육

재료
- 돼지고기 (등심) 200g
- 달걀 1개
- 양파 1/4개
- 청피망 [중(75g 정도)] 1/2개
- 완두콩 [캔(통조림)] 10g
- 생강 20g
- 파인애플 [캔(통조림)] 1쪽
- 진간장
- 청주 50mL
- 흰 설탕
- 식초
- 토마토케첩 80g
- 감자전분 80g
- 식용유

요구사항
※ 위생과 안전에 유의하여 주어진 재료로 다음과 같이 만드시오.

가. 돼지고기는 칼집을 넣어 부드럽게 하시오.
나. 돼지고기는 3cm × 3cm × 1cm 정도의 크기로 썰어 사용하시오.
다. 채소는 한쪽 길이가 3cm 정도가 되도록 삼각 모양으로 썰어 사용하시오.

만드는 법

1. 전분 1/2C, 물 1/3C을 섞어 단단하게 가라앉으면 윗물을 따라 버리고 된 전분을 만든다.
   - tip: 전분은 일부 남기고 된 전분을 만든다.
2. 양파, 청피망은 한쪽 길이 3cm 정도의 삼각 모양으로 썬다.
3. 캔 파인애플은 8등분하고 캔 완두콩은 끓는 물에 데쳐 찬물에 씻어 놓는다.
4. 돼지고기는 앞뒤로 칼집을 넣어 3×3×1cm 정도의 크기로 썰어 간장 2t, 청주 2t, 생강즙을 넣고 밑간한다.
5. 된 녹말에 달걀흰자를 넣고 튀김옷을 만들어 돼지고기에 입혀 160~170℃ 기름에 1번 튀기고 나무 주걱으로 두드려 다시 바삭하게 튀긴다.
   - tip: 돼지고기에 튀김 옷 농도가 질면 마른 전분을 넣어 농도를 맞춘다.
   - tip: 고기를 1번 튀기고 나무 주걱으로 두드려 속에 있는 수분이 2번째 튀길 때 빠지게 해야 바삭하게 튀길 수 있다.
6. 물녹말을 만든다. (녹말 1T + 물 2T)
7. 뜨거워진 팬에 기름 두르고 양파를 볶다가 피망, 파인애플 통조림을 넣고 볶는다.
8. 7에 물 1/2C, 케첩 4T, 간장 1/2T, 설탕 2T, 식초 1T을 넣고 끓으면 물녹말로 농도를 맞춘 다음 완두콩, 고기를 넣고 버무려 완성 접시에 담는다.

합격 point
1. 돼지고기는 온도를 잘 조절하여 바삭하게 튀긴다.
2. 소스의 농도에 주의한다.

조리과정 광동식탕수육

1 전분 1/2C, 물 1/3C을 섞어 단단하게 가라앉으면 윗물을 따라 버리고 된 전분을 만든다.

tip 전분 일부 남기고 된 전분을 만든다.

3 캔 파인애플은 8등분하고 캔 완두콩은 끓는 물에 데쳐 찬물에 씻어 놓는다.

2 양파, 청피망은 한쪽 길이 3cm 정도의 삼각 모양으로 썬다.

조리과정 광동식탕수육

4 돼지고기는 앞뒤로 칼집을 넣어 3×3×1cm 정도의 크기로 썰어 간장 2t, 청주 2t, 생강즙을 넣고 밑간한다.

5 된 녹말에 달걀흰자를 넣고 튀김옷을 만들어 돼지고기에 입혀 160~170℃ 기름에 1번 튀기고 나무 주걱으로 두드려 다시 바삭하게 튀긴다.

- *tip* 돼지고기에 튀김 옷 농도가 질면 마른 전분을 넣어 농도를 맞춘다.
- *tip* 고기를 1번 튀기고 나무 주걱으로 두드려 속에 있는 수분이 2번째 튀길 때 빠지게 해야 바삭하게 튀길 수 있다.

조리과정 광동식탕수육

6 물녹말을 만든다. (녹말 1T + 물 2T)

7 뜨거워진 팬에 기름 두르고 양파를 볶다가 피망, 파인애플 통조림을 넣고 볶는다.

8 **7**에 물 1/2C, 케첩 4T, 간장 1/2T, 설탕 2T, 식초 1T을 넣고 끓으면 물녹말로 농도를 맞춘 다음 완두콩, 고기를 넣고 버무려 완성 접시에 담는다.

과제 1형

③ 물만두
水餃子

물만두

요구사항 ※ 위생과 안전에 유의하여 주어진 재료로 다음과 같이 만드시오.

가. 만두피는 찬물로 반죽하시오.
나. 만두피의 크기는 직경 6cm 정도로 하시오.
다. 만두는 8개 만드시오.

재료

- 밀가루 (중력분) 100g
- 돼지고기 (등심) 50g
- 부추 30g
- 대파
- 생강
- 소금
- 진간장
- 청주 50mL
- 참기름 10mL
- 검은 후춧가루 3g

만드는 법

1. 체에 내린 밀가루 2/3C에 찬물 3T과 소금을 섞어 고루 치대어 만두피 반죽을 한 후 비닐에 넣어 숙성한다.
   - *tip* 밀가루 반죽을 되게 하면 만두피가 두꺼워 보인다.
   - *tip* 밀가루 반죽은 날씨 습도에 따라 물 양을 조절한다.
2. 생강, 대파는 곱게 다지고 부추는 0.3cm로 송송 썬다.
3. 돼지고기는 곱게 다져 핏물을 제거하여 간장 1t, 청주 1t, 생강즙을 넣고 젓가락으로 끈기가 생기도록 한 방향으로 저어준 후 부추를 넣고 다진 대파, 소금, 후춧가루, 참기름 1t을 넣어 양념한다.
4. 1의 만두피 반죽을 지름 6cm가 되게 밀어 소 1t을 넣어 반으로 접은 후 삼각 모양으로 8개를 만든다.
   - *tip* 만두피를 얇게 밀어야 만두가 투명해서 속이 보인다.
5. 냄비에 물 3C과 소금을 넣고 끓으면 만두를 넣어 끓으면 중간에 찬물을 2~3번 끼얹어 속까지 잘 익혀낸다.
6. 접시에 만두를 담고 만두 삶은 국물을 접시 바닥에 고일 정도로 담아낸다.

합격 point

1. 만두피를 얇게 밀어야 속 재료가 보인다.
2. 만두가 말라 보이지 않게 만두 삶은 물을 꼭 담아준다.
3. 만두가 터지지 않도록 주의한다.

조리과정 물만두

1 체에 내린 밀가루 2/3C에 찬물 3T과 소금을 섞어 고루 치대어 만두피 반죽을 한 후 비닐에 넣어 숙성한다.

- *tip* 밀가루 반죽을 되게 하면 만두피가 두꺼워 보인다.
- *tip* 밀가루 반죽은 날씨 습도에 따라 물 양을 조절한다.

2 생강, 대파는 곱게 다지고 부추는 0.3cm로 송송 썬다.

조리과정 물만두

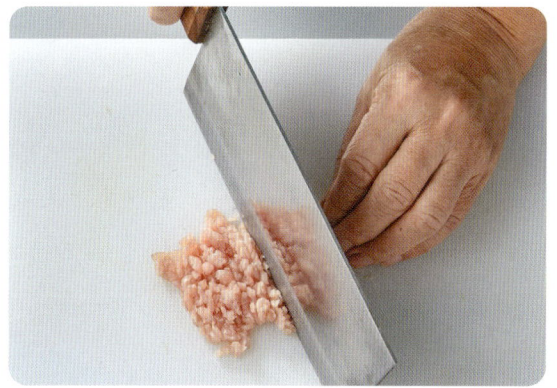

4 **1**의 만두피 반죽을 지름 6cm가 되게 밀어 소 1t을 넣어 반으로 접은 후 삼각 모양으로 8개를 만든다.

tip 만두피를 얇게 밀어야 만두가 투명해서 속이 보인다.

3 돼지고기는 곱게 다져 핏물을 제거하여 간장 1t, 청주 1t, 생강즙을 넣고 젓가락으로 끈기가 생기도록 한 방향으로 저어 준 후 부추를 넣고 다진 대파, 소금, 후춧가루, 참기름 1t을 넣어 양념한다.

조리과정 물만두

6 접시에 만두를 담고 만두 삶은 국물을 접시 바닥에 고일 정도로 담아낸다.

5 냄비에 물 3C과 소금을 넣고 끓으면 만두를 넣어 끓으면 중간에 찬물을 2~3번 끼얹어 속까지 잘 익혀낸다.

MEMO

중식조리산업기사 합격비법

[과제 1형] 시험시간 1시간 30분

주의사항

※ 아래 번호 순서대로 조리하면 완성시간을 단축할 수 있다.
1. 메뉴별 재료를 구분하고 메뉴별 지급재료에 있는 재료만 사용한다.
2. 요구사항에 있는 작품의 크기와 개수를 꼭 확인하고 요구사항대로 한다.
3. 조리대를 청결하게 사용하고 먼저 만들 조리와 나중에 만들 조리를 구분하여 만든다.
4. 먼저 끓여 준비할 것, 나중에 끓일 것을 구분하여 끓이는 시간이 부족하지 않도록 한다.

A. 삼품냉채   B. 광동식탕수육   C. 물만두

	A	B	C
1	재료를 세척하여 분리하고 해파리 여러 번 헹구어 연한 식초 물에 담가 염분을 제거		
2		전분 일부 남기고 물을 넣어 앙금 녹말을 만들기	
3			밀가루 찬물 반죽하여 숙성하기
4	겨잣가루 : 따뜻한 물에 개어 숙성		
5	송화단 : 삶기 – 8등분		
6	새우 : 내장 제거 – 삶기 – 식으면 껍질 제거하기		
7	당근꽃 만들어 찬물에 담그기		
8			부추 : 송송 썰기
9			대파, 생강 : 다지기
10	마늘 다지기		
11		완두콩 : 데치기	
12		파인애플 : 8등분 하기	
13		돼지고기 (200g) 3×3×1cm로 썰어 밑간	
14			돼지고기(50g) 다져서 부추와 양념 넣고 소를 만들기
15	오이 일부는 채 썰고 일부는 편 썰기		

		A. 삼품냉채	B. 광동식탕수육	C. 물만두

16	해파리 데치기 – 헹구기		
17	겨자 소스와 마늘 소스 만들어 삼품냉채 완성하기		
18			물만두피 만들어 만두를 빚기
19		돼지고기 : 기름에 2번 튀기기	
20		광동식 탕수육 소스 만들어 완성하고, 만두 삶을 물을 끓이기	
21			끓는 물에 물만두 익히기
22	도마 위에 광동식탕수육, 물만두, 삼품냉채를 올려 제출한다.		

완성순서 삼품냉채 〉 광동식탕수육 〉 물만두

조리 tip

1. 밀가루 먼저 반죽하여 숙성시키면 만두를 얇게 만들 수 있다.
2. 재료 썰어서 데칠 것, 만두소 등은 미리 만들고 삼품냉채 만든다.
3. 전분이 들어가는 소스를 미리 만들면 되직해지므로 만두 삶을 물 올려놓고 탕수육을 완성하고 물만두 익힌다.

과제2형 총재료목록

중식조리산업기사

산라탕, 양장피잡채, 빠스사과   시험시간 1시간 30분

1. 산라탕   2. 양장피잡채   3. 빠스사과

구 분	재 료 명	규격	단위	수량	비 고
1	소고기	살코기	g	40	
2	두부	길이 5cm 이상	g	80	
3	생표고버섯		개	1	
4	죽순	통조림(whole)	g	50	
5	팽이버섯		g	50	
6	돼지고기	등심, 살코기	g	50	
7	양장피		장	1/2	
8	부추		g	30	
9	건목이버섯		개	1	
10	당근		g	50	길이로 잘라서
11	오이		개	1/3	
12	달걀		개	3	
13	새우살		g	100	
14	갑오징어	몸살	g	50	오징어 대체 가능
15	불린 해삼		g	100	
16	사과	중	개	1	
17	밀가루	중력분	g	50	
18	전분	감자전분	g	20	
19	양파		개	1/2	
20	고추기름		mL	20	
21	진간장		mL	10	
22	참기름		mL	10	
23	겨자가루		g	30	
24	식초		mL	30	
25	소금		g	20	
26	대파	10cm 정도	토막	1	
27	생강		g	20	
28	청주		mL	10	
29	검은 후춧가루		g	3	
30	흰 설탕		g	120	
31	식용유		mL	800	

1형 총재료목록

중식조리산업기사

과제2형 과제별 재료목록

시험시간 1시간 30분

1. 산라탕	2. 양장피잡채	3. 빠스사과
소고기	양장피	사과
새우살	돼지고기	달걀
두부	양파	밀가루
불린 해삼	부추	흰 설탕
생표고버섯	건목이버섯	식용유
죽순	당근	
달걀	오이	
팽이버섯	달걀	
전분	새우살	
생강	갑오징어	
진간장	불린 해삼	
청주	진간장	
소금	참기름	
식초	겨자가루	
고추기름	식초	
참기름	흰 설탕	
대파	식용유	
검은 후춧가루	소금	

과제 2형

① 산라탕
酸辣湯

산라탕

재료

- 소고기 40g
- 새우살 50g
- 두부 80g
- 불린 해삼 50g
- 생표고버섯 1개
- 죽순 50g
- 달걀 1개
- 팽이버섯 50g
- 전분
- 생강
- 진간장
- 청주
- 소금
- 식초
- 고추기름 20mL
- 참기름
- 대파
- 검은 후춧가루

요구사항 ※ 위생과 안전에 유의하여 주어진 재료로 다음과 같이 만드시오.

가. 재료는 길이 5cm 정도의 가는 채로 썰어 사용하시오.
나. 산라탕의 맛과 농도를 잘 맞추시오.

만드는 법

1. 새우는 내장을 제거하고 표고버섯, 죽순, 해삼, 소고기는 5cm로 곱게 채 썰어 데친다.
2. 두부는 5×0.3×0.3cm 정도로 채 썰어 데치고 팽이버섯도 5cm 길이로 썬다.
3. 대파와 생강은 채 썬다.
4. 물녹말을 만든다. (녹말 1T + 물 2T)
5. 냄비에 물 2C을 붓고 간장, 청주, 생강을 넣어 끓으면 데친 재료를 넣고 거품을 제거한다.
6. 탕이 끓으면 두부와 팽이버섯을 넣고, 소금, 후춧가루, 참기름, 식초로 간을 한다.
7. 끓은 탕에 물녹말로 걸쭉하게 농도를 맞춘 뒤, 중불에서 달걀을 뭉치지 않게 풀어서 넣어 그릇에 담고 대파 채를 올리고 고추기름을 살짝 넣어 낸다.

합격 point

1. 농도에 유의하고 달걀이 뭉치지 않게 얇게 넣어준다.

조리과정 산라탕

1. 새우는 내장을 제거하고 표고버섯, 죽순, 해삼, 소고기는 5cm로 곱게 채 썰어 데친다.

2. 두부는 5×0.3×0.3cm 정도로 채 썰어 데치고 팽이버섯도 5cm 길이로 썬다.

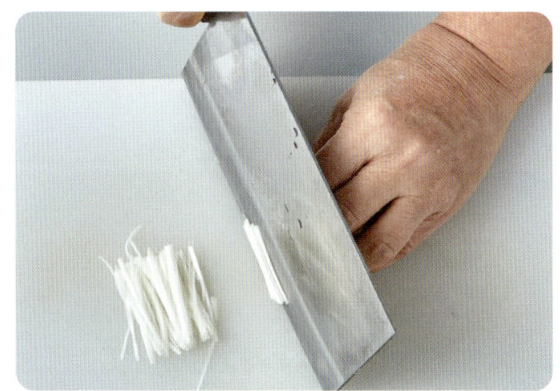

3. 대파와 생강은 채 썬다.

조리과정 산라탕

4 물녹말을 만든다. (녹말 1T + 물 2T)

6 탕이 끓으면 두부와 팽이버섯을 넣고 소금, 후춧가루, 참기름, 식초로 간을 한다.

5 냄비에 물 2C을 붓고 간장, 청주, 생강을 넣어 끓으면 데친 재료를 넣고 거품을 제거한다.

7 끓은 탕에 물녹말로 걸쭉하게 농도를 맞춘 뒤, 중불에서 달걀을 뭉치지 않게 풀어서 넣어 그릇에 담고 대파 채를 올리고 고추기름을 살짝 넣어 낸다.

과제 2형

② 양장피잡채
炒肉兩張皮

양장피잡채

재료
- 양장피 1/2장
- 돼지고기 (등심, 살코기) 50g
- 양파 1/2개
- 부추 30g
- 건목이버섯 1개
- 당근 50g
- 오이 1/3개
- 달걀 1개
- 새우살 50g
- 갑오징어 (몸살) 50g
- 불린 해삼 50g
- 진간장
- 참기름
- 겨잣가루 30g
- 식초
- 흰 설탕
- 식용유
- 소금

요구사항 ※ 위생과 안전에 유의하여 주어진 재료로 다음과 같이 만드시오.

가. 양장피는 사방 4cm 정도로 하시오.
나. 고기와 채소는 5cm 정도 길이의 채를 써시오.
다. 볶은 재료와 볶지 않는 재료의 구분에 유의하여 담아내시오.
라. 겨자는 숙성시켜 사용하시오.

만드는 법

1. 겨잣가루 1T에 따뜻한 물 1T을 넣고 갠 후 따뜻한 냄비 뚜껑 위에 엎어 숙성시킨다.
2. 오이, 당근은 5×0.3×0.3cm로 채 썰어 돌려 담는다.
   - *tip* 돌려 담는 재료는 썰면서 완성 접시에 담으면 시간을 절약할 수 있다.
3. 오징어는 껍질을 벗겨 안쪽에 칼집을 넣어 데쳐서 5cm 길이로 채 썰어 돌려 담는다.
4. 해삼은 데쳐서 5×0.3×0.3cm 길이로 채 썰어 돌려 담는다.
5. 새우는 내장을 제거하여 데쳐서 돌려 담는다.
6. 달걀은 황백으로 분리하여 지단을 부친 후 5×0.3×0.3cm 길이로 채 썰어 돌려 담는다.
7. 부추는 5cm 길이로 썬다.
8. 목이버섯을 미지근한 물에 불려 이물질을 제거하고 먹기 좋은 크기로 뜯어 놓는다.
9. 양파와 돼지고기는 5cm 길이로 채 썬다.
10. 팬에 기름을 두른 후 돼지고기를 볶다가 간장 1t을 넣어 향을 낸 후 양파, 목이버섯, 부추 순서로 넣어 볶아 소금과 참기름으로 간한다.
11. 양장피는 따뜻한 물에 불려 끓는 물에 삶아 찬물에 헹군 다음 4cm 크기로 뜯어 소금, 참기름으로 밑간한다.
    - *tip* 양장피와 목이버섯은 따뜻한 물에 미리 불려 놓고 시작한다.
12. 재료를 돌려 담은 접시 중간에 양장피를 올리고 가운데에 볶은 부추 잡채를 올린다.
13. 숙성한 겨자 1T에 설탕 1.5T을 넣어 잘 섞은 다음 식초 1.5T, 소금, 참기름을 넣어 소스를 만들어 종지에 담아낸다.

합격 point
1. 모든 재료는 일정하게 채 썰어준다.
2. 소스는 양장피에 뿌려 제출한다.
3. 양장피가 설익지 않게 삶아준다.

조리과정 양장피잡채

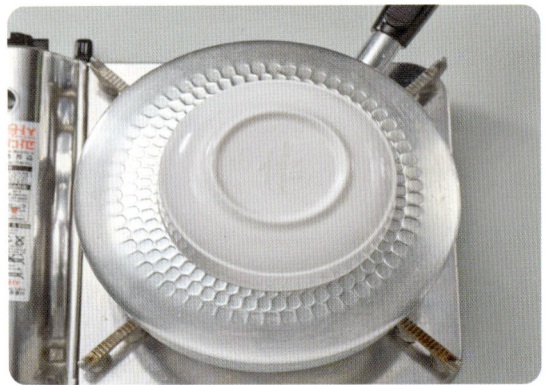

1 겨잣가루 1T에 따뜻한 물 1T을 넣고 갠 후 따뜻한 냄비 뚜껑 위에 엎어 숙성시킨다.

2 오이, 당근은 5×0.3×0.3cm로 채 썰어 돌려 담는다.

tip 돌려 담는 재료는 썰면서 완성 접시에 담으면 시간을 절약할 수 있다.

조리과정 양장피잡채

3 오징어는 껍질을 벗겨 안쪽에 칼집을 넣어 데쳐서 5cm 길이로 채 썰어 돌려 담는다.

4 해삼은 데쳐서 5×0.3×0.3cm 길이로 채 썰어 돌려 담는다.

5 새우는 내장을 제거하여 데쳐서 돌려 담는다.

조리과정 양장피잡채

6 달걀은 황백으로 분리하여 지단을 부친 후 5×0.3×0.3cm 길이로 채 썰어 돌려 담는다.

8 목이버섯을 미지근한 물에 불려 이물질을 제거하고 먹기 좋은 크기로 뜯어 놓는다.

7 부추는 5cm 길이로 썬다.

조리과정 양장피잡채

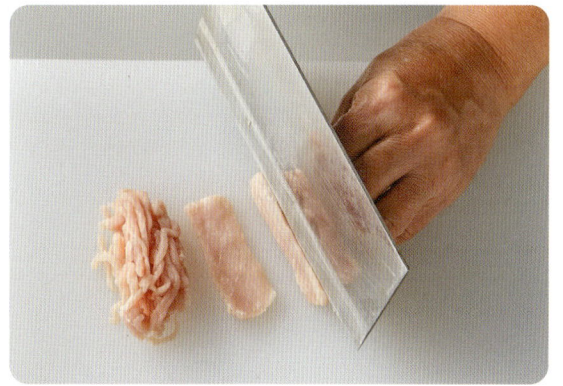

9 양파와 돼지고기는 5cm 길이로 채 썬다.

11 양장피는 따뜻한 물에 불려 끓는 물에 삶아 찬물에 헹군 다음 4cm 크기로 뜯어 소금, 참기름으로 밑간한다.

tip 양장피와 목이버섯은 따뜻한 물에 미리 불려 놓고 시작한다.

10 팬에 기름을 두른 후 돼지고기를 볶다가 간장 1t을 넣어 향을 낸 후 양파, 목이버섯, 부추 순서로 넣어 볶아 소금과 참기름으로 간한다.

조리과정 양장피잡채

12 재료를 돌려 담은 접시 중간에 양장피를 올리고 가운데에 볶은 부추잡채를 올린다.

13 숙성한 겨자 1T에 설탕 1.5T을 넣어 잘 섞은 다음 식초 1.5T, 소금, 참기름을 넣어 소스를 만들어 종지에 담아낸다.

과제 2형

③ 빠스사과
拔絲蘋菓

빠스사과

재료
- 사과 1개
- 달걀 1개
- 밀가루 (중력분) 50g
- 흰 설탕
- 식용유

요구사항 ※ 위생과 안전에 유의하여 주어진 재료로 다음과 같이 만드시오.

가. 사과는 폭 3cm 정도 크기로 다각형으로 잘라 사용하시오.
나. 빠스사과는 8개 만드시오.

만드는 법

1. 사과는 껍질과 씨를 제거한 후 3cm 정도 크기의 다각형으로 8개 이상 썰어서 달걀흰자로 버무린 다음 밀가루를 묻힌다.
2. 뜨거운 물에 살짝 적신 다음 다시 밀가루를 묻혀 손으로 꼭꼭 눌러 잘 묻게 한다.
3. 밀가루와 뜨거운 물을 2~3회 반복하여 두툼하게 밀가루를 묻힌다.
4. 사과를 170℃ 기름에 약간 노릇하게 튀긴다.
5. 팬에 식용유 1T을 두른 후 설탕 4T을 넣고 연한 갈색이 되게 시럽을 만든 다음 튀긴 사과를 넣고 버무리면서 찬물 1t을 넣어 시럽을 굳게 한다.
6. 접시에 식용유를 넉넉히 바르고 시럽에 버무린 사과를 달라붙지 않도록 담은 후 굳으면 완성 접시에 옮겨 담아낸다.

합격 point

1. 설탕 시럽을 만들 때 결정이 생기지 않도록 약한 불에서 천천히 만들어 준다.

조리과정 빠스사과

1 사과는 껍질과 씨를 제거한 후 3cm 정도 크기의 다각형으로 8개 이상 썰어서 달걀흰자로 버무린 다음 밀가루를 묻힌다.

2 뜨거운 물에 살짝 적신 다음 다시 밀가루를 묻혀 손으로 꼭꼭 눌러 잘 묻게 한다.

3 밀가루와 뜨거운 물을 2~3회 반복하여 두툼하게 밀가루를 묻힌다.

4 사과를 170℃ 기름에 약간 노릇하게 튀긴다.

조리과정 빠스사과

6 접시에 식용유를 넉넉히 바르고 시럽에 버무린 사과를 달라붙지 않도록 담은 후 굳으면 완성 접시에 옮겨 담아낸다.

5 팬에 식용유 1T을 두른 다음 설탕 4T을 넣고 연한 갈색이 되게 시럽을 만든 다음 튀긴 사과를 넣고 버무리면서 찬물 1t을 넣어 시럽을 굳게 한다.

중식조리산업기사 합격비법

[과제 2형] 시험시간 1시간 30분

주의사항

※ 아래 번호 순서대로 조리하면 완성시간을 단축할 수 있다.
1. 메뉴별 재료를 구분하고 메뉴별 지급재료에 있는 재료만 사용한다.
2. 요구사항에 있는 작품의 크기와 개수를 꼭 확인하고 요구사항대로 한다.
3. 조리대를 청결하게 사용하고 먼저 만들 조리와 나중에 만들 조리를 구분하여 만든다.
4. 먼저 끓여 준비할 것, 나중에 끓일 것을 구분하여 끓이는 시간이 부족하지 않도록 한다.

A. 산라탕   B. 양장피잡채   C. 빠스사과

	A. 산라탕	B. 양장피잡채	C. 빠스사과
1	재료를 세척하여 분리하기 물 끓이기		
2		겨잣가루 : 따듯한 물에 개어 숙성시키기	
3		양장피, 목이버섯 미지근한 물에 불리기	
4	표고버섯, 죽순, 소고기는 5cm로 곱게 채 썰어 데치기		
5	새우는 내장을 제거하고 해삼은 5cm로 채 썰어 데치기(새우, 해삼은 산라탕과 양장피용 분리)		
6		오징어 칼집 넣어 데치기	
7	두부는 5×0.3×0.3cm 정도로 채 썰어 데치고 팽이버섯도 5cm 길이로 썰기		
8	대파와 생강은 채 썰기.		
9	물녹말을 만들기. (녹말 1T + 물 2T)		
10		부추는 5cm 길이로 썰기.	
11		양파와 돼지고기는 5cm 길이로 채 썰기	
12		목이버섯 먹기 좋은 크기로 뜯어 놓기	
13			사과는 3cm 정도 크기의 다각형으로 썰어 달걀흰자 - 밀가루 - 뜨거운 물 - 밀가루 순으로 묻히기

	A. 산라탕	B. 양장피잡채	C. 빠스사과
14		황백 지단 부쳐서 채 썰어 접시에 돌려 담기	
15		오이, 당근 : 5×0.3×0.3cm 채썰기 - 돌려 담기	
16		데친 오징어 : 채 썰어 새우, 해삼과 함께 돌려 담기	
17		양장피 : 삶기 - 헹구기 4cm 크기로 뜯기 - 소금, 참기름 밑간 - 접시 중간에 돌려 담기	
18		돼지고기 - 양파 - 목이버섯 - 부추, 소금, 참기름 순서로 볶기 - 접시 중앙에 담아 겨자 소스 만들어 완성	
19			사과 : 기름에 튀기가- 설탕 시럽 만들어 튀긴 사과 버무린 후 완성
20	냄비 : 물 2C - 간장, 청주, 생강 - 새우, 표고버섯, 죽순, 해삼, 소고기 - 두부, 팽이버섯, 소금, 후춧가루, 참기름, 식초 - 물녹말 - 달걀 - 파채 - 고추기름 얹어 완성		
21	도마 위에 산라탕, 양장피잡채, 빠스사과를 올려 제출한다.		

완성순서 양장피잡채 〉 빠스사과 〉 산라탕

조리 tip

1. 양장피잡채는 썰면서 돌려 담아야 시간을 절약할 수 있다.
2. 산라탕은 재료를 준비해 놓고 마지막에 완성해야 되직해지지 않는다.

과제3형 총재료목록

쇼마이, 피망돼지고기볶음, 깐쇼새우

시험시간 1시간 30분

1. 쇼마이 2. 피망돼지고기볶음 3. 깐쇼새우

구 분	재료명	규격	단위	수량	비고
1	돼지고기	등심, 살코기	g	150	
2	당근		g	20	
3	부추		g	30	
4	청피망	중(75g정도)	개	1	
5	달걀		개	2	
6	죽순	통조림(whole)	g	30	
7	건표고버섯	불린 것	개	2	
8	새우	껍질 있는 것, 중	마리	10	
9	전분	감자전분	g	100	
10	두반장		g	20	
11	토마토케첩		g	50	
12	밀가루	중력분	g	150	
13	양파		개	1/4	
14	소금		g	10	
15	검은 후춧가루		g	3	
16	청주		mL	50	
17	대파	10cm 정도	토막	1	
18	생강		g	20	
19	마늘		쪽	2	
20	진간장		mL	40	
21	식초		mL	10	
22	흰 설탕		g	50	
23	고추기름		mL	30	
24	식용유		mL	600	
25	참기름		mL	20	

중식조리산업기사

과제3형 과제별 재료목록

시험시간 1시간 30분

2. 쇼마이	2. 피망돼지고기볶음	3. 깐쇼새우
돼지고기	돼지고기	새우
당근	청주	달걀
대파	전분	전분
부추	청피망	두반장
생강	달걀	토마토케첩
밀가루	죽순	청주
소금	건표고버섯	대파
청주	양파	생강
검은 후춧가루	참기름	마늘
진간장	식용유	진간장
참기름	소금	식초
	진간장	백설탕
		고추기름
		식용유

과제 3형

① 쇼마이
燒賣

쇼마이

재료
- 돼지고기 50g
- 당근 20g
- 대파
- 부추 30g
- 생강
- 밀가루 (중력분) 150g
- 소금
- 청주
- 검은 후춧가루
- 진간장
- 참기름

요구사항 ※ 위생과 안전에 유의하여 주어진 재료로 다음과 같이 만드시오.

가. 익반죽으로 하시오.
나. 지름 3cm × 높이 4cm 정도의 크기로 만들고, 쇼마이 중앙에 다진 당근을 올려 8개를 만드시오.
다. 찜통에 속이 익도록 쪄내시오.

만드는 법

1. 밀가루는 체에 내려 소금, 끓는 물을 넣고 익반죽하여 비닐봉지에 넣어 숙성시킨다.
2. 대파, 생강을 곱게 다진다.
3. 부추는 0.3cm로 송송 썰어 놓는다.
4. 당근은 0.3×0.3×0.3cm 정도로 다져 놓는다.
5. 돼지고기를 곱게 다져 키친타월에 핏물을 제거한다.
6. 돼지고기에 간장 1t, 청주 1t, 생강즙 약간을 넣고 한 방향으로 저어 고기를 부드럽게 만든다.
7. 부드럽게 한 돼지고기에 부추, 대파, 소금 약간, 후춧가루 약간, 참기름 1t을 넣고 골고루 섞어서 쇼마이 소를 만든다.
8. 밀가루 반죽을 다시 잘 치대어서 지름 6cm 정도로 얇게 만두피를 만든다.
9. 만두피 안에 만두소를 충분히 넣고 손으로 모아주듯 작은 수저로 누르면서 끝 부분을 펼쳐 꽃잎 모양으로 만든다.
10. 만들어 놓은 쇼마이 안에 다진 당근을 올린다.
11. 김이 오른 찜통에 넣고 10분간 쪄서 그릇에 담아낸다.

tip 쇼마이는 쪄서 마르지 않게 면포나 비닐을 덮어 놓는다.

합격 point

1. 만두피가 마르지 않게 잘 덮어주고, 반죽이 너무 질면 만두가 처지므로 반죽의 농도를 잘 맞춰준다.

조리과정 쇼마이

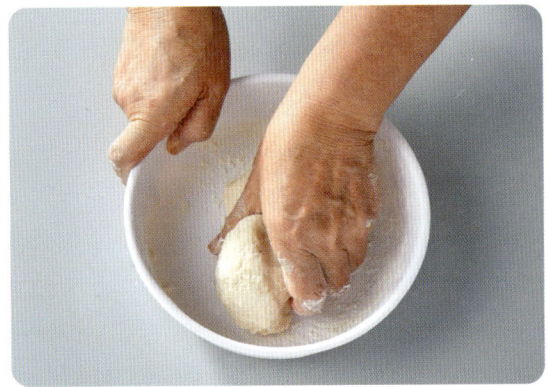

1. 밀가루는 체에 내려 소금, 끓는 물을 넣고 익반죽하여 비닐봉지에 넣어 숙성시킨다.

2. 대파, 생강을 곱게 다진다.

3. 부추는 0.3cm로 송송 썰어 놓는다.

4. 당근은 0.3×0.3×0.3cm 정도로 다져 놓는다.

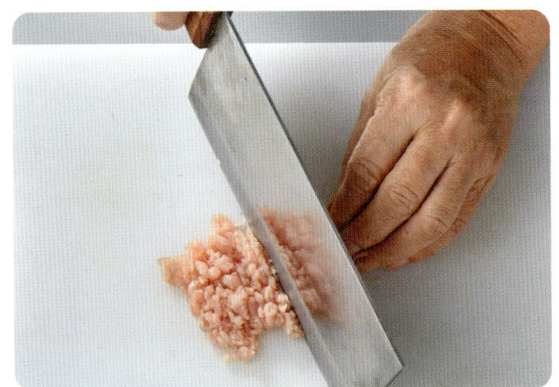

5. 돼지고기를 곱게 다져 키친타월에 핏물을 제거한다.

조리과정 쇼마이

6 돼지고기에 간장 1t, 청주 1t, 생강즙 약간을 넣고 한 방향으로 저어 고기를 부드럽게 만든다.

8 밀가루 반죽을 다시 잘 치대어서 지름 6cm 정도로 얇게 만두피를 만든다.

7 부드럽게 한 돼지고기에 부추, 대파, 소금 약간, 후춧가루 약간, 참기름 1t을 넣고 골고루 섞어서 쇼마이 소를 만든다.

9 만두피 안에 만두소를 충분히 넣고 손으로 모아주듯 작은 수저로 누르면서 끝 부분을 펼쳐 꽃잎 모양으로 만든다.

조리과정 쇼마이

10 만들어 놓은 쇼마이 안에 다진 당근을 올린다.

11 김이 오른 찜통에 넣고 10분간 쪄서 그릇에 담아낸다.

tip 쇼마이는 쪄서 마르지 않게 면포나 비닐을 덮어 놓는다.

과제 3형

② 피망돼지고기볶음
青椒肉絲

피망돼지고기볶음

재료
- 돼지고기 100g
- 청주
- 전분
- 청피망 1개
- 달걀 1개
- 죽순 30g
- 건표고버섯 2개
- 양파 1/4개
- 참기름
- 식용유
- 소금
- 진간장

요구사항 ※ 위생과 안전에 유의하여 주어진 재료로 다음과 같이 만드시오.

가. 피망과 고기는 5cm 정도의 채로 써시오.
나. 고기는 밑간을 하여 기름에 살짝 익혀 사용하시오.

만드는 법

1. 피망, 양파는 5cm로 채 썬다.
2. 죽순, 표고버섯은 5×0.3×0.3cm로 채 썰어 데친다.
   - *tip* 채 써는 재료는 같은 굵기로 일정하게 썰어야 완성품의 형태가 좋다.
3. 돼지고기는 6×0.3×0.3cm로 채 썰어 간장 1t, 청주 1/2t으로 밑간한 후 달걀흰자 1t과 녹말가루 1T으로 코팅해준다.
   - *tip* 돼지고기는 익으면 길이가 짧아지고 굵어진다.
4. 팬에 기름을 넉넉히 두른 후 밑간한 돼지고기를 넣어 낮은 온도에서부터 풀어가며 익힌 후 체에 밭쳐 기름을 제거한다.
   - *tip* 돼지고기 양념 시 달걀과 녹말은 약간만 사용하며, 저온의 기름에서 잘 풀어가며 붙지 않고 부드럽게 익힌다.
5. 팬에 기름을 두른 후 양파를 넣어 볶다가 간장 1/2T, 청주 1t을 넣어 향을 내고 죽순, 표고를 넣어 볶은 후 청피망을 넣고 볶다가 소금으로 간한다.
6. 5에 돼지고기, 참기름을 넣어 담아 완성한다.

합격 point
1. 재료를 일정한 굵기와 길이로 채 썬다.
2. 피망을 살짝 볶고 돼지고기를 넣어 완성한다.

조리과정 피망돼지고기볶음

1 피망, 양파는 5cm로 채 썬다.

2 죽순, 표고버섯은 5×0.3×0.3cm로 채 썰어 데친다.
- *tip* 채 써는 재료는 같은 굵기로 일정하게 썰어야 완성품의 형태가 좋다.

3 돼지고기는 6×0.3×0.3cm 채 썰어 간장 1t, 청주 1/2t으로 밑간한 후 달걀흰자 1t과 녹말가루 1T으로 코팅해준다.
- *tip* 돼지고기는 익으면 길이가 짧아지고 굵어진다.

조리과정 피망돼지고기볶음

4. 팬에 기름을 넉넉히 두른 후 밑간한 돼지고기를 넣어 낮은 온도에서부터 풀어가며 익힌 후 체에 받쳐 기름을 제거한다.

   tip 돼지고기 양념 시 달걀과 녹말은 약간만 사용하며, 저온의 기름에서 잘 풀어가며 붙지 않고 부드럽게 익힌다.

6. 5에 돼지고기, 참기름을 넣어 담아 완성한다.

5. 팬에 기름을 두른 후 양파를 넣어 볶다가 간장 1/2T, 청주 1t을 넣어 향을 내고 죽순, 표고를 넣어 볶은 후 청피망을 넣고 볶다가 소금으로 간한다.

과제 3형

③ 깐쇼새우
干燒蝦仁

깐쇼새우

재료

- 새우 (중하) 10마리
- 달걀 1개
- 전분 80g
- 두반장 20g
- 토마토케첩 50g
- 청주
- 대파
- 생강
- 마늘 2쪽
- 진간장
- 식초 10mL
- 흰 설탕 50g
- 고추기름 30mL
- 식용유

요구사항

※ 위생과 안전에 유의하여 주어진 재료로 다음과 같이 만드시오.

가. 새우는 내장을 제거하여 사용하시오.
나. 깐쇼새우의 맛은 매운맛과 신맛, 단맛이 나도록 하시오.

만드는 법

1. 전분 1/2C, 물 1/3C을 섞어 된 전분을 만든다.
2. 중하는 껍질을 벗겨 등 쪽에 칼집을 내어 내장을 제거하여 생강즙, 소금, 청주에 재운다.
3. 대파, 마늘, 생강도 곱게 다져서 놓는다.
4. 달걀과 된 녹말로 튀김 반죽을 만들어 새우에 골고루 잘 입혀, 160℃ 식용유에 2번 바삭하게 튀겨준다.

    > **tip** 새우는 1번 튀기고 2번째 나무 주걱으로 두드려 튀기면 수분이 빠져서 바삭하게 튀겨진다.

5. 팬에 고추기름을 넣고 대파, 마늘, 생강을 넣어 볶다가 간장 1t, 청주 1T을 넣고 볶은 후 두반장 1T, 토마토케첩 3T을 넣고 볶는다.
6. 5에 물 1/2C을 넣고 설탕 2T, 식초 2t을 넣어 끓으면 물 전분으로 약간 걸쭉하게 농도를 맞추고 튀겨낸 새우를 넣고 고추기름을 두르고 버무려낸다.

합격 point

1. 소스가 너무 흥건하지 않게 해주고, 농도에 유의한다.

조리과정 깐쇼새우

1 전분 1/2C, 물 1/3C을 섞어 된 전분을 만든다.

2 중하는 껍질을 벗겨 등 쪽에 칼집을 내어 내장을 제거하여 생강즙, 소금, 청주에 재운다.

3 대파, 마늘, 생강도 곱게 다져서 놓는다.

4 달걀과 된 녹말로 튀김 반죽을 만들어 새우에 골고루 잘 입혀, 160℃ 식용유에 2번 바삭하게 튀겨준다.

> tip 새우는 1번 튀기고 2번째 나무 주걱으로 두드려 튀기면 수분이 빠져서 바삭하게 튀겨진다.

조리과정 깐쇼새우

5 팬에 고추기름을 넣고 대파, 마늘, 생강을 넣어 볶다가 간장 1t, 청주 1T을 넣고 볶은 후 두반장 1T, 토마토케첩 3T을 넣고 볶는다.

6 5에 물 1/2C을 넣고 설탕 2T, 식초 2t을 넣어 끓으면 물 전분으로 약간 걸쭉하게 농도를 맞추고 튀겨낸 새우를 넣고 고추기름을 두르고 버무려낸다.

중식조리산업기사 합격비법

[과제 3형]   시험시간 1시간 30분

주의사항
※ 아래 번호 순서대로 조리하면 완성시간을 단축할 수 있다.
1. 메뉴별 재료를 구분하고 메뉴별 지급재료에 있는 재료만 사용한다.
2. 요구사항에 있는 작품의 크기와 개수를 꼭 확인하고 요구사항대로 한다.
3. 조리대를 청결하게 사용하고 먼저 만들 조리와 나중에 만들 조리를 구분하여 만든다.
4. 먼저 끓여 준비할 것, 나중에 끓일 것을 구분하여 끓이는 시간이 부족하지 않도록 한다.

A. 쇼마이 | B. 피망돼지고기볶음 | C. 깐쇼새우

	A. 쇼마이	B. 피망돼지고기볶음	C. 깐쇼새우
1	재료를 확인하여 세척하고 전분 일부 남기고 물을 넣어 앙금 녹말을 만들기		
2	물 끓여 밀가루(일부 남기고) 익반죽하고 데칠 물 올리기		
3		피망, 양파, 죽순, 표고버섯은 채 썰어 죽순, 표고버섯은 데치기	
4	대파, 생강 다지고 부추 송송 썰기		대파, 마늘, 생강 다지기
5	당근 0.3×0.3×0.3cm로 다지기		
6			새우 껍질 내장 제거하여 밑간
7	돼지고기 100g은 채 썰고 50g은 다지기		
8	다진 돼지고기 + 부추 - 밑간 - 쇼마이 소 만들기		
9	지름 6cm - 얇게 밀기 - 쇼마이 만들어 당근 올려 찜기에 쪄서 완성		
10		채 썬 돼지고기 밑간하여 달걀, 전분 넣고 코팅하여 기름에 데치기	
11		팬에 양파, 죽순, 표고버섯, 피망, 순서로 간하면서 볶아 돼지고기, 참기름 넣어 피망돼지고기 볶음 완성	

12		앙금 녹말 + 달걀 – 튀김 옷 만들기 – 새우에 입혀 기름에 2번 튀기기
13		팬 – 고추기름, 대파, 마늘, 생강 – 간장, 청주 – 두반장, 토마토 케첩 – 물 1/2C – 설탕, 식초 – 물전분 – 농도 조절하여 새우 넣어 버무려 완성

완성순서 쇼마이 > 피망돼지고기볶음 > 깐쇼새우

조리 tip

1. 쇼마이를 먼저 반죽하여 숙성시키면 얇게 만들 수 있다.
2. 재료를 준비해 놓고 소스에 물 전분이 들어가는 작품은 나중에 만든다.

과제4형 총재료목록

면보하, 팔보채, 궁보계정

시험시간 1시간 30분

1. 면보하   2. 팔보채   3. 궁보계정

구 분	재료명	규격	단위	수량	비 고
1	새우살		g	160	
2	식빵		쪽	4	
3	달걀		개	2	
4	갑오징어	몸살	g	60	오징어 대체 가능
5	삶은 참소라살	50 ~ 60g 정도	개	1	
6	불린 해삼		g	80	
7	청피망	중(75g정도)	개	1/2	
8	홍피망	파프리카,중(75g정도)	개	1/4	
9	죽순	통조림(whole)	g	70	
10	건표고버섯	불린 것	개	2	
11	양송이		개	2	
12	당근		g	50	
13	닭가슴살		g	150	
14	땅콩	껍질 깐 것	g	30	
15	건홍고추		개	2	
16	전분	감자전분	g	80	
17	대파	10cm 정도	토막	1	
18	식용유		mL	800	
19	마늘		쪽	1	
20	고추기름		mL	20	
21	청주		mL	30	
22	생강		g	20	
23	소금		g	30	
24	진간장		mL	20	
25	참기름		mL	20	
26	검은 후춧가루		g	2	
27	흰 후춧가루		g	2	

중식조리산업기사

과제4형 과제별 재료목록

시험시간 1시간 30분

2. 면보하	2. 팔보채	3. 궁보계정
새우살	갑오징어	닭가슴살
식빵	삶은 참소라살	땅콩
달걀	해삼	대파
전분	새우살	건홍고추
소금	청피망	청피망
대파	죽순	달걀
청주	건표고버섯	전분
참기름	홍피망	식용유
생강	양송이	고추기름
흰 후춧가루	당근	청주
식용유	전분	생강
	대파	소금
	생강	진간장
	마늘	참기름
	진간장	검은 후춧가루
	청주	
	참기름	
	소금	
	흰 후춧가루	
	식용유	

과제 4형

① 면보하
麵包蝦

면보하

재료
- 새우살 100g
- 식빵 4쪽
- 달걀 1개
- 전분
- 소금
- 대파
- 청주
- 참기름
- 생강
- 흰 후춧가루
- 식용유

요구사항 ※ 위생과 안전에 유의하여 주어진 재료로 다음과 같이 만드시오.

가. 튀김이 겉은 바삭하고 속은 부드럽게 튀겨내시오.
나. 사방 5cm 정도의 크기로 6개를 만드시오.

만드는 법

1. 식빵은 가장자리 딱딱한 부분을 제거한 후 4등분하여 사방 5cm 크기로 썬다.
2. 새우살은 내장을 제거하고 곱게 잘 다져서 소금 약간, 청주 1t, 생강즙 약간, 다진 파, 흰 후춧가루, 참기름을 넣어 밑간한다.
3. 밑간한 새우에 달걀흰자와 녹말을 넣어 잘 치대어 새우 반죽을 만든다.
4. 먼저 썰어 놓은 식빵의 절반은 접시에 놓고, 새우 반죽을 떼어 식빵 위에 고루 펴 놓고 나머지 식빵을 위에 덮고 살짝 눌러준다.
5. 160℃ 식용유에 새우 샌드위치를 넣어 중불에 천천히 뒤집어가며 튀긴다.

   tip 면보하는 센 불에서 튀기면 속이 안 익고 낮은 온도에서 튀기면 식빵이 기름을 많이 흡수한다.

6. 튀긴 식빵 색상이 노릇할 때 바로 건져서 키친타월에 기름을 제거하여 접시에 담아낸다.

합격 point

1. 튀김 온도에 유의하여 속이 충분히 익을 수 있도록 해준다.

조리과정 면보하

1. 식빵은 가장자리 딱딱한 부분을 제거한 후 4등분하여 사방 5cm 크기로 썬다.

2. 새우살은 내장을 제거하고 곱게 잘 다져서 소금 약간, 청주 1t, 생강즙 약간, 다진 파, 흰 후춧가루, 참기름을 넣어 밑간한다.

3. 밑간한 새우에 달걀흰자와 녹말을 넣어 잘 치대어 새우 반죽을 만든다.

4. 먼저 썰어 놓은 식빵의 절반은 접시에 놓고, 새우 반죽을 떼어 식빵 위에 고루 펴 놓고 나머지 식빵을 위에 덮고 살짝 눌러준다.

5. 160℃ 식용유에 새우 샌드위치를 넣어 중불에 천천히 뒤집어가며 튀긴다.

tip 면보하는 센 불에서 튀기면 속이 안 익고 낮은 온도에서 튀기면 식빵이 기름을 많이 흡수한다.

조리과정 면보하

6 튀긴 식빵 색상이 노릇할 때 바로 건져서 키친타월에 기름을 제거하여 접시에 담아낸다.

과제 4형

② 팔보채
八宝菜

팔보채

재료

- 갑오징어 60g
- 삶은 참소라살 60g
- 불린 해삼 80g
- 새우살 60g
- 청피망 1/4개
- 죽순 70g
- 건표고버섯 2개
- 홍피망 1/4개
- 양송이 2개
- 당근 50g
- 전분
- 대파
- 생강
- 마늘
- 진간장
- 청주
- 참기름
- 소금
- 흰 후춧가루
- 식용유

요구사항

※ 위생과 안전에 유의하여 주어진 재료로 다음과 같이 만드시오.

가. 해삼은 길이 4cm 정도의 편으로 써시오.
나. 오징어 몸통은 대각선 방향 양쪽으로 칼집을 넣어 사용하시오.
다. 참소라살, 채소는 편으로 써시오.

만드는 법

1. 양송이는 편 썰고, 불린 표고버섯, 청피망, 홍피망, 당근은 4×2×0.3cm 크기로 편 썰어 데친다.
2. 죽순은 4cm 크기 빗살무늬로 썰어 석회를 제거하여 데친다.
3. 갑오징어는 손질하여 껍질을 벗겨 대각선 방향 양쪽으로 칼집을 넣어 데쳐서 4cm 크기로 편 썬다.
4. 참소라, 불린 해삼은 편 썰고 새우살은 내장을 제거하여 끓는 물에 소금, 청주를 넣고 살짝 데친다.
5. 마늘, 대파, 생강은 편 썬다.
6. 팬에 기름을 넣고 마늘, 대파, 생강을 볶다가 간장 1T, 청주 1T을 넣고 볶는다.
7. 6에 표고버섯, 양송이버섯, 죽순, 당근을 넣고 볶다가 갑오징어, 새우살, 참소라, 불린 해삼을 넣어 볶는다.
8. 7에 홍피망, 청피망을 넣고 볶다가 육수 1C을 넣고 소금, 후추를 넣어 끓으면 물녹말로 농도를 맞추고 참기름을 넣는다.

합격 point

1. 소스의 농도에 유의하고 모든 재료가 골고루 보일 수 있도록 담아준다.

조리과정 팔보채

1 양송이는 편 썰고, 불린 표고버섯, 청피망, 홍피망, 당근은 4×2×0.3cm 크기로 편 썰어 데친다.

2 죽순은 4cm 크기 빗살무늬로 썰어 석회를 제거하여 데친다.

3 갑오징어는 손질하여 껍질을 벗겨 대각선 방향 양쪽으로 칼집을 넣어 데쳐서 4cm 크기로 편 썬다.

4 참소라, 불린 해삼은 편 썰고 새우살은 내장을 제거하여 끓는 물에 소금, 청주를 넣고 살짝 데친다.

조리과정 팔보채

5 마늘, 대파, 생강은 편 썬다.

6 팬에 기름을 넣고 마늘, 대파, 생강을 볶다가 간장 1T, 청주 1T을 넣고 볶는다.

7 6에 표고버섯, 양송이버섯, 죽순, 당근을 넣고 볶다가 갑오징어, 새우살, 참소라, 불린 해삼을 넣어 볶는다.

8 7에 홍피망, 청피망을 넣고 볶다가 육수 1C을 넣고 소금, 후추를 넣어 끓으면 물녹말로 농도를 맞추고 참기름을 넣는다.

과제 4형

③ 궁보계정
宮保鷄丁

궁보계정

재료

- 닭가슴살 150g
- 땅콩 30g
- 대파
- 건홍고추 2개
- 청피망 1/4개
- 달걀 1개
- 전분
- 식용유
- 고추기름 20mL
- 청주
- 생강
- 소금
- 진간장
- 참기름
- 검은 후춧가루

요구사항 ※ 위생과 안전에 유의하여 주어진 재료로 다음과 같이 만드시오.

가. 땅콩은 튀겨서 사용하시오.
나. 닭고기는 1.5cm 정도 크기의 정사각으로 썰어 양념하여 사용하시오.
다. 건고추는 1.5cm 정도로 썰어 약간 타듯이 볶으시오.

만드는 법

1. 닭가슴살은 1.5×1.5×1.5cm 정도로 썰어 간장 1/2T, 청주 1/2T, 후춧가루, 생강즙에 재운다.
2. 건고추는 1.5㎝ 크기로 썰어 씨를 제거한다.
3. 대파, 생강은 1.5㎝ 크기로 편 썬다.
4. 청피망은 1.5×1.5cm 정도 크기로 썬다.
5. 닭가슴살에 달걀과 녹말을 넣어 잘 버무려 놓는다.
   tip 다른 요리보다 전분을 적게 입힌다.
6. 팬에 식용유를 닭고기가 잠길 정도로 넣고, 뜨거워지면 중불에 먼저 깐 땅콩을 튀겨내고, 닭고기를 넣어 익힌다.
   tip 닭고기는 부드럽게 익힌다.
7. 팬에 고추기름을 두르고 뜨거워지면 건고추를 넣고 볶다가, 대파, 생강을 넣고 볶아 진간장 1T, 청주 1T으로 향을 내고 피망을 넣어 볶은 후 육수 1/2C을 붓는다.
8. 소스가 끓으면 물전분으로 농도를 맞추고 닭고기와 땅콩을 넣고 볶아 참기름을 넣어 완성 접시에 담는다.
   tip 완성 그릇에 담을 때 소스 국물이 흐르지 않도록 완성한다.

합격 point

1. 닭고기를 너무 오래 튀기면 퍽퍽해지므로 주의한다.

조리과정 궁보계정

1 닭가슴살은 1.5×1.5×1.5cm 정도로 썰어 간장 1/2T, 청주 1/2T, 후춧가루, 생강즙에 재운다.

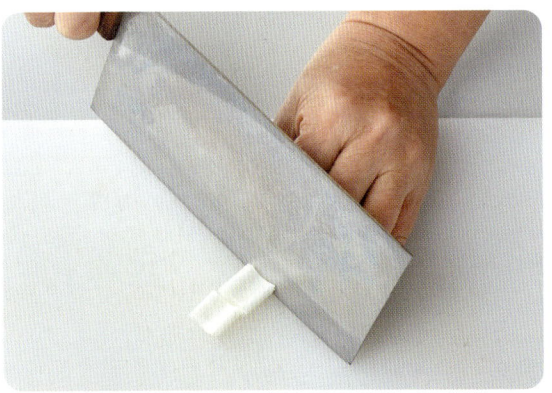

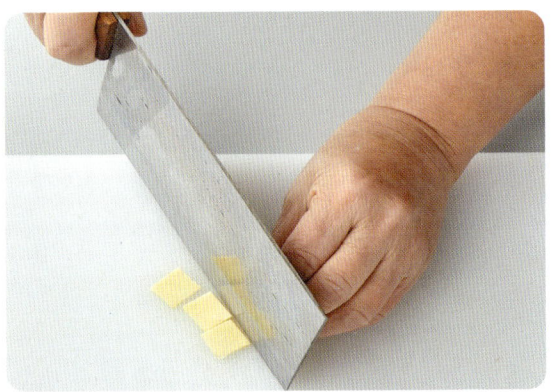

3 대파, 생강은 1.5cm 크기로 편 썬다.

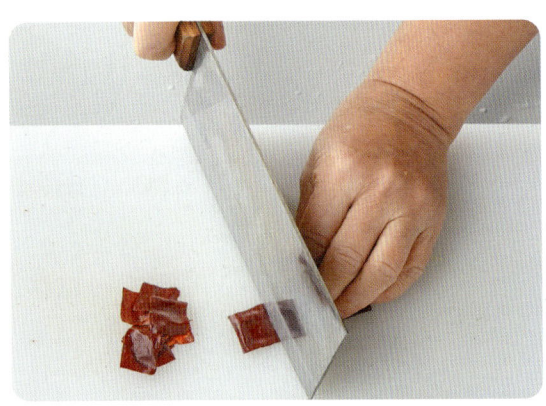

2 건고추는 1.5cm 크기로 썰어 씨를 제거한다.

4 청피망은 1.5×1.5cm 정도 크기로 썬다.

조리과정 궁보계정

5 닭가슴살에 달걀과 녹말을 넣어 잘 버무려 놓는다.
tip 다른 요리보다 전분을 적게 입힌다.

6 팬에 식용유를 닭고기가 잠길 정도로 넣고, 뜨거워지면 중불에 먼저 깐 땅콩을 튀겨내고, 닭고기를 넣어 익힌다.
tip 닭고기는 부드럽게 익힌다.

7 팬에 고추기름을 두르고 뜨거워지면 건고추를 넣고 볶다가, 대파, 생강을 넣고 볶아 진간장 1T, 청주 1T으로 향을 내고 피망을 넣어 볶은 후 육수 1/2C을 붓는다.

조리과정 궁보계정

8 소스가 끓으면 물전분으로 농도를 맞추고 닭고기와 땅콩을 넣고 볶아 참기름을 넣어 완성 접시에 담는다.

tip 완성 그릇에 담을 때 소스 국물이 흐르지 않도록 완성한다.

MEMO

중식조리산업기사 합격비법

[과제 4형] 시험시간 1시간 30분

주의사항
※ 아래 번호 순서대로 조리하면 완성시간을 단축할 수 있다.
1. 메뉴별 재료를 구분하고 메뉴별 지급재료에 있는 재료만 사용한다.
2. 요구사항에 있는 작품의 크기와 개수를 꼭 확인하고 요구사항대로 한다.
3. 조리대를 청결하게 사용하고 먼저 만들 조리와 나중에 만들 조리를 구분하여 만든다.
4. 먼저 끓여 준비할 것, 나중에 끓일 것을 구분하여 끓이는 시간이 부족하지 않도록 한다.

A. 면보하   B. 팔보채   C. 궁보계정

	A. 면보하	B. 팔보채	C. 궁보계정
1	재료를 세척하여 분리하고 물 끓이기		
2		양송이는 편 썰고 표고버섯, 죽순, 홍피망, 당근은 4×2×0.3cm로 썰어 데치기	
3		청피망 반은 4×2×0.3cm로 썰고 반은 1.5×1.5×1.5cm로 썰기	
4			닭가슴살 : 1.5×1.5×1.5cm로 썰어 밑간하기
5	새우살 : 내장을 제거하여 60g은 데치고 100g은 다지기		
6		갑오징어 : 칼집을 넣어 썰어 데치기	
7		소라, 불린 해삼 : 편 썰어 데치기	
8			건고추 : 1.5cm로 썰기
9	궁보계정용 대파, 생강은 1.5cm로 편 썰고, 면보하용 대파, 생강은 다지고 팔보채용 마늘, 대파, 생강은 편 썰기		
10	다진 새우살에 양념하여 달걀흰자 전분을 넣어 반죽하기		
11	식빵은 사방 5cm로 썰어 양념한 새우살을 넣고 샌드위치 만들어 기름에 튀겨 기름을 제거하여 완성 접시에 담기		

	A. 면보하	B. 팔보채	C. 궁보계정
12			닭가슴살에 달걀, 전분을 넣고 버무려 기름에 부드럽게 익히기
13			땅콩을 기름에 튀기기
14			팬 : 고추기름 – 건고추 – 향신채, 양념 – 피망 – 물 – 물녹말 – 닭고기, 땅콩 – 참기름을 넣어 완성하기
15		팬 : 기름 – 마늘, 대파, 생강 – 간장 1T, 청주 1T – 표고버섯, 양송이버섯, 죽순, 당근 – 갑오징어, 새우살, 참소라, 불린 해삼 – 홍피망, 청피망 – 육수 – 소금, 후추 – 물녹말 – 참기름을 넣어 팔보채 완성하기	
16	도마 위에 면보하, 팔보채, 궁보계정을 올려 제출한다.		

완성순서 면보하 〉 궁보계정 〉 팔보채

조리 *tip*

1. 재료 준비해놓고 물전분이 들어가지 않는 면보하부터 완성 후 물전분이 적게 들어가는 순서로 완성한다.

과제5형 총재료목록

라조육, 짜춘권, 류산슬   시험시간 1시간 30분

1. 라조육　　2. 짜춘권　　3. 류산슬

구 분	재 료 명	규 격	단위	수량	비 고
1	돼지고기	등심, 살코기	g	250	
2	죽순	통조림(whole)	g	100	
3	건표고버섯	불린 것	개	4	
4	청피망	중(75g정도)	개	1/3	
5	달걀		개	4	
6	홍고추		개	1/2	
7	건홍고추		개	1	
8	청경채		포기	1	
9	새우살		g	70	
10	불린 해삼		g	50	
11	양파		개	1/4	
12	부추		g	30	
13	밀가루	중력분	g	20	
14	팽이버섯		g	50	
15	전분	감자전분	g	120	
16	대파	10cm 정도	토막	1	
17	고추기름		mL	20	
18	생강		g	20	
19	마늘		쪽	3	
20	소금		g	30	
21	진간장		mL	50	
22	청주		mL	50	
23	식용유		mL	1,200	
24	참기름		mL	20	
25	검은 후춧가루		g	2	

과제5형 과제별 재료목록

중식조리산업기사

시험시간 1시간 30분

2. 라조육	2. 짜춘권	3. 류산슬
돼지고기	돼지고기	돼지고기
죽순	새우살	건해삼
건표고버섯	건해삼	새우살
청피망	양파	죽순
달걀	부추	건표고버섯
홍고추	건표고버섯	팽이버섯
건홍고추	전분	달걀
청경채	진간장	전분
대파	소금	생강
생강	검은 후춧가루	대파
마늘	참기름	마늘
청주	달걀	소금
진간장	밀가루	진간장
참기름	식용유	청주
전분	죽순	식용유
식용유	대파	참기름
고추기름	생강	검은 후춧가루
소금	청주	
검은 후춧가루		

과제 5형

① 라조육
辣椒肉

라조육

재료

- 돼지고기 150g
- 죽순 30g
- 건표고버섯 2개
- 청피망 1/3개
- 달걀 1개
- 홍고추 1/2개
- 건홍고추 1개
- 청경채 1포기
- 대파
- 생강
- 마늘
- 청주
- 진간장
- 참기름
- 전분 80g
- 식용유
- 고추기름 20mL
- 소금
- 검은 후춧가루

요구사항 ※ 위생과 안전에 유의하여 주어진 재료로 다음과 같이 만드시오.

가. 돼지고기는 길이 4cm, 굵기 1cm 정도로 써시오.
나. 소스의 농도에 유의하시오.

만드는 법

1. 녹말가루 1/2C에 물 1/3C을 넣어 앙금녹말을 만든다.
2. 홍고추, 불린 표고버섯은 수분과 기둥을 제거하고 4×2cm로 편 썬다.
3. 청피망, 청경채, 죽순은 4×2cm로 썰어 끓는 소금물에 데친다.
4. 생강 일부는 강판에 갈아 면포로 꼭 짜 생강즙을 만들고, 생강, 마늘, 대파는 편 썬다.
5. 돼지고기는 4×1×1cm 크기로 썰어 간장 1/2T, 청주 1/2T, 후추, 생강즙으로 밑간한 후 흰자 1T, 앙금 녹말을 넣어 튀김옷을 입힌다.
6. 물녹말을 만든다. (녹말 1T + 물 2T)
7. 팬에 튀김 기름을 올려 160~170℃의 온도가 되면 돼지고기를 넣어 바삭하게 2번 튀겨낸다.
   - **tip** 1번 튀기고 2번째 나무 주걱으로 두드려 튀기면 수분이 빠져서 바삭하게 튀겨 진다.
8. 달군 팬에 고추기름을 넣고 건고추를 볶다가 대파, 마늘, 생강을 넣어 볶는다.
9. 간장 1T, 청주 1T을 넣고 표고버섯, 죽순, 홍고추, 청피망, 청경채 순으로 넣어 볶다가 육수 1/2C을 넣는다.
10. 끓어오르면 물녹말로 농도를 맞춘 후 튀긴 돼지고기를 넣고 참기름을 넣어 버무려 접시에 담아낸다.
    - **tip** 라조육은 튀김 볶음요리로 완성품에 국물이 많으면 안 된다.

합격 point

1. 돼지고기를 일정한 크기로 썬다.
2. 소스의 색과 농도를 주의한다.

조리과정 라조육

1. 녹말가루 1/2C에 물 1/3C을 넣어 앙금녹말을 만든다.

2. 홍고추, 불린 표고버섯은 수분과 기둥을 제거하고 4×2cm로 편 썬다.

3. 청피망, 청경채, 죽순은 4×2cm로 썰어 끓는 소금물에 데친다.

4. 생강 일부는 강판에 갈아 면포로 꼭 짜 생강즙을 만들고. 생강, 마늘, 대파는 편 썬다.

조리과정 라조육

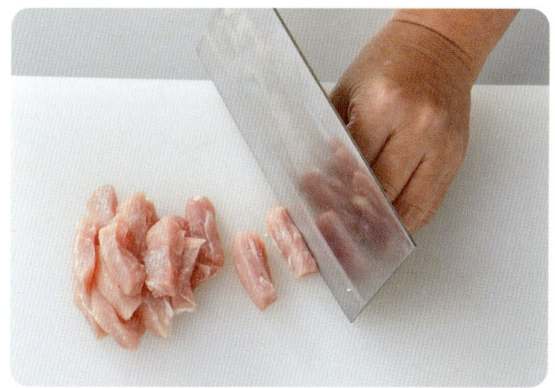

5 돼지고기는 4×1×1cm 크기로 썰어 간장 1/2T, 청주 1/2T, 후추, 생강즙으로 밑간한 후 흰자 1T, 앙금 녹말을 넣어 튀김옷을 입힌다.

7 팬에 튀김 기름을 올려 160~170℃의 온도가 되면 돼지고기를 넣어 바삭하게 2번 튀겨낸다.

tip 1번 튀기고 2번째 나무 주걱으로 두드려 튀기면 수분이 빠져서 바삭하게 튀겨진다.

6 물녹말을 만든다. (녹말 1T + 물 2T)

8 달군 팬에 고추기름을 넣고 건고추를 볶다가 대파, 마늘, 생강을 넣어 볶는다.

조리과정 라조육

9. 간장 1T, 청주 1T을 넣고 표고버섯, 죽순, 홍고추, 청피망, 청경채 순으로 넣어 볶다가 육수 1/2C을 넣는다.

10. 끓어오르면 물녹말로 농도를 맞춘 후 튀긴 돼지고기를 넣고 참기름을 넣어 버무려 접시에 담아낸다.

> **tip** 라조육은 튀김 볶음요리로 완성품에 국물이 많으면 안 된다.

과제 5형

② 짜춘권
炸春捲

짜춘권

요구사항 ※ 위생과 안전에 유의하여 주어진 재료로 다음과 같이 만드시오.

가. 작은 새우를 제외한 채소는 길이 4cm 정도로 써시오.
나. 지단에 소를 채워 지름 3cm 정도 크기의 원통형으로 마시오.
다. 짜춘권은 길이 3cm 정도 크기로 잘라 8개 제출하시오.

재료

- 돼지고기 50g
- 새우살 30g
- 불린 해삼 20g
- 양파 1/4개
- 부추 30g
- 건표고버섯 1개
- 전분 10g
- 진간장
- 소금
- 검은 후춧가루
- 참기름
- 달걀 2개
- 밀가루 20g
- 식용유
- 죽순 30g
- 대파
- 생강
- 청주

만드는 법

1. 표고버섯, 죽순, 양파는 4cm로 채 썰고 부추는 4cm 길이로 썬다.
2. 대파, 생강은 채 썬다.
3. 돼지고기는 4cm로 채 썬다.
4. 불린 해삼은 내장을 제거하여 4cm로 채 썰고 새우살도 내장을 제거하여 끓는 물에 데친다.
5. 달걀 2개에 소금을 넣어 고루 잘 풀어준 후 물녹말(녹말 1T + 물 1T)을 섞어 체에 내린다.
6. 팬을 달구어 기름을 두르고 닦아낸 후 달걀을 부어 약한 불에서 지단을 얇게 2장 만든다.
7. 가열한 팬에 기름 1T을 넣고 생강, 대파를 볶다가 간장 1t, 청주 1t을 넣고 돼지고기, 양파, 표고, 죽순, 해삼, 새우 순으로 넣으며 볶은 후 부추를 넣어 살짝 볶아 소금, 참기름을 넣어 접시에 펼쳐 식힌다.
   - *tip* 수분이 없도록 볶는다.
8. 밀가루 2T과 물 1.5T을 넣고 고루 끈기가 나도록 저어 밀가루 풀을 만든다.
9. 2개의 지단에 7의 볶은 재료를 각각 넣은 후 양끝을 접어 지름 3cm의 원형이 되도록 말아 끝에 밀가루 풀을 발라 붙여 풀어지지 않게 한다. (2개 만들기)
   - *tip* 지단에 재료를 넣고 말 때 단단하게 말아야 썰었을 때 속 재료가 빠져나오지 않는다.
10. 150~160℃로 기름을 달군 후 짜춘권을 고루 굴려 가며 연한 갈색이 나게 튀겨 키친타월에 기름을 제거한다.
11. 튀긴 짜춘권을 3cm 길이로 8개를 썰어 접시에 가지런히 세워 담는다.

합격 point

1. 짜춘권의 크기가 일정하고 속 재료가 밖으로 나오지 않도록 유의한다.
2. 밀가루 풀로 붙인 부분이 바닥으로 가게 놓고 튀긴 후 굴려 가면서 튀긴다.

조리과정 짜춘권

1 표고버섯, 죽순, 양파는 4cm로 채 썰고 부추는 4cm 길이로 썬다.

2 대파, 생강은 채 썬다.

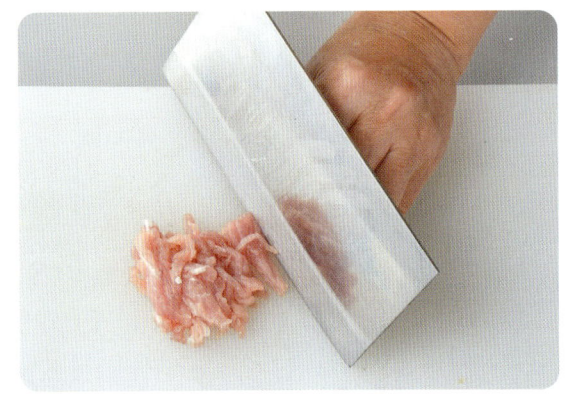

3 돼지고기는 4cm로 채 썬다.

4 불린 해삼은 내장을 제거하여 4cm로 채 썰고 새우살도 내장을 제거하여 끓는 물에 데친다.

조리과정 짜춘권

5 달걀 2개에 소금을 넣어 고루 잘 풀어준 후 물녹말(녹말 1T + 물 1T)을 섞어 체에 내린다.

7 가열한 팬에 기름 1T을 넣고 생강, 대파를 볶다가 간장 1t, 청주 1t을 넣고 돼지고기, 양파, 표고, 죽순, 해삼, 새우 순으로 넣으며 볶은 후 부추를 넣어 살짝 볶아 소금, 참기름을 넣어 접시에 펼쳐 식힌다.

tip 수분이 없도록 볶는다.

6 팬을 달구어 기름을 두르고 닦아낸 후 달걀을 부어 약한 불에서 지단을 얇게 2장 만든다.

8 밀가루 2T과 물 1.5T을 넣고 고루 끈기가 나도록 저어 밀가루 풀을 만든다.

조리과정 짜춘권

9 2개의 지단에 7의 볶은 재료를 각각 넣은 후 양끝을 접어 지름 3cm의 원형이 되도록 말아 끝에 밀가루 풀을 발라 붙여 풀어지지 않게 한다. (2개 만들기)

tip 지단에 재료를 넣고 말 때 단단하게 말아야 썰었을 때 속 재료가 빠져나오지 않는다.

10 150~160℃로 기름을 달군 후 짜춘권을 고루 굴려 가며 연한 갈색이 나게 튀겨 키친타월에 기름을 제거한다.

11 튀긴 짜춘권을 3cm 길이로 8개를 썰어 접시에 가지런히 세워 담는다.

과제 5형

③ 류산슬
溜三絲

류산슬

재료

- 돼지고기 50g
- 불린 해삼 30g
- 새우살 40g
- 죽순 40g
- 건표고버섯 1개
- 팽이버섯 50g
- 달걀 1개
- 전분
- 생강
- 대파
- 마늘
- 소금
- 진간장
- 청주
- 식용유
- 참기름
- 검은 후춧가루

요구사항

※ 위생과 안전에 유의하여 주어진 재료로 다음과 같이 만드시오.

가. 고기와 해삼은 5~6cm 정도의 가는 채로 써시오.
나. 채소 모양도 5~6cm 정도의 채로 써시오.
다. 고기와 새우는 먼저 전처리 작업 후 조리하시오.

만드는 법

1. 불린 해삼, 죽순, 불린 표고버섯은 5~6cm로 가늘게 채 썰어 데친다.
2. 팽이버섯은 밑동을 잘라 씻어 놓는다.
3. 돼지고기는 5~6cm로 가늘게 채 썰어 간장 1t, 청주 1t, 생강즙으로 밑간한 다음 달걀흰자 1t, 녹말 1/2T을 넣어 코팅한다.
4. 새우살은 소금, 청주로 밑간하여 달걀흰자와 녹말을 넣어 코팅한다.
5. 팬에 식용유를 넉넉히 넣고 110℃ 정도에 새우살을 넣고 저어 가며 서로 붙지 않고 부드럽게 익혀낸다.
6. 팬에 식용유를 넉넉히 넣고 110℃ 정도에 돼지고기를 넣고 저어 가며 서로 붙지 않고 부드럽게 익혀낸다.
7. 대파, 마늘, 생강을 채 썬다.
8. 팬에 식용유를 넣고 대파, 마늘, 생강을 넣어 볶다가 진간장, 청주로 향을 낸다.
9. 8에 해삼, 채소를 넣고 볶다가 물 1C을 넣고 끓인다.
10. 9에 새우살과 돼지고기를 넣고 팽이버섯을 넣어 물녹말로 농도를 맞춘 후 후춧가루, 참기름을 넣어 담아 낸다.

합격 point

1. 채 써는 재료는 일정한 굵기와 길이로 썬다.
2. 돼지고기와 새우는 먼저 전처리하여 기름에 데쳐서 사용한다.

조리과정 류산슬

1 불린 해삼, 죽순, 불린 표고버섯은 5~6cm로 가늘게 채 썰어 데친다.

3 돼지고기는 5~6cm로 가늘게 채 썰어 간장 1t, 청주 1t, 생강즙으로 밑간한 다음 달걀흰자 1t, 녹말 1/2T을 넣어 코팅한다.

2 팽이버섯은 밑동을 잘라 씻어 놓는다.

조리과정 류산슬

4. 새우살은 소금, 청주로 밑간하여 달걀흰자와 녹말을 넣어 코팅한다.

5. 팬에 식용유를 넉넉히 넣고 110℃ 정도에 새우살을 넣어 저어 가며 서로 붙지 않고 부드럽게 익혀낸다.

6. 팬에 식용유를 넉넉히 넣고 110℃ 정도에 돼지고기를 넣어 저어 가며 서로 붙지 않고 부드럽게 익혀낸다.

7. 대파, 마늘, 생강을 채 썬다.

조리과정 류산슬

8 팬에 식용유를 넣고 대파, 마늘, 생강을 넣어 볶다가 진간장, 청주로 향을 낸다.

10 9에 새우살과 돼지고기를 넣고 팽이버섯을 넣어 물녹말로 농도를 맞춘 후 후춧가루, 참기름을 넣어 담아 낸다.

9 8에 해삼, 채소를 넣고 볶다가 물 1C을 넣고 끓인다.

MEMO

중식조리산업기사 합격비법

[과제 5형] 시험시간 1시간 30분

주의사항
※ 아래 번호 순서대로 조리하면 완성시간을 단축할 수 있다.
1. 메뉴별 재료를 구분하고 메뉴별 지급재료에 있는 재료만 사용한다.
2. 요구사항에 있는 작품의 크기와 개수를 꼭 확인하고 요구사항대로 한다.
3. 조리대를 청결하게 사용하고 먼저 만들 조리와 나중에 만들 조리를 구분하여 만든다.
4. 먼저 끓여 준비할 것, 나중에 끓일 것을 구분하여 끓이는 시간이 부족하지 않도록 한다.

	A. 라조육	B. 짜춘권	C. 류산슬
1	재료를 세척하여 분리한 후 물 끓이기		
2	표고버섯 : 2개는 4×2cm로 썰고, 2개는 채 썰어 류산슬용과(5~6cm) 짜춘권용(4cm)을 분리하기		
3	죽순 : 1/3은 4×2cm로 편 썰어 라조육에 넣고, 나머지는 채 썰어 류산슬용과(5~6cm) 짜춘권용(4cm)을 분리하기		
4	피망 : 4×2cm 썰기		
5		부추 : 4cm 썰기	
6	파, 마늘, 생강 편 썰기(라조육) 파, 생강 채(짜춘권) 파, 마늘, 생강 채 (유산슬)		
7		불린 해삼 : 30g은 5~6cm로 채 썰고 20g은 4cm로 채썰기	
8	채소와 해물 각각 데치기(부추제외)		
9	돼지고기 : (라조육) 200g은 4×1×1cm 크기로 썰어 밑간하기, (짜춘권) 50g은 4cm로 채 썰고, (류산슬) 50g은 5~6cm로 가늘게 채 썰어 밑간하기		
10		새우 : 내장 제거 - 30g(짜춘권) 데치고, 40g(유산슬) 밑간하여 달걀흰자, 전분 코팅하여 기름에 데치기	
11			돼지고기 : 달걀흰자, 전분 코팅하여 기름에 데치기
12		달걀 + 물전분 - 체에 내리기 - 지단 2장 부치기	

	A. 라조육	B. 짜춘권	C. 류산슬
13		팬 : 식용유 – 생강, 대파 – 간장, 청주 – 돼지고기, 양파, 표고, 죽순, 해삼, 새우 – 부추 – 소금, 참기름	
14		밀가루+물 – 되직한 풀 만들기	
15		지단에 속 재료를 넣고 3cm 굵기로 말아 밀가루 풀을 발라 고정하고 기름에 튀기기 – 3cm 높이로 썰어 완성	
16	밑간한 돼지고기 : 달걀 + 앙금 전분 – 튀김옷을 입혀 기름에 2번 튀기기		
17	팬 : 고추기름 – 건고추 – 대파, 마늘, 생강 – 간장 1T, 청주 1T – 표고버섯, 죽순, 홍고추, 청피망, 청경채 – 육수 1C – 돼지고기 – 물녹말 – 참기름을 넣고 버무려 완성하기		
18			팬 : 식용유 – 대파, 마늘, 생강 – 진간장, 청주 – 해삼, 채소 – 물 1C – 새우살, 돼지고기 – 팽이버섯 – 물녹말 – 후춧가루, 참기름 – 류산슬 완성하여 접시에 담기
19	도마 위에 라조육, 짜춘권, 류산슬을 올려 제출한다.		

완성순서 짜춘권 > 라조육 > 류산슬

조리 tip
1. 짜춘권은 볶을 때 수분이 없도록 볶는다. 수분이 많으면 짜춘권이 찢어지기 쉽다.
2. 류산슬은 곱게 채 썬다.

일식조리산업기사

실기

일식조리산업기사

출제기준(필기)

직무분야	음식서비스	중직무분야	조리	자격종목	일식조리산업기사	적용기간	2022.1.1.~2024.12.31.

○ 직무내용 : 일식메뉴 계획에 따라, 식재료를 선정, 구매, 검수, 보관 및 저장하며, 맛과 영양을 고려하여 안전하고 위생적으로 음식을 조리하고 조리기구와 시설관리 및 급식·외식경영을 수행하는 직무이다.

필기검정방법	객관식	문제수	60	시험시간	1시간 30분

필기 과목명	출제 문제수	주요항목	세부항목	세세항목
위생 및 안전관리	20	1 위생관리	1. 개인 위생관리	1. 위생관리기준 2. 식품위생에 관련된 질병
			2. 식품 위생관리	1. 미생물의 종류와 특성 2. 식품과 기생충질환 3. 살균 및 소독의 종류와 방법 4. 식품의 위생적 취급기준 5. 식품첨가물과 유해물질 혼입
			3. 작업장 위생관리	1. 작업장위생 및 위해요소 2. 해쎕(HACCP) 관리기준 3. 작업장 교차오염발생요소 4. 식품위해요소 취급규칙 5. 위생적인 식품조리 6. 식품별 유통, 조리, 생산 시스템
			4. 식중독 관리	1. 세균성 및 바이러스성 식중독 2. 자연독 식중독 3. 화학적 식중독 4. 곰팡이 독소
			5. 식품위생 관계법규	1. 식품위생법 및 관계 법규 2. 식품 등의 표시·광고에 관한 법령

필기 과목명	출제문제수	주요항목	세부항목	세세항목
		2 안전관리	1. 개인 안전관리	1. 개인 안전관리 점검표 2. 작업 안전관리 3. 개인 안전사고 예방 및 응급조치 4. 산업안전보건법
			2. 장비·도구 안전작업	1. 조리장비·도구의 종류와 특징, 용도 2. 조리장비·도구의 분해 및 조립 방법 3. 조리장비·도구 안전관리 지침 4. 조리장비·도구의 작동 원리 5. 주방도구 활용
			3. 작업환경 안전관리	1. 작업장 환경관리 2. 작업장 안전관리 3. 화재예방 및 화재진압 4. 유해, 위험, 화학물질 관리 5. 정기적 안전교육 실시
		3 공중 보건	1. 공중보건의 개념	1. 공중보건의 개념
			2. 환경위생 및 환경오염	1. 일광 2. 공기 및 대기오염 3. 상하수도, 오물처리 및 수질오염 4. 구충구서
			3. 산업보건관리	1. 산업보건의 개념과 직업병관리
			4. 역학 및 질병관리	1. 역학 일반 2. 급만성감염병관리 3. 생활습관병 및 만성질환
			5. 보건관리	1. 보건행정 및 보건통계 2. 인구와 보건 3. 보건영양 4. 모자보건, 성인 및 노인보건 5. 학교보건

필기 과목명	출제 문제수	주요항목	세부항목	세세항목
식재료관리 및 외식경영	20	1 재료관리	1. 저장 관리	1. 식재료 냉동·냉장·창고 저장관리 2. 식재료 건조창고 저장관리 3. 저장고 환경관리 4. 저장 관리의 원칙
			2. 재고 관리	1. 재료 재고 관리 2. 재료의 보관기간 관리 3. 상비량과 사용 시기 조절 4. 재료 유실방지 및 보안 관리
			3. 식재료의 성분	1. 수분 2. 탄수화물 3. 지질 4. 단백질 5. 무기질 6. 비타민 7. 식품의 색 8. 식품의 갈변 9. 식품의 맛과 냄새 10. 식품의 물성 11. 식품의 유독성분 12. 효소
			4 식품과 영양	1 영양소의 기능 2 영양소 섭취기준
		2 조리외식경영	1. 조리외식의 이해	1. 조리외식산업의 개념 2. 조리외식산업의 분류 3. 외식산업 환경분석 기술
			2. 조리외식 경영	1. 서비스 경영 2. 외식소비자 관리 3. 서비스 매뉴얼 관리 4. 위기상황 예측 및 대처
			3. 조리외식 창업	1. 창업의 개념 2. 외식창업 경영 이론 3. 창업절차

필기 과목명	출제 문제수	주요항목	세부항목	세세항목
일식조리	20	1 메뉴관리	1. 메뉴관리 계획	1. 메뉴 구성 2. 메뉴의 용어와 명칭 3. 계절별 메뉴 4. 메뉴조절, 관리
			2. 메뉴 개발	1. 시장상황과 흐름에 관한 변화분석 2. 메뉴 분석기법 및 메뉴구성 3. 플레이팅 기법과 개념
			3. 메뉴원가 계산	1. 메뉴 품목별 판매량 및 판매가 2. 표준분량크기 3. 식재료 원가 계산 4. 재무제표 5. 대차대조표 6. 손익 분기점
		2 구매관리	1. 시장 조사	1. 재료구매계획 수립 2. 식재료, 조리기구의 유통·공급환경 3. 재료수급, 가격변동에 의한 공급처 대체
			2. 구매관리	1. 공급업체 선정 및 구매 2. 육류의 등급별, 산지, 품종별 차이 3. 어패류의 종류와 품질 4. 채소, 과일류의 종류와 품질 5. 구매관리 관련 서식
			3. 검수관리	1. 식재료 선별 및 검수 2. 검수관리 관련 서식
		3 재료준비	1. 재료준비	1. 재료의 선별 2. 재료의 종류 3. 재료의 조리 특성 및 방법 4. 조리과학 및 기본 조리조작 5. 조리도구의 종류와 용도 6. 작업장의 동선 및 설비 관리

필기 과목명	출제 문제수	주요항목	세부항목	세세항목
			2. 재료의 조리원리	1. 농산물의 조리 및 가공·저장 2. 축산물의 조리 및 가공·저장 3. 수산물의 조리 및 가공·저장 4. 유지 및 유지 가공품 5. 냉동식품의 조리 6. 조미료와 향신료
			3. 식생활 문화	1. 일식의 음식 문화와 배경 2. 일식의 분류 3. 일식의 특징 및 용어
		4 일식 냄비조리	1. 냄비국물 우려내기	1. 국물우려내는 방법 2. 국물재료에 따른 불 조절방법
			2. 냄비요리 조리	1. 재료특성에 따른 냄비 선택 2. 메뉴에 따른 양념장 3. 향신료의 특성과 종류
		5 일식 튀김조리	1. 튀김옷 준비	1. 튀김옷의 농도 2. 튀김 종류 3. 튀김 종류에 따른 조리방법
			2. 튀김 조리	1. 튀김 기름 선택 2. 튀김 온도조절 3. 튀김 조리시간 4. 튀김 식재료 손질 방법
			3. 튀김 담기	1. 튀김 완성품 담는 순서
			4. 튀김 소스 조리	1. 튀김 소스 종류 2. 튀김 소스 조리방법
		6 일식 굳힘조리	1. 굳힘조리	1. 굳힘조리 온도 2. 굳힘조리 시간 3. 재료에 따른 굳힘조리 방법 4. 굳힘 재료 처리기술
			2. 굳힘 담기	1. 완성품에 따른 담기선택 방법
		7 일식 흰살생선 회조리	1. 흰살 회 손질	1. 흰살 회생선 종류 2. 흰살 회생선 숙성방법

필기 과목명	출제 문제수	주요항목	세부항목	세세항목
			2. 흰살 회 썰기	1. 흰살생선 종류에 따른 썰기방법 2. 흰살생선 썰기 종류
			3. 흰살 회 담기	1. 흰살생선 담기 순서 2. 흰살생선 담기 곁들임 3. 흰살생선회 양념장 종류 4. 흰살 생선 양념장 조리방법
		8 일식 붉은살생선 회조리	1. 붉은살 회 손질	1. 붉은살 회생선 종류 2. 냉동 붉은살 생선 해동방법 3. 붉은살 회생선 숙성방법
			2. 붉은살 회 썰기	1. 붉은살 생선 종류에 따른 썰기방법 2. 붉은살 생선 썰기 종류
			3. 붉은살 회 담기	1. 붉은살 생선 담기 순서 2. 붉은살 담기 곁들임 3. 붉은살 생선 양념장 조리방법
		9 일식 패류 회조리	1. 조개류 회 손질	1. 조개류 선별방법 2. 조개류 손질방법 3. 조개류 숙성방법
			2. 조개류 회 썰기	1. 조개류 종류에 따른 썰기방법 2. 조개류 썰기 종류
			3. 조개류 회 담기	1. 조개류 회 담기 순서 2. 조개류 담기 곁들임 3. 조개류 곁들임 양념장 종류 4. 조개류 양념장 조리방법
		10 롤 초밥조리	1. 롤 양념초 조리	1. 초밥용 배합초 종류 2. 초밥용 배합초 조리방법 3. 식초 종류 및 선택
			2. 롤 초밥 조리	1. 롤초밥의 재료 및 종류 2. 롤 초밥 밥짓기 2. 재료에 따른 롤 초밥 모양 3. 롤 초밥 썰기 방법 4. 롤 초밥의 밥 온도

필기 과목명	출제 문제수	주요항목	세부항목	세세항목
			3. 롤 초밥 담기	1. 롤 초밥 담기 순서 2. 롤 초밥 담기 곁들임 3. 롤 초밥 양념장 조리방법 4. 롤 초밥에 따른 소스 종류
		11 일식 모둠 초밥 조리	1. 양념초 조리	1. 초밥에 따른 배합초 종류
			2. 모둠초밥 조리	1. 모듬 초밥의 재료 및 종류 2. 재료에 따른 모듬 초밥 모양 3. 모듬 초밥 썰기 방법 4. 모듬 초밥의 밥 온도 5. 모듬초밥 종류에 따른 가열/비가열 방법
			3. 모둠초밥 담기	1. 모듬 초밥 담기 순서 2. 모듬 초밥 담기 곁들임 3. 모듬 초밥 양념장 조리방법 4. 초밥 재료에 따른 소스 종류
		12 일식 알 초밥조리	1. 양념초 조리	1. 알 초밥에 따른 배합초 종류
			2. 알 초밥 조리	1. 알 초밥의 재료 및 종류 2. 재료에 따른 알 초밥 모양 3. 알 초밥 종류에 부재료 선택 4. 알 초밥의 밥 온도 5. 알 초밥 종류에 맞는 재료 준비
			3. 알 초밥 담기	1. 알 초밥 담기 순서 2. 알 초밥 담기 곁들임 3. 알 초밥 양념장 조리방법
		13 일식 초회조리	1. 초회조리하기	1. 초간장 재료 2. 초간장 종류와 특징 3. 초회조리에 관한 지식 4. 생선, 어패류 썰기
			2. 초회담기	1. 재료의 배합 비율 조절 2. 초회담기 순서
		14 일식 국물조리	1. 국물우려내기	1. 가다랑어 포의 종류와 특성
			2. 국물요리 조리하기	1. 간장, 식초, 맛술의 종류와 특성 2. 국물조리에 관한 지식

필기 과목명	출제 문제수	주요항목	세부항목	세세항목
		15 일식 조림조리	1. 조림하기	1. 조림조리에 관한 지식 2. 식재료의 색상, 윤기 내는 완성기술 3. 조림 불 및 시간 조절
			2. 조림담기	1. 조림 특성에 따른 기물 선택 2. 곁들임 채소 손질 및 첨가 기술 3. 일식 데코레이션 기술 4. 조림메뉴에 따른 양념장의 종류와 특성
		16 일식 구이조리	1. 구이 굽기	1. 구이재료에 따른 구이방법 2. 구이양념 조리법 3. 구이 부재료 4. 구이 소스
			2. 구이담기	1. 구이 담기 순서 2. 구이 담기 곁들임
		17 일식 면류조리	1. 면 국물 조리	1 면 종류에 맞는 맛국물 2. 면요리에 곁들이는 소스
			2. 면 조리하기	1. 면 삶기 2. 맛국물 내는 방법과 보존 기술 3. 면류조리 방법
			3. 면 담기	1. 면 종류에 따른 그릇 선택
		18 일식 밥류조리	1. 밥 짓기	1. 조리법(밥, 죽)에 맞게 물 조절 2. 곡류의 종류와 특성 3. 쌀 선별 능력 4. 쌀 씻기 조리법
			2. 녹차 밥 조리하기	1. 녹차 맛국물 내는 방법 2. 고명의 종류와 용도별 특성 3. 차의 종류
			3. 덮밥 소스 조리	1. 덮밥 종류에 따른 조리 소스 2. 덮밥 조리방법
			4. 덮밥 류 조리하기	1. 고명조리 2. 전분 성질 및 호화도

필기 과목명	출제 문제수	주요항목	세부항목	세세항목
			5. 죽 류 조리하기	1. 멥쌀과 찹쌀의 종류와 특성 2. 죽의 종류와 조리법 3. 참기름과 달걀의 용도 4. 죽 농도 조절능력
		19 일식 찜조리	1. 찜 소스 조리	1. 찜 소스 종류 2. 찜 소스 조리방법
			2. 찜 조리	1. 찜의 종류 2. 찜의 조리 방법 3. 찜 조리 시간 및 온도
			3. 찜 담기	1. 찜 담기 순서 2. 찜 재료에 따른 기물 선택 3. 찜 곁들임

출제기준(실기)

일식조리산업기사

| 직무분야 | 음식서비스 | 중직무분야 | 조리 | 자격종목 | 일식조리산업기사 | 적용기간 | 2022.1.1.~2024.12.31. |

○ 직무내용 : 일식메뉴 계획에 따라, 식재료를 선정, 구매, 검수, 보관 및 저장하며, 맛과 영양을 고려하여 안전하고 위생적으로 음식을 조리하고 조리기구와 시설관리 및 급식·외식경영을 수행하는 직무이다.

○ 수행준거 :
1. 생선 등의 식재료를 이용하여 용도에 맞게 냄비조리를 할 수 있다.
2. 다양한 식재료를 기름에 튀겨낼 수 있다.
3. 다양한 식재료를 이용하여 곁힘 조리를 할 수 있다.
4. 음식조리 작업에 필요한 위생관련지식을 이해하고 주방의 청결상태와 개인위생·식품위생을 관리하여 전반적인 조리작업을 위생적으로 수행할 수 있다.
5. 조리사가 주방에서 일어날 수 있는 사고와 재해에 대하여 안전기준 확인, 안전수칙 준수, 안전예방 활동을 할 수 있다.
6. 계절·장소·목적 등에 따라 메뉴를 구성하고, 개발하며 메뉴관리를 할 수 있다.
7. 광어, 도미, 옥도미, 보리멸, 가자미, 농어 등의 흰살생선을 사용하여 회를 조리 할 수 있다.
8. 가다랑어 참치, 연어 등의 붉은살 생선을 이용하여 회를 조리할 수 있다.
9. 패류(貝類)를 이용하여 회를 조리 할 수 있다.
10. 다양한 식재료를 이용하여 롤 초밥을 조리할 수 있다.
11. 다양한 식재료를 사용하여 모둠초밥을 조리할 수 있다.
12. 다양한 식재료를 이용하여 알초밥을 조리할 수 있다.
13. 다양한 식재료를 이용하여 초회를 조리할 수 있다.
14. 다양한 식재료를 이용하여 구이를 조리할 수 있다.
15. 다양한 식재료를 이용하여 면류를 조리할 수 있다.
16. 다양한 식재료를 이용하여 밥류를 조리할 수 있다.
17. 다양한 식재료를 이용하여 찜을 조리할 수 있다.
18. 다양한 식재료를 이용하여 국물을 조리할 수 있다.
19. 다양한 식재료를 이용하여 조림을 조리할 수 있다.

| 실기검정방법 | 작업형 | 시험시간 | 2시간 정도 |

실기 과목명	주요항목	세부항목	세세항목
일식조리실무	1 일식 위생관리	1. 개인 위생관리하기	1. 위생관리기준에 따라 조리복, 조리모, 앞치마, 조리안전화 등을 착용할 수 있다. 2. 두발, 손톱, 손 등 신체청결을 유지하고 작업수행 시 위생습관을 준수할 수 있다. 3. 근무 중의 흡연, 음주, 취식 등에 대한 작업장 근무수칙을 준수할 수 있다. 4. 위생관련법규에 따라 질병, 건강검진 등 건강상태를 관리하고 보고할 수 있다.
		2. 식품 위생관리하기	1. 식품의 유통기한·품질 기준을 확인하여 위생적인 선택을 할 수 있다. 2. 채소·과일의 농약 사용여부와 유해성을 인식하고 세척할 수 있다. 3. 식품의 위생적 취급기준을 준수할 수 있다. 4. 식품의 반입부터 저장, 조리과정에서 유독성, 유해물질의 혼입을 방지할 수 있다.
		3. 주방 위생관리하기	1. 주방 내에서 교차오염 방지를 위해 조리생산 단계별 작업공간을 구분하여 사용할 수 있다. 2. 주방위생에 있어 위해요소를 파악하고, 예방할 수 있다. 3. 주방, 시설 및 도구의 세척, 살균, 해충·해서 방제작업을 정기적으로 수행할 수 있다. 4. 시설 및 도구의 노후상태나 위생 상태를 점검하고 관리할 수 있다. 5. 식품이 조리되어 섭취되는 전 과정의 주방 위생 상태를 점검하고 관리할 수 있다. 6. HACCP적용 업장의 경우 HACCP관리기준에 의해 관리할 수 있다.
	2 일식 안전관리	1. 개인 안전관리하기	1. 안전관리 지침서에 따라 개인 안전관리 점검표를 작성할 수 있다. 2. 개인안전사고 예방을 위해 도구 및 장비의 정리정돈을 상시 할 수 있다. 3. 주방에서 발생하는 개인 안전사고의 유형을 숙지시키고 예방을 위한 안전수칙을 교육할 수 있다. 4. 주방 내 필요한 구급품이 적정 수량 비치되었는지 확인하고 개인 안전 보호 장비를 정확하게 착용하여 작업하는지 확인할 수 있다. 5. 개인이 사용하는 칼에 대해 사용안전, 이동안전, 보관안전을 수행할 수 있다.

실기 과목명	주요항목	세부항목	세세항목
			6. 개인의 화상사고, 낙상사고, 근육팽창과 골절사고, 절단사고, 전기기구에 인한 전기 쇼크 사고, 화재사고와 같은 사고 예방을 위해 주의사항을 숙지하고 실천할 수 있다. 7. 개인 안전사고 발생 시 신속 정확한 응급조치를 실시하고 재발 방지 조치를 실행할 수 있다.
		2. 장비·도구 안전관리하기	1. 조리장비·도구에 대한 종류별 사용방법에 대해 주의사항을 숙지할 수 있다. 2. 조리장비·도구를 사용 전 이상 유무를 점검할 수 있다. 3. 안전 장비 류 취급 시 주의사항을 숙지하고 실천할 수 있다. 4. 조리장비·도구를 사용 후 전원을 차단하고 안전수칙을 지키며 분해하여 청소 할 수 있다. 5. 무리한 조리장비·도구 취급은 금하고 사용 후 일정한 장소에 보관하고 점검할 수 있다. 6. 모든 조리장비·도구는 반드시 목적 이외의 용도로 사용하지 않고 규격품을 사용할 수 있다.
		3. 작업환경 안전관리하기	1. 작업환경 안전관리 시 작업환경 안전관리 지침서를 작성할 수 있다. 2. 작업환경 안전관리 시 작업장주변 정리 정돈 등을 관리 점검할 수 있다. 3. 작업환경 안전관리 시 제품을 제조하는 작업장 및 매장의 온·습도관리를 통하여 안전사고요소 등을 제거할 수 있다. 4. 작업장 내의 적정한 수준의 조명과 환기, 이물질, 미끄럼 및 오염을 방지할 수 있다. 5. 작업환경에서 필요한 안전관리시설 및 안전용품을 파악하고 관리할 수 있다. 6. 작업환경에서 화재의 원인이 될 수 있는 곳을 자주 점검하고 화재진압기를 배치하고 사용할 수 있다. 7. 작업환경에서의 유해, 위험, 화학물질을 처리기준에 따라 관리할 수 있다. 8. 법적으로 선임된 안전관리책임자가 정기적으로 안전교육을 실시하고 이에 참여할 수 있다.

실기 과목명	주요항목	세부항목	세세항목
	3 일식 메뉴관리	1. 메뉴 계획하기	1. 균형 잡힌 식단 구성 방식을 감안하여 메뉴를 구성할 수 있다. 2. 원가, 식재료, 시설용량, 경제성을 감안하여 메뉴 구성을 조정할 수 있다. 3. 메뉴의 식재료, 조리방법, 메뉴 명, 메뉴판 작성 등 사용되는 용어와 명칭을 정확히 구분하고 사용할 수 있다. 4. 수익성과 선호도에 따른 메뉴 엔지니어링을 할 수 있다. 5. 공헌이익 높일 수 있는 메뉴구성을 할 수 있다.
	4 일식 냄비조리	1. 냄비재료 준비하기	1. 주재료를 용도에 맞게 손질할 수 있다. 2. 부재료를 용도에 맞게 손질할 수 있다. 3. 양념재료를 준비할 수 있다.
		2. 냄비국물 우려내기	1. 용도에 맞게 국물을 우려낼 수 있다. 2. 국물재료의 종류에 따라 불의 세기를 조절할 수 있다. 3. 국물재료의 종류에 따라 우려내는 시간을 조절할 수 있다.
		3. 냄비요리 조리하기	1. 재료특성에 따라 냄비를 선택할 수 있다. 2. 맛국물에 재료를 넣어 용도에 맞게 끓일 수 있다. 3. 메뉴에 따라 양념장을 조리할 수 있다.
	5 일식 튀김조리	1. 튀김재료 준비하기	1. 식재료를 용도에 맞게 손질할 수 있다. 2. 식재료에 맞는 양념을 준비할 수 있다. 3. 튀김용도에 맞는 박력분과 전분을 준비할 수 있다.
		2. 튀김옷 준비하기	1. 식재료를 용도에 맞는 튀김옷의 재료를 사용하여 준비할 수 있다. 2. 튀김 식재료에 맞는 양념을 준비할 수 있다. 3. 튀김용도에 맞는 튀김옷의 농도를 맞출 수 있다.
		3. 튀김 조리하기	1. 용도에 맞는 튀김기름을 선택할 수 있다 2. 밀가루와 전분을 사용하여 튀김옷의 농도조절을 할 수 있다. 3. 기름의 온도조절을 하여 재료의 특성에 맞게 튀겨 낼 수 있다.

실기 과목명	주요항목	세부항목	세세항목
		4. 튀김 담기	1. 완성된 튀김은 즉시 담아 낼 수 있다. 2. 양념을 튀김용도에 맞게 담아 낼 수 있다. 3. 완성된 튀김에 곁들임을 첨가하여 담아 낼 수 있다.
		5. 튀김 소스 조리하기	1. 완성된 튀김에 맞는 튀김 소스를 준비할 수 있다. 2. 양념을 튀김 용도에 맞게 조리할 수 있다. 3. 완성된 튀김에 튀김 소스를 첨가하여 담아 낼 수 있다.
	6 일식 굳힘조리	1. 굳힘재료 준비하기	1. 식재료를 굳힘 재료의 특성에 맞게 손질할 수 있다. 2. 사각 굳힘 틀을 준비할 수 있다. 3. 곁들임 재료를 용도에 맞게 손질할 수 있다.
		2. 굳힘조리하기	1. 맛국물을 만들어 주재료를 조릴 수 있다. 2. 굳힘 틀에 조린 재료와 부재료를 넣을 수 있다. 3. 조린 재료를 저온에서 굳힐 수 있다.
		3. 굳힘 담기	1. 기물을 선택할 수 있다. 2. 굳힌 재료를 모양내어 자를 수 있다. 3. 메뉴에 따라 특성에 맞게 곁들임을 준비하여 기물에 담을 수 있다.
	7 일식 흰살생선 회조리	1. 곁들임 준비하기	1. 회에 곁들여지는 채소를 용도에 맞게 준비할 수 있다. 2. 회의 종류에 따라 양념을 준비할 수 있다. 3. 고추냉이를 준비할 수 있다.
		2. 흰살 회 손질하기	1. 흰살 생선을 회감용도에 맞게 위생적으로 전 처리할 수 있다. 2. 흰살 생선을 특성에 맞게 숙성시킬 수 있다. 3. 조리법에 따라 초절임 또는 다시마 절임을 할 수 있다.
		3. 흰살 회 썰기	1. 흰살 생선을 회감용도에 맞게 위생적으로 먹기 좋게 썰기 할 수 있다. 2. 흰살 생선을 특성에 맞게 여러 가지 모양으로 썰기 할 수 있다. 3. 조리법에 따라 초절임 또는 다시마 절임한 생선을 썰기 할 수 있다.
		4. 흰살 회 담기	1. 접시는 차갑게 준비할 수 있다. 2. 생선, 어패류의 특성에 따라 담아낼 수 있다. 3. 완성된 회에 곁들임을 제공할 수 있다.

실기 과목명	주요항목	세부항목	세세항목
	8 일식 붉은살 생선 회조리	1. 붉은살 회 준비하기	1. 회에 곁들여지는 채소를 용도에 맞게 준비할 수 있다. 2. 회의 종류에 따라 양념을 준비할 수 있다. 3. 고추냉이를 준비할 수 있다.
		2. 붉은살 회 손질하기	1. 붉은살생선을 회감용도에 맞게 위생적으로 전 처리 할 수 있다. 2. 생선특성에 맞게 숙성시킬 수 있다. 3. 조리법에 따라 초절임 또는 다시마 절임을 할 수 있다.
		3. 붉은살 회 썰기	1. 붉은살 생선을 회감용도에 맞게 위생적으로 먹기 좋게 썰기 할 수 있다. 2. 붉은살 생선을 특성에 맞게 다양한 모양으로 썰기 할 수 있다. 3. 조리법에 따라 초절임 또는 다시마 절임한 생선을 썰기 할 수 있다.
		4. 붉은살 회 담기	1. 접시는 차갑게 준비할 수 있다. 2. 생선, 어패류의 특성에 따라 잘라서 담아낼 수 있다. 3. 완성된 회에 곁들임을 제공할 수 있다.
	9 일식 패류 회조리	1. 조개류 곁들임 준비하기	1. 패류에 곁들여지는 채소를 용도에 맞게 준비할 수 있다. 2. 회의 종류에 따라 양념을 준비할 수 있다. 3. 고추냉이를 준비할 수 있다.
		2. 조개류 회 손질하기	1. 조개류 및 잡어 생선을 회감용도에 맞게 위생적으로 전 처리 할 수 있다. 2. 생선, 어패류 특성에 맞게 숙성시킬 수 있다. 3. 조리법에 따라 초절임 또는 다시마 절임을 할 수 있다.
		3. 조개류 회 썰기	1. 패류회를 회감용도에 맞게 위생적으로 먹기 좋게 썰기 할 수 있다. 2. 패류를 특성에 맞게 여러 가지 모양으로 썰기 할 수 있다. 3. 조리법에 따라 초절임 또는 다시마 절임한 생선을 썰기 할 수 있다.
		4. 조개류 회 담기	1. 접시는 미리 차갑게 준비할 수 있다. 2. 패류의 특성에 따라 잘라서 담아낼 수 있다. 3. 완성된 패류회에 곁들임을 제공할 수 있다.

실기 과목명	주요항목	세부항목	세세항목
	10 롤 초밥조리	1. 롤 초밥재료 준비하기	1. 초밥용 밥을 준비할 수 있다. 2. 롤초밥의 용도에 맞는 재료를 준비할 수 있다. 3. 고추냉이(가루, 생)와 부재료를 준비할 수 있다.
		2. 롤 양념초 조리하기	1. 초밥용 배합초의 재료를 준비할 수 있다. 2. 초밥용 배합초를 조리할 수 있다. 3. 용도에 맞게 다양한 배합초를 준비된 밥에 뿌릴 수 있다.
		3. 롤 초밥 조리하기	1. 롤초밥의 모양과 양을 조절할 수 있다. 2. 신속한 동작으로 만들 수 있다. 3. 용도에 맞게 다양한 롤초밥을 만들 수 있다.
		4. 롤 초밥 담기	1. 롤초밥의 종류와 양에 따른 기물을 선택할 수 있다. 2. 롤초밥을 구성에 맞게 담을 수 있다. 3. 롤초밥에 곁들임을 첨가할 수 있다.
	11 일식 모둠 초밥 조리	1. 모둠초밥 재료 준비하기	1. 배합 초를 섞어 초밥을 준비할 수 있다. 2. 초밥의 용도에 맞는 재료를 준비할 수 있다. 3. 고추냉이(가루, 생)와 부재료를 준비할 수 있다.
		2. 양념초 조리하기	1. 초밥용 배합초의 재료를 준비할 수 있다. 2. 초밥용 배합초를 조리할 수 있다. 3. 용도에 맞게 다양한 배합초를 준비된 밥에 뿌릴 수 있다.
		3. 모둠초밥 조리하기	1. 모둠초밥의 모양과 양을 조절할 수 있다. 2. 신속한 동작으로 만들 수 있다. 3. 용도에 맞게 다양한 모둠초밥을 만들 수 있다.
		4. 모둠초밥 담기	1. 모둠초밥의 종류와 양에 따른 기물을 선택할 수 있다. 2. 모둠초밥을 구성에 맞게 담을 수 있다. 3. 모둠초밥에 곁들임을 첨가할 수 있다.
	12 일식 알 초밥조리	1. 알 초밥 재료준비하기	1. 배합 초를 섞어 알초밥을 준비할 수 있다. 2. 초밥의 용도에 맞는 재료를 준비할 수 있다. 3. 고추냉이(가루, 생)와 부재료를 준비할 수 있다.
		2. 양념초 조리하기	1. 초밥용 배합초의 재료를 준비할 수 있다. 2. 초밥용 배합초를 조리할 수 있다. 3. 용도에 맞게 다양한 배합초를 준비된 밥에 뿌릴 수 있다.

실기 과목명	주요항목	세부항목	세세항목
		3. 알 초밥 조리하기	1. 알초밥의 모양과 양을 조절할 수 있다. 2. 신속한 동작으로 만들 수 있다. 3. 용도에 맞게 다양한 알초밥을 만들 수 있다.
		4. 알 초밥 담기	1. 알초밥의 종류와 양에 따른 기물을 선택할 수 있다. 2. 알초밥을 구성에 맞게 담을 수 있다. 3. 알초밥에 곁들임을 첨가할 수 있다.
	13 일식 밥류조리	1. 밥짓기	1. 쌀을 씻어 불릴 수 있다. 2. 조리법(밥, 죽)에 맞게 물을 조절할 수 있다. 3. 밥을 지어 뜸들이기를 할 수 있다.
		2. 녹차밥 조리하기	1. 맛국물을 낼 수 있다. 2. 메뉴에 맞게 기물선택을 할 수 있다. 3. 밥에 맛국물을 넣고 고명을 선택할 수 있다.
		3. 덮밥 소스 조리하기	1. 덮밥용 맛국물을 만들 수 있다. 2. 덮밥용 양념간장을 만들 수 있다. 3. 덮밥재료에 따른 소스를 조리하여 덮밥을 만들 수 있다.
		4. 덮밥류 조리하기	1. 덮밥의 재료를 용도에 맞게 손질할 수 있다. 2. 맛국물에 튀기거나 익힌 재료를 넣고 조리할 수 있다. 3. 밥 위에 조리된 재료를 놓고 고명을 곁들일 수 있다.
		5. 죽류 조리하기	1. 맛국물을 낼 수 있다. 2. 용도(쌀, 밥)에 맞게 주재료를 조리 할 수 있다. 3. 주재료와 부재료를 사용하여 죽을 조리할 수 있다.
	14 일식 구이조리	1. 구이 굽기	1. 식재료의 특성에 따라 구이방법을 선택할 수 있다. 2. 불의 강약을 조절하여 구워낼 수 있다. 3. 재료의 형태가 부서지지 않도록 구울 수 있다.
		2. 구이 담기	1. 모양과 형태에 맞게 담아낼 수 있다. 2. 양념을 준비하여 담아낼 수 있다. 3. 구이종류의 특성에 따라 곁들임을 함께 낼 수 있다.
	15 일식 면류조리	1. 면 국물 조리하기	1. 면 요리의 종류에 맞게 맛국물을 조리할 수 있다. 2. 주재료와 부재료를 조리할 수 있다. 3. 향미재료를 첨가하여 면 국물조리를 완성할 수 있다.

실기 과목명	주요항목	세부항목	세세항목
		2. 면 조리하기	1. 면 요리의 종류에 맞게 맛국물을 준비할 수 있다. 2. 부재료는 양념하거나 익혀서 준비할 수 있다. 3. 면을 용도에 맞게 삶아서 준비할 수 있다.
		3. 면 담기	1. 면 요리의 종류에 따라 그릇을 선택할 수 있다. 2. 양념을 담아 낼 수 있다. 3. 맛국물을 담아 낼 수 있다.
	16 일식 찜조리	1. 찜 소스 조리하기	1. 메뉴에 따라 재료의 특성을 살려 맛국물을 준비할 수 있다. 2. 찜 소스를 찜의 종류와 특성에 따라 조리법에 맞추어 조리할 수 있다. 3. 첨가되는 찜 소스의 양을 조절하여 조리할 수 있다.
		2. 찜 조리하기	1. 찜통을 준비할 수 있다. 2. 찜 양념을 만들 수 있다. 3. 식재료의 종류에 따라 불의 세기와 시간을 조절할 수 있다.
		3. 찜 담기	1. 찜의 특성에 따라 기물을 선택할 수 있다. 2. 재료의 형태를 유지할 수 있다. 3. 곁들임을 첨가하여 완성 할 수 있다.
	17 일식 국물조리	1. 국물 우려내기	1. 물의 온도에 따라 국물재료를 넣는 시점을 조절할 수 있다. 2. 국물재료의 종류에 따라 불의 세기를 조절할 수 있다. 3. 국물재료의 종류에 따라 우려내는 시간을 조절할 수 있다.
		2. 국물요리 조리하기	1. 맛국물을 조리 할 수 있다. 2. 주재료와 부재료를 조리할 수 있다. 3. 향미재료를 첨가하여 국물요리를 완성할 수 있다.
	18 일식 초회조리	1. 초회조리하기	1. 식재료를 전 처리 할 수 있다. 2. 혼합 초를 만들 수 있다. 3. 식재료와 혼합초의 비율을 용도에 맞게 조리할 수 있다.
		2. 초회 담기	1. 용도에 맞는 기물을 선택할 수 있다. 2. 제공 직전에 무쳐낼 수 있다. 3. 색상에 맞게 담아낼 수 있다.
	19 일식 조림조리	1. 조림하기	1. 재료에 따라 조림양념을 만들 수 있다. 2. 식재료의 종류에 따라 불의 세기와 시간을 조절할 수 있다. 3. 재료의 색상과 윤기가 살아나도록 조릴 수 있다.
		2. 조림담기	1. 조림의 특성에 따라 기물을 선택할 수 있다. 2. 재료의 형태를 유지할 수 있다. 3. 곁들임을 첨가하여 담아 낼 수 있다.

일식조리산업기사

수험자 유의사항

※ 다음 유의사항을 고려하여 요구사항을 완성합니다.

1. 조리산업기사로서 갖추어야 할 숙련도, 재료관리, 작품의 예술성을 나타내어야 합니다.
2. 지정된 시설을 사용하고, 지급재료 및 지참공구목록 이외의 조리기구는 사용할 수 없으며, 지참공구목록에 없는 단순 조리기구(수저통 등) 지참 시 시험위원에게 확인 후 사용합니다.
3. 지급재료는 1회에 한하여 지급되며 재지급은 하지 않습니다.
   (단, 수험자가 시험 시작 전 지급된 재료를 검수하여 재료가 불량하거나 양이 부족하다고 판단될 경우에는 즉시 시험위원에게 통보하여 교환 또는 추가지급을 받도록 합니다.)
4. 요구사항 및 지급재료의 규격은 "정도"의 의미를 포함하며, 재료의 크기에 따라 가감하여 채점됩니다.
5. 위생복, 위생모, 앞치마, 마스크를 착용하여야 하며, 시험장비, 가스레인지(가스밸브 개폐기 사용), 조리도구 등을 사용할 때에는 안전사고 예방에 유의합니다.
6. 다음 사항은 실격에 해당하여 채점대상에서 제외됩니다.
   가. 수험자 본인이 시험 도중 시험에 대한 포기 의사를 표현하는 경우
   나. 위생복, 위생모, 앞치마, 마스크를 착용하지 않은 경우
   다. 시험시간 내에 과제를 모두 제출하지 못한 경우
   라. 문제의 요구사항대로 과제의 수량이 만들어지지 않은 경우
   마. 완성품을 요구사항의 과제(요리)가 아닌 다른 요리(예, 달걀말이→달걀찜)로 만들었거나, 요구사항에 없는 과제(요리)를 추가하여 만든 경우
   바. 불을 사용하여 만든 과제가 과제특성에 벗어나는 정도로 타거나 익지 않은 경우
   사. 요구사항의 조리기구(석쇠 등)를 사용하여 완성품을 조리하지 않은 경우
   아. 수험자지참준비물 이외 조리기술에 영향을 줄 수 있는 기구를 사용한 경우
   자. 시험 중 시설·장비(칼, 가스레인지 등) 사용 시 시험위원 및 타수험자의 시험 진행에 위해를 일으킬 것으로 시험위원 전원이 합의하여 판단한 경우
   차. 요구사항에 표시된 실격 및 부정행위에 해당하는 경우
7. 완료된 과제는 지정한 장소에 시험시간 내에 제출하여야 합니다.
8. 가스레인지 화구는 2개까지 사용 가능합니다.
9. 과제를 제출한 다음 본인이 조리한 장소의 주변을 깨끗이 청소하고 조리기구를 정리 정돈한 후 시험위원의 지시에 따라 퇴실합니다.
10. 시험시작 전 가벼운 몸 풀기(스트레칭) 동작으로 긴장을 풀고 시험을 시작합니다.

시험장 실기 준비물

일식조리산업기사

준비물	규격	단위	수량	비고
위생복	상의 – 백색 하의 – 긴바지(색상 무관)	벌	1	위생복장을 제대로 갖추지 않을 경우는 실격처리됩니다.
위생모 또는 머리수건	백색	EA	1	
앞치마	백색(남, 녀 공용)	EA	1	
마스크		EA	1	
강판	조리용	EA	1	
계량스푼	사이즈별	SET	1	
계량컵	200ml	EA	1	
나무젓가락	40~50cm 정도	SET	1	
나무주걱	소	EA	1	
냄비	조리용	EA	1	시험장에도 준비되어 있음
도마	흰색 또는 나무도마	EA	1	시험장에도 준비되어 있음
랩, 호일	조리용	EA	1	
볼(bowl)	크기 제한 없음	EA	1	시험장에도 준비되어 있음
소창 또는 면보	30×30cm 정도	장	1	
쇠조리(혹은 체)	조리용	EA	1	시험장에도 준비되어 있음
위생타올	면	매	1	
위생팩	비닐팩	EA	1	
상비의약품	손가락골무, 밴드 등	EA	1	시험장에도 준비되어 있음
이쑤시개	–	EA	1	
종이컵	–	EA	1	
칼	조리용 칼, 칼집 포함	EA	1	
사시미칼	–	EA	1	
대파칼	–	EA	1	
키친타올(종이)	주방용(소 18×20cm)	장	1	
테이블스푼	–	EA	2	숟가락으로 대체 가능
프라이팬	중형	EA	1	시험장에도 준비되어 있음
사각 프라이팬	달걀말이용	EA	1	

곤부다시 끓이는 방법

1 다시마는 면포로 닦아 불순물을 제거 후 찬물을 넣고 끓인다.

3 곤부다시 완성

2 끓으면 면포에 내린다.

가쓰오다시 끓이는 방법

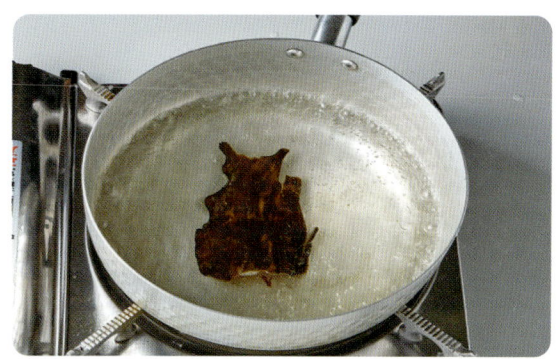

1 다시마 면포로 닦아 불순물 제거 후 찬물을 넣고 끓이기

4 가쓰오부시 가라앉히기

2 끓으면 다시마 건져내기

3 불을 끄고 가쓰오부시 넣기

5 가쓰오부시 가라앉으면 면포에 거르기

야꾸미 만들기

1 레몬 썰기

2 파 곱게 송송 썰기

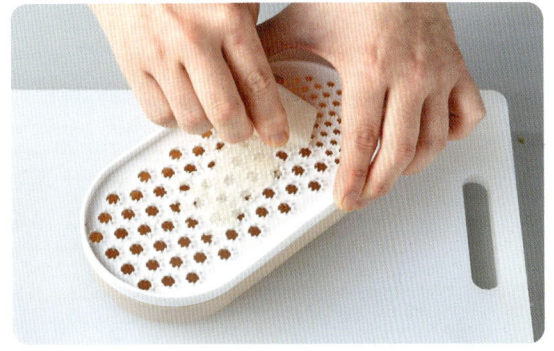

3 무 강판에 갈기

4 무 헹구어 수분 빼기

5 무에 고춧가루 물들이기

6 야꾸미, 폰즈 완성

채소 썰기 (국화꽃)

일식조리산업기사

1 무 2cm 높이로 썰어 가로 세로로 세밀하게 칼집 넣기

2 물 1T, 설탕 1T, 식초 1T, 소금 1t 단촛물에 절이기

3 레몬 껍질 얇게 벗기기

4 레몬 껍질 곱게 다지기

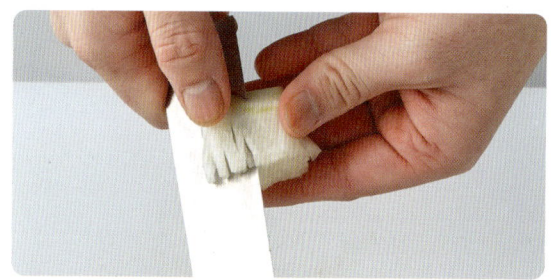

5 절임무 둥글게 만들기

6 무꽃 만들기

7 무꽃에 다진 레몬 껍질 올리기

일식 채소 썰기 229

일식조리산업기사

채소 썰기 (매화꽃)

1 당근 5각형으로 썰기

2 꼭지점에서 중간까지 둥글여 꽃모양으로 파내기

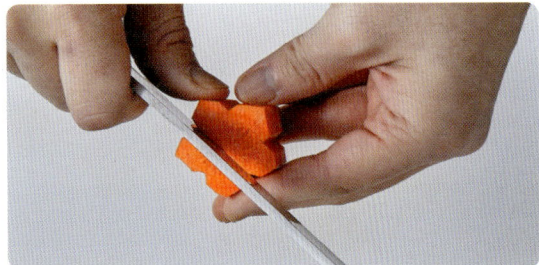

3 중앙을 중심으로 칼집 넣기

4 칼집 넣은 부분을 15도 각도로 파내기

5 칼집 넣은 부분을 15도 각도로 파내기 완성

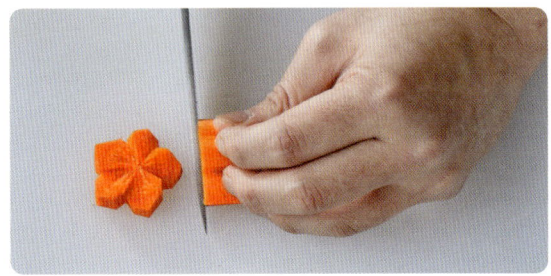

6 2~3개로 썰기

7 매화꽃 완성

채소 썰기 (무, 표고버섯)

무 은행잎 썰기

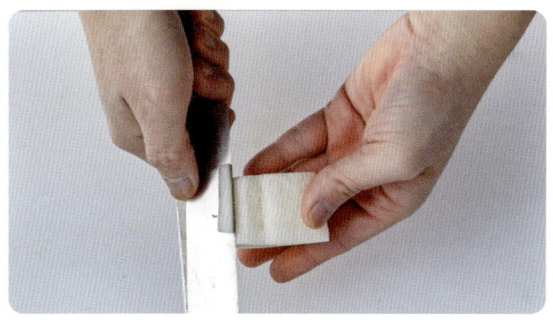

1 무 부채꼴로 만들어 1~2번 칼집 넣어 칼집 중심으로 둥글려 파내기

2 은행잎 모양으로 만든 무 등분하기

3 무 은행잎 썰기 완성

표고버섯 별 모양 칼집 넣기

1 표고버섯 중앙에 15도 각도로 양쪽으로 파내기

도미 손질 방법

1 도미 지느러미 제거

2 비늘 제거

3 위에 붙어 있는 아가미 자르기

4 배에 칼집 넣기

5 아가미부터 내장까지 제거하기

6 깨끗이 씻어 머리 자르기

일식조리산업기사

도미 손질 방법

7 몸통 자르기

8 머리 반으로 가르기

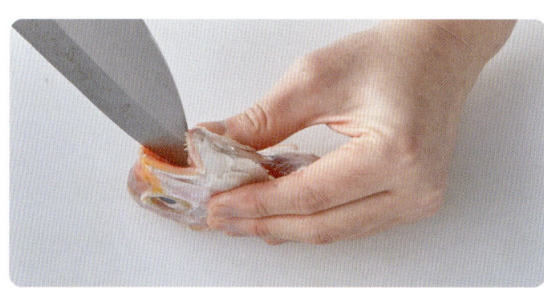

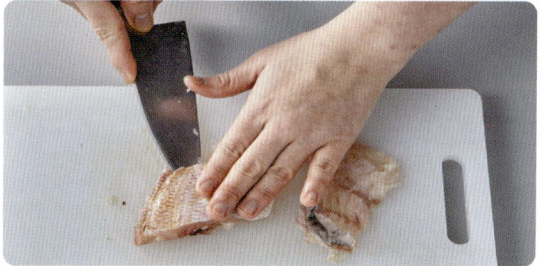

9 몸통 3장 포 뜨기

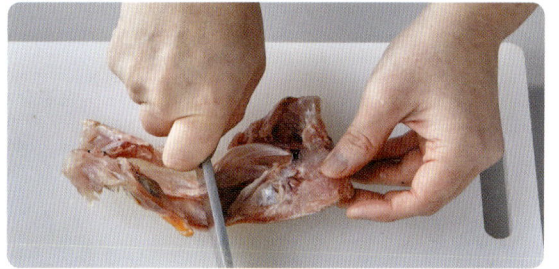

10 껍질에 칼집 넣기

일식조리산업기사

도미 손질 방법

11 손질한 도미에 소금 뿌리기

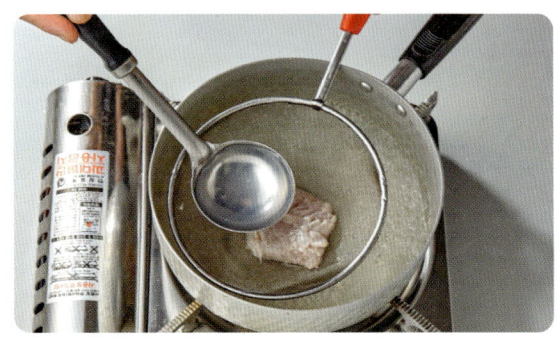

13 도미 살 데치기

12 도미 머리와 꼬리 데치기

● 닭 해체하기 ⇒ 양식 (p36) 참조

MEMO

과제1형 총재료목록

튀김덮밥, 도미냄비, 삼색갱 시험시간 1시간 40분

1. 튀김덮밥   2. 도미냄비   3. 삼색갱

구 분	재 료 명	규격	단위	수량	비 고
1	새우	30~40g, 껍질 있는 것	마리	2	
2	오징어	몸살	g	50	
3	생표고버섯		개	2	
4	쌀	불린 것	g	150	
5	가지		개	1/2	
6	도미	500g 정도	마리	1	
7	배추		g	70	
8	두부		g	60	
9	죽순		g	50	
10	달걀		개	1	
11	밀가루	박력분	g	120	
12	당근		개	1	
13	오이		개	1	
14	무		g	300	둥근 모양으로 지급
15	팽이버섯		g	30	
16	건다시마	5X10cm	장	1	
17	쑥갓		g	30	
18	실파		g	20	
19	흰 설탕		g	30	
20	가다랑어포(가쓰오부시)		g	5	
21	진간장		mL	60	
22	대파	흰 부분(10cm 정도)	토막	1	
23	맛술		mL	40	
24	소금		g	20	
25	식초		mL	30	
26	청주		mL	20	
27	고춧가루		g	5	
28	식용유		mL	600	
29	레몬		개	1/4	

1형 총재료목록

과제1형 과제별 재료목록

시험시간 1시간 40분

2. 튀김덮밥	2. 도미냄비	3. 삼색갱
새우	도미	무
오징어	배추	오이
생표고버섯	무	당근
쌀	당근	
가지	두부	
밀가루	죽순	
달걀	팽이버섯	
흰 설탕	생표고버섯	
진간장	쑥갓	
맛술	대파	
가다랑어포(가쓰오부시)	건다시마	
식용유	소금	
소금	청주	
	고춧가루	
	실파	
	진간장	
	식초	
	레몬	

과제 1형

① 튀김덮밥

튀김덮밥

재료

- 새우 2마리
  (30~40g, 껍질 있는 것)
- 오징어 (몸살) 50g
- 생표고버섯 1개
- 쌀 (불린 것) 150g
- 가지 1/2개
- 밀가루 (박력분) 120g
- 달걀 1개
- 흰 설탕
- 진간장
- 맛술
- 가다랑어포 (가쓰오부시)
- 식용유
- 소금

요구사항

※ 위생과 안전에 유의하여 주어진 재료로 다음과 같이 만드시오.

가. 새우, 오징어, 가지, 생표고버섯을 튀겨 밥 위에 올려내시오.
나. 덮밥용 다시(덴동다시)를 만들어 사용하시오.

만드는 법

1. 냄비에 물 1C을 올려 끓으면 불을 끄고 가다랑어포를 넣고 가라앉으면 면포에 걸러 다시물을 만든다.
2. 쌀과 물을 동량으로 넣고 중불에서 끓으면 약한 불에서 7~8분 뜸들인다.
3. 새우는 내장과 껍질을 제거하고 배 쪽에 칼집을 넣은 후 눌러가며 힘줄을 펴 준다.
   > tip 새우 배 쪽에 칼집을 넣어 힘줄에서 소리 나도록 펴 주면 구부러지지 않는다.
4. 오징어는 솔방울 모양으로 칼집을 넣어 2×8cm 정도의 크기로 썬다.
5. 가지는 5cm로 썰어 4등분하여 속을 잘라내고 칼집을 넣어 부채 모양으로 만들고, 생표고버섯은 칼집을 넣어 별 모양으로 만든다.
6. 달걀노른자에 찬물 1C을 넣고 풀어준 후 박력분을 체에 내려 넣고 젓가락으로 저어서 튀김옷을 만든다.
7. 재료에 밀가루를 묻힌 후 반죽을 입혀 170℃~180℃ 기름에 튀긴다.
8. 튀김이 떠오르면 튀김 반죽을 기름에 튀겨가며 뿌려서 튀김 꽃을 만들어 붙여준 후 튀김이 노릇해지면 건진다.
9. 덴동다시는 다시물 1/2C, 간장 2T, 맛술 2T, 설탕 1T을 섞어 냄비에 끓인 후 따로 담는다.
10. 완성 그릇에 밥을 담은 후 튀김을 얹어 덴동다시와 함께 제출한다.

합격 point

1. 튀김 반죽은 찬물로 하고 튀기기 직전에 살짝 저어 만든다.
2. 튀김 반죽을 넣어 바닥에 닿으면서 바로 떠오르면 적당한 온도이다.

조리과정 튀김덮밥

1 냄비에 물 1C을 올려 끓으면 불을 끄고 가다랑어포를 넣고 가라앉으면 면포에 걸러 다시 물을 만든다.

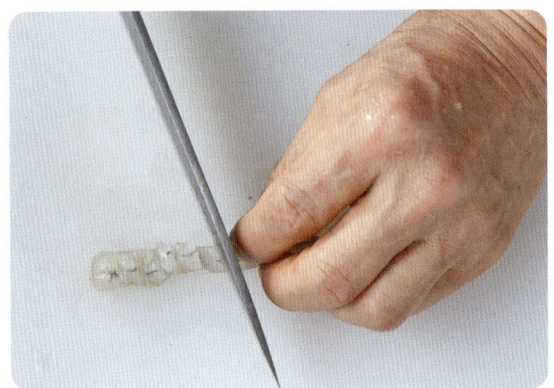

3 새우는 내장과 껍질을 제거하고 배 쪽에 칼집을 넣은 후 눌러가며 힘줄을 펴 준다.

tip 새우 배 쪽에 칼집을 넣어 힘줄에서 소리 나도록 펴 주면 구부러지지 않는다.

2 쌀과 물을 동량으로 넣고 중불에서 끓으면 약한 불에서 7~8분 뜸들인다.

조리과정 튀김덮밥

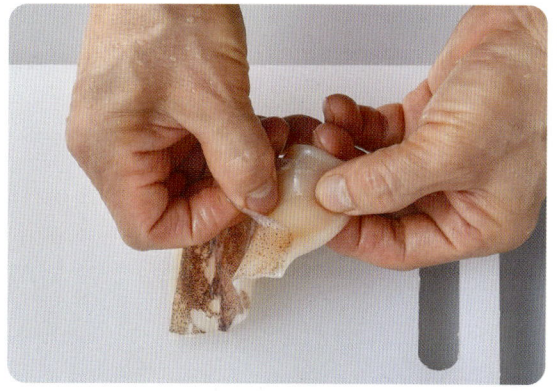

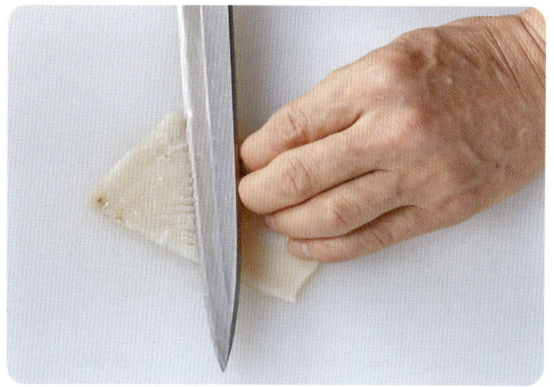

4 오징어는 솔방울 모양으로 칼집을 넣어 2×8cm 정도의 크기로 썬다.

5 가지는 5cm로 썰어 4등분하여 속을 잘라내고 칼집을 넣어 부채 모양으로 만들고, 생표고버섯은 칼집을 넣어 별 모양으로 만든다.

조리과정 튀김덮밥

6 달걀노른자에 찬물 1C을 넣고 풀어준 후 박력분을 체에 내려 넣고 젓가락으로 저어서 튀김옷을 만든다.

9 덴동다시는 다시물 1/2C, 간장 2T, 맛술 2T, 설탕 1T을 섞어 냄비에 끓인 후 따로 담는다.

7 재료에 밀가루를 묻힌 후 반죽을 입혀 170℃~180℃ 기름에 넣는다.

8 튀김이 떠오르면 튀김 반죽을 기름에 튀겨가며 뿌려서 튀김 꽃을 만들어 붙여준 후 튀김이 노릇해지면 건진다.

10 완성 그릇에 밥을 담은 후 튀김을 얹어 덴동다시와 함께 제출한다.

과제 1형

② 도미냄비
(타이지리)

도미냄비

재료

- 도미 (500g 정도) 1마리
- 배추 70g
- 무 100g
- 당근 60g
- 두부 60g
- 죽순 50g
- 팽이버섯 30g
- 생표고버섯 1개
- 쑥갓 30g
- 대파 (흰 부분, 10cm) 1토막
- 건다시마 (5×5cm) 1장
- 소금
- 청주
- 고춧가루 5g
- 실파 20g
- 진간장
- 식초
- 레몬

요구사항 ※ 위생과 안전에 유의하여 주어진 재료로 다음과 같이 만드시오.

가. 손질한 도미의 머리는 반으로, 몸통은 5~6cm 정도로 잘라 도미에 소금을 뿌려 전처리하시오.
나. 도미는 데친 후 불순물을 제거하시오.
다. 당근은 매화꽃, 무는 은행잎 모양으로 만들어 익혀내시오.
라. 초간장(폰즈)과 양념(야꾸미)을 만들어 내시오.

만드는 법

1. 다시마는 젖은 면포로 닦아 물 3~4C을 넣고 끓으면 건져낸다.
2. 도미는 비늘과 내장을 제거하고 깨끗이 씻은 후 머리, 몸통, 꼬리로 3등분한다.
3. 머리는 반으로 가르고, 몸통은 3장 뜨기를 한 다음 5~6cm 길이로 정리하고 꼬리에 칼집을 X자로 넣어 소금을 뿌린다.
4. 손질한 도미는 끓는 물에 살짝 데치고 찬물에 헹궈 불순물을 제거한다.
5. 당근은 매화꽃 모양으로 무는 은행잎 모양으로 다듬어 0.7cm 두께로 썬 후 끓는 물에 데쳐 헹군다.
6. 쑥갓의 일부는 찬물에 담가 두고 배추와 쑥갓을 데친 후 배추를 김발에 깔고 쑥갓을 넣고 3cm 정도 굵기로 말아 어슷하게 썬다.
7. 두부는 4×3×2cm로 썰고 죽순은 빗살무늬를 살려 0.3cm 두께로 썰어 데친다.
8. 표고버섯은 기둥을 떼고 껍질에 별 모양 칼집을 내고, 대파는 4cm 길이로 어슷 썰고, 팽이버섯은 밑동을 제거한다.
   tip 표고버섯을 물에 씻으면 별 모양의 칼집이 잘 넣어지지 않으므로 칼집을 넣고 씻는다.
9. 냄비에 팽이버섯, 쑥갓을 제외한 모든 재료를 담고 다시물 2~3C, 소금 1/2t, 청주 1T으로 간한 후 다시를 부어 끓이면서 거품을 걷어 내고 마지막에 팽이버섯, 쑥갓을 넣고 불을 끈다.
   tip 너무 센불에서 끓이면 국물이 탁해지므로 끓기 시작하면 불을 줄여 은근히 끓이면서 거품을 제거한다.
10. 다시물 1T, 식초 1T, 간장 1T을 섞어 폰즈 소스를 만든다.
11. 무를 강판에 갈아서 찬물에 헹구어 고운 고춧가루로 붉게 물들이고, 실파는 송송 썰어 물에 헹구어 내고 반달 모양으로 썬 레몬과 함께 야꾸미를 만든다.
12. 도미냄비와 폰즈, 야꾸미를 함께 낸다.

합격 point

1. 도미는 순서에 맞게 손질한다. (p232 도미 손질 방법 참고)
2. 센불에서 끓이면 국물 색이 탁하다.

조리과정 도미냄비

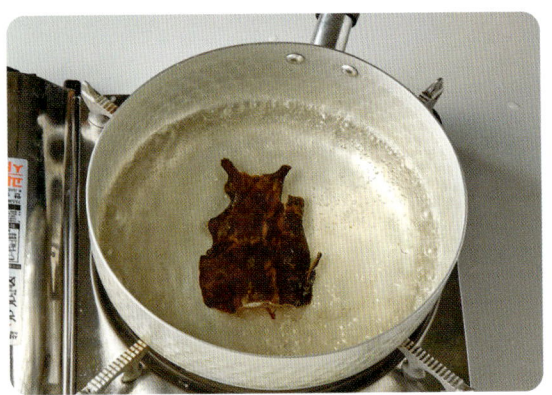

1 다시마는 젖은 면포로 닦아 물 3~4C을 넣고 끓으면 건져낸다.

3 머리는 반으로 가르고, 몸통은 3장 뜨기를 한 다음 5~6cm 길이로 정리하고 꼬리에 칼집을 X자로 넣어 소금을 뿌린다.

2 도미는 비늘과 내장을 제거하고 깨끗이 씻은 후 머리, 몸통, 꼬리로 3등분한다.

조리과정 도미냄비

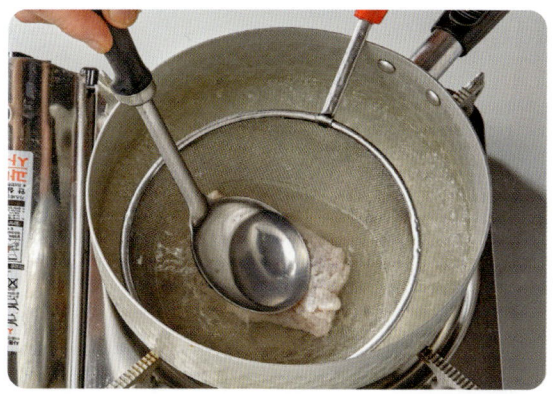

4. 손질한 도미는 끓는 물에 살짝 데치고 찬물에 헹궈 불순물을 제거한다.

5. 당근은 매화꽃 모양으로 무는 은행잎 모양으로 다듬어 0.7cm 두께로 썬 후 끓는 물에 데쳐 헹군다.

6. 쑥갓의 일부는 찬물에 담가 두고 배추와 쑥갓을 데친 후 배추를 김발에 깔고 쑥갓을 넣고 3cm 정도 굵기로 말아 어슷하게 썬다.

조리과정 도미냄비

7 두부는 4×3×2cm로 썰고 죽순은 빗살무늬를 살려 0.3cm 두께로 썰어 데친다.

9 냄비에 팽이버섯, 쑥갓을 제외한 모든 재료를 담고 다시물 2~3C, 소금 1/2t, 청주 1T으로 간한 후 다시를 부어 끓이면서 거품을 걷어 내고 마지막에 팽이버섯, 쑥갓을 넣고 불을 끈다.

tip 너무 센불에서 끓이면 국물이 탁해지므로 끓기 시작하면 불을 줄여 은근히 끓이면서 거품을 제거한다.

8 표고버섯은 기둥을 떼고 껍질에 별 모양 칼집을 내고, 대파는 4cm 길이로 어슷 썰고, 팽이버섯은 밑동을 제거한다.

tip 표고버섯을 물에 씻으면 별 모양의 칼집이 잘 넣어지지 않으므로 칼집을 넣고 씻는다.

조리과정 도미냄비

10 다시물 1T, 식초 1T, 간장 1T을 섞어 폰즈 소스를 만든다.

11 무를 강판에 갈아서 찬물에 헹구어 고운 고춧가루로 붉게 물들이고, 실파는 송송 썰어 물에 헹구어 내고 반달 모양으로 썬 레몬과 함께 야꾸미를 만든다.

12 도미냄비와 폰즈, 야꾸미를 함께 낸다.

과제 1형

③ 삼색갱

삼색갱

재료

- 무 200g
- 오이 1개
- 당근 150g

요구사항 ※ 위생과 안전에 유의하여 주어진 재료로 다음과 같이 만드시오.

가. 오이, 당근, 무는 10cm 정도의 폭으로 얇게 돌려깎기 하시오.
나. 각각의 채소를 적당한 길이로 가늘게 써시오.
다. 채썬 채소는 씻어 물기를 제거한 후 담아내시오.

만드는 법

1. 무는 10cm 길이로 손질하여 0.1cm 두께로 얇게 돌려 깎아 0.1cm 두께로 곱게 채 썰어 찬물에 담근다.
2. 오이는 씻어 10cm 길이로 손질하여 0.1cm 두께로 얇게 돌려 깎아 0.1cm 두께로 곱게 채 썰어 찬물에 담근다.
3. 당근도 씻어 껍질을 벗겨 10cm 길이로 손질하여 0.1cm 두께로 얇게 돌려 깎아 0.1cm 두께로 곱게 채 썰어 찬물에 담근다.
4. 무채, 당근채, 오이채를 각각 헹구어 수분을 제거하여 접시에 담는다.

합격 point

1. 무, 오이, 당근은 최대한 곱게 채 썬다.

조리과정 삼색갱

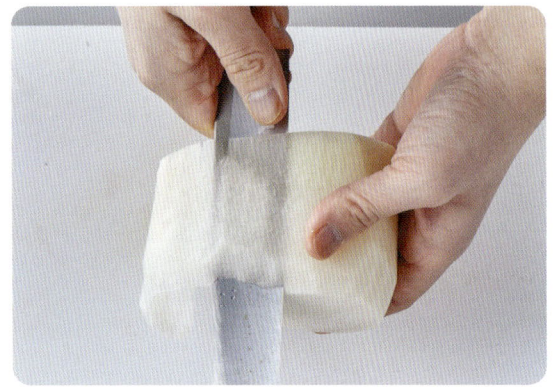

1 무는 10cm 길이로 손질하여 0.1cm 두께로 얇게 돌려 깎아 0.1cm 두께로 곱게 채 썰어 찬물에 담근다.

2 오이는 씻어 10cm 길이로 손질하여 0.1cm 두께로 얇게 돌려 깎아 0.1cm 두께로 곱게 채 썰어 찬물에 담근다.

조리과정 삼색갱

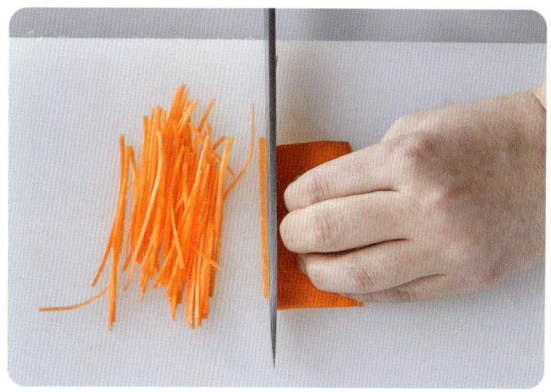

4 무채, 당근채, 오이채를 각각 헹구어 수분을 제거하여 접시에 담는다.

3 당근도 씻어 껍질을 벗겨 10cm 길이로 손질하여 0.1cm 두께로 얇게 돌려 깎아 0.1cm 두께로 곱게 채 썰어 찬물에 담근다.

일식조리산업기사 합격비법

[과제 1형] 시험시간 1시간 40분

주의사항
※ 아래 번호 순서대로 조리하면 완성시간을 단축할 수 있다.
1. 메뉴별 재료를 구분하고 메뉴별 지급재료에 있는 재료만 사용한다.
2. 요구사항에 있는 작품의 크기와 개수를 꼭 확인하고 요구사항대로 한다.
3. 조리대를 청결하게 사용하고 먼저 만들 조리와 나중에 만들 조리를 구분하여 만든다.
4. 먼저 끓여 준비할 것, 나중에 끓일 것을 구분하여 끓이는 시간이 부족하지 않도록 한다.

A. 튀김덮밥   B. 도미냄비   C. 삼색갱

	A. 튀김덮밥	B. 도미냄비	C. 삼색갱
1	재료를 씻으면서 분리하기		
2		다시마 넣고 물 3C 넣고 끓이기	
3	물 1C 끓으면 불 끄고 가쓰오부시 넣기		
4	불린 쌀+ 물동량 넣고 중불에서 끓으면 약한 불에서 7~8분 뜸 들이기		
5			오이 : 10cm 길이 돌려 깎기 – 0.1cm 채썰기 – 찬물에 담그기
6			무 (도미냄비용 남기고) :10cm 길이 돌려 깎기 – 0.1cm 채썰기 – 찬물에 담그기
7			당근 (도미냄비용 남기고) : 10cm 길이 돌려 깎기 – 0.1cm 채썰기 – 찬물에 담그기
8		당근(매화꽃), 무 일부 강판에 갈고 (은행잎) 썰기	
9		도미 : 비늘, 내장을 제거 후 머리, 몸통, 꼬리로 3등분하기 – 머리(반 가르기), 몸통(3장 뜨기), 꼬리(칼집 넣기) – 소금	
10	표고버섯 : 별 모양 (1개는 도미냄비, 1개는 튀김덮밥용)		
11		죽순 : 빗살무늬 – 0.3cm 편 썰기	
12		두부 : 4×3×2cm	

	A. 튀김덮밥	B. 도미냄비	C. 삼색갱
13		무, 당근, 죽순, 배추+쑥갓(일부 찬물에 담그고) : 데치기 - 헹구기 - 배추말이 하기	
14		도미 데치기-헹구어 불순물 제거	
15		대파 : 4cm - 어슷썰기	
16		팽이버섯 : 밑동 제거	
17		냄비에 배추말이, 무 은행잎, 두부, 대파, 표고버섯 1개, 죽순, 당근꽃, 도미 돌려 담기	
18	새우 : 내장, 껍질 제거 - 배 쪽에 칼집 - 눌러가며 힘줄 펴주기		
19	오징어 : 솔방울 모양 칼집 넣기 - 2×8cm		
20	가지 : 5cm 정도로 4등분 하여 속 파내고 칼집 넣어 부채모양으로 펴기		
21	덴동다시 : 다시물 1/2C, 간장 2T, 맛술 2T, 설탕 1T - 끓이기 - 담기		
22	달걀노른자 + 찬물 1C - 박력분 - 젓가락으로 저어서 튀김옷 만들기		
23	새우, 오징어, 가지, 표고버섯에 밀가루를 묻힌 후 반죽을 입혀 170℃~180℃ 기름에 넣어 튀긴다.		
24		냄비에 다시물 2~3C, 소금 1/2t, 청주 1T, 맛술 1T - 끓이기 -불순물 제거 - 쑥갓, 팽이버섯 넣기	
25			무채, 당근채, 오이채를 각각 헹구어 수분을 제거하고 접시에 담기
26		폰즈 : 다시물 1T, 식초 1T, 간장 1T 야꾸미 : 강판에 갈은 무(고춧가루 물) + 실파 + 레몬	
27	완성 그릇에 밥을 담고 튀김 올리기		
28	큰 도마에 튀김덮밥, 도미냄비, 삼색갱, 야구미, 폰즈, 덴동다시를 담아 제출한다.		

완성순서 도미냄비 〉 삼색갱 〉 튀김덮밥

조리 tip

1. 달걀노른자를 풀고 찬물을 조금씩 넣어 저어주면 노른자가 잘 풀린다.

일식조리산업기사

과제2형 총재료목록

닭양념튀김, 모둠냄비, 삼색갱   시험시간 1시간 40분

1. 닭양념튀김   2. 모둠냄비   3. 삼색갱

구 분	재 료 명	규격	단위	수량	비 고
1	닭 다리	250g 정도, 뼈포함	개	1	허벅지살 포함
2	달걀		개	3	
3	꽈리고추		개	1	
4	레몬		개	1/6	
5	새우	30~40g, 껍질 있는 것	마리	1	
6	찐어묵		g	30	
7	갑오징어	몸통살	g	50	오징어 대체 가능
8	오이		개	1	
9	당근		개	1	
10	배추		g	80	2~3장 정도
11	무		g	300	둥근 모양으로 지급
12	생표고버섯		개	1	
13	팽이버섯		g	20	
14	두부		g	50	
15	동태살	껍질 있는 것	g	50	
16	건다시마	5X10cm	장	1	
17	쑥갓		g	10	
18	대파	흰 부분(10cm 정도)	토막	1	
19	죽순		g	30	
20	전분	감자 전분	g	50	
21	청주		mL	30	
22	진간장		mL	70	
23	소금		g	20	
24	생강		g	30	
25	식용유		mL	500	
26	맛술		mL	30	
27	가다랑어포(가쓰오부시)		g	10	

1형 총재료목록

일식조리산업기사

과제2형 과제별 재료목록

시험시간 1시간 40분

2. 닭양념튀김	2. 모둠냄비	3. 삼색갱
닭 다리	닭 다리	무
달걀	새우	오이
꽈리고추	무	당근
레몬	찐어묵	
전분	갑오징어	
생강	당근	
진간장	배추	
식용유	대파	
소금	생표고버섯	
	팽이버섯	
	두부	
	동태살	
	달걀	
	건다시마	
	쑥갓	
	죽순	
	청주	
	진간장	
	소금	
	가다랑어포(가쓰오부시)	
	맛술	

과제 2형

① 닭양념튀김

닭양념튀김

요구사항 ※ 위생과 안전에 유의하여 주어진 재료로 다음과 같이 만드시오.

가. 닭 다리 살이 뼈에 붙어 있지 않게 잘 발라내시오.
나. 달걀흰자는 거품을 내어 튀김옷에 사용하시오.
다. 닭은 간장과 생강즙을 사용하여 양념하시오.
라. 꽈리고추는 튀겨 레몬과 함께 곁들이시오.
마. 닭양념튀김은 5개 제출하시오.

재료

- 닭 다리 살 150g
- 달걀 1개
- 꽈리고추 1개
- 레몬 1/6개
- 전분 50g
- 생강 30g
- 진간장
- 식용유 500mL
- 소금

만드는 법

1. 닭 다리는 뼈와 살을 분리하고 3×3cm 정도 크기로 5쪽 이상 자른 후 간장과 생강즙으로 밑간한다.
2. 달걀흰자는 머랭을 만들어 전분으로 농도를 맞추며 튀김옷을 만든다.
3. 닭고기는 수분을 제거하고 튀김옷을 입혀 노릇하게 튀긴다.
4. 꽈리고추는 전분을 묻혀 살짝 튀겨 소금을 뿌려주고 레몬은 웻지 모양으로 썬다.
5. 완성 접시에 닭튀김과 꽈리고추, 레몬을 올려 담는다.
   * 요구사항에 종이가 없으므로 깔지 않는다.

합격 point

1. 튀김옷에 전분으로 농도를 잘 맞춘다.
2. 튀겨서 키친타월에 기름을 빼서 담는다.

조리과정 닭양념튀김

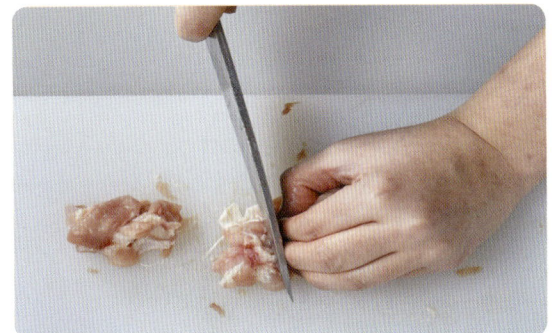

1 닭 다리는 뼈와 살을 분리하고 3×3cm 정도 크기로 5쪽 이상 자른 후 간장과 생강즙으로 밑간한다.

2 달걀흰자는 머랭을 만들어 전분으로 농도를 맞추며 튀김옷을 만든다.

조리과정 닭양념튀김

3 닭고기는 수분을 제거하고 튀김옷을 입혀 노릇하게 튀긴다.

4 꽈리고추는 전분을 묻혀 살짝 튀겨 소금을 뿌려주고 레몬은 웻지 모양으로 썬다.

5 완성 접시에 닭튀김과 꽈리고추, 레몬을 올려 담는다.
 ※ 요구사항에 종이가 없으므로 깔지 않는다.

과제 2형

② 모듬냄비
(요세나베)

모둠냄비

재료

- 닭 다리 살 20g
- 새우 1마리
- 무 100g
- 찐어묵 30g
- 갑오징어살 50g
  (오징어 대체 가능)
- 당근 60g
- 배추 80g
- 대파 10cm
- 생표고버섯 1개
- 팽이버섯 20g
- 두부 50g
- 동태살 50g
- 건다시마 (5×10cm) 1장
- 달걀 2개
- 쑥갓 10g
- 죽순 30g
- 청주
- 진간장
- 소금
- 가쓰오부시 10g
- 맛술 30g

요구사항 ※ 위생과 안전에 유의하여 주어진 재료로 다음과 같이 만드시오.

가. 재료는 썰어 삶거나 데쳐 사용하시오.
나. 다시마와 가다랑어포(가쓰오부시)로 가다랑어국물(가쓰오다시)을 만드시오.
다. 달걀은 끓는 물에 살짝 풀어 익혀 후끼요세다마고로 만드시오.
라. 당근은 매화꽃, 무는 은행잎 모양으로 만드시오.

만드는 법

1. 면포로 다시마를 닦아 찬물 3C을 넣고 끓으면 다시마를 건져낸 후 불을 끄고 가쓰오부시(かつおぶし)를 넣어 가라앉으면 면포에 내려 가쓰오다시를 만든다.
2. 가쓰오다시에 간장 약간, 소금 1/2t, 맛술 2T, 청주 1T으로 간을 하여 요세나베 국물을 만든다.
3. 새우는 내장을 제거하여 끓는 물에 소금을 넣고 살짝 익혀 머리 있는 상태로 껍질을 벗긴다.
   tip 새우는 데쳐서 식힌 다음 껍질을 벗기면 새우 색이 선명하다.
4. 닭고기는 3×3cm로 썰어 간장, 청주로 밑간하고, 동태살도 3×3cm로 썰어 소금, 청주로 밑간한다.
5. 갑오징어는 껍질을 벗긴 뒤 안쪽에 대각선 모양으로 잔 칼집을 넣어 솔방울 무늬로 만든다.
6. 죽순은 빗살 모양을 살려 편 썰고, 팽이버섯은 밑동을 제거한다.
7. 대파는 어슷하게 썰고, 두부는 3×4×2cm로 썬다.
8. 무는 은행잎 모양, 당근은 매화꽃 모양으로 다듬어 0.7cm 두께로 썬다.
9. 생표고버섯은 기둥을 제거하고 별 모양으로 칼집을 넣고, 찐어묵은 물결무늬를 내어 썬다.
10. 쑥갓의 일부는 찬물에 담그고, 나머지 쑥갓과 배추를 끓는 물에 데쳐 물기를 제거한 후 배추를 김발에 깔고 쑥갓을 넣고 말아 어슷하게 썬다.
11. 끓는 물에 소금을 넣고 무, 당근, 표고, 죽순을 데친 다음 어묵, 갑오징어, 동태살, 닭고기 순서로 데친다.
12. 달걀 2개를 잘 풀어 끓는 물에 소금을 넣고 부어서 부드럽게 익혀 체에 밭쳐 김발로 말아 굳혀(후끼요세) 식으면 3cm로 썬다.
13. 준비된 재료를 냄비에 돌려 담고 요세나베다시를 부어 끓이면서 거품을 제거한다.
    tip 오래 끓이면 색이 탁해지므로 살짝 끓인다.
14. 완성되기 직전에 팽이, 쑥갓을 넣고 살짝 끓인다.
    tip 팽이는 오래 익히면 질겨지기 때문에 나중에 넣는다.

합격 point

1. 데치는 재료는 깨끗한 재료 순서로 데친다.(새우는 마지막에 데친다)

조리과정 모둠냄비

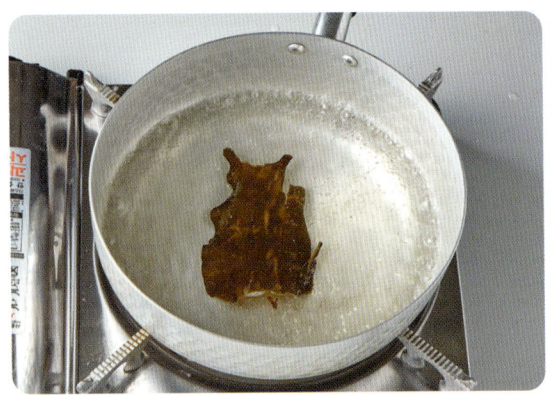

1 면포로 다시마를 닦아 찬물 3C을 넣고 끓으면 다시마를 건져낸 후 불을 끄고 가쓰오부시(かつおぶし)를 넣어 가라앉으면 면포에 내려 가쓰오다시를 만든다.

3 새우는 내장을 제거하여 끓는 물에 소금을 넣고 살짝 익혀 머리 있는 상태로 껍질을 벗긴다.

tip 새우는 데쳐서 식힌 다음 껍질을 벗기면 새우 색이 선명하다.

2 가쓰오다시에 간장 약간, 소금 1/2t, 맛술 2T, 청주 1T으로 간을 하여 요세나베 국물을 만든다.

조리과정 모둠냄비

4 닭고기는 3×3cm로 썰어 간장, 청주로 밑간하고, 동태살도 3×3cm로 썰어 소금, 청주로 밑간한다.

5 갑오징어는 껍질을 벗긴 뒤 안쪽에 대각선 모양으로 잔 칼집을 넣어 솔방울 무늬로 만든다.

조리과정 모둠냄비

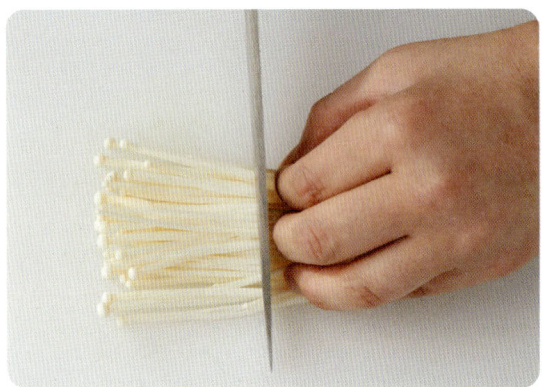

6 죽순은 빗살 모양을 살려 편 썰고, 팽이버섯은 밑동을 제거한다.

7 대파는 어슷하게 썰고, 두부는 3×4×2cm로 썬다.

8 무는 은행잎 모양, 당근은 매화꽃 모양으로 다듬어 0.7cm 두께로 썬다.

조리과정 모둠냄비

9 생표고버섯은 기둥을 제거하고 별 모양으로 칼집을 넣고, 찐어묵은 물결무늬를 내어 썬다.

10 쑥갓의 일부는 찬물에 담그고, 나머지 쑥갓과 배추를 끓는 물에 데쳐 물기를 제거한 후 배추를 김발에 깔고 쑥갓을 넣고 말아 어슷하게 썬다.

조리과정 모둠냄비

11 끓는 물에 소금을 넣고 무, 당근, 표고, 죽순을 데친 다음 어묵, 갑오징어, 동태살, 닭고기 순서로 데친다.

12 달걀 2개를 잘 풀어 끓는 물에 소금을 넣고 부어서 부드럽게 익혀 체에 밭쳐 김발로 말아 굳혀(후끼요세) 식으면 3cm로 썬다.

조리과정 모둠냄비

13 준비된 재료를 냄비에 돌려 담고 요세나베다시를 부어 끓이면서 거품을 제거한다.
tip 오래 끓이면 색이 탁해지므로 살짝 끓인다.

14 완성되기 직전에 팽이, 쑥갓을 넣고 살짝 끓인다.
tip 팽이는 오래 익히면 질겨지기 때문에 나중에 넣는다.

과제 2형

③ 삼색갱

삼색갱

재료

- 무 200g
- 오이 1개
- 당근 150g

요구사항 ※ 위생과 안전에 유의하여 주어진 재료로 다음과 같이 만드시오.

가. 오이, 당근, 무는 10cm 정도의 폭으로 얇게 돌려깎기 하시오.
나. 각각의 채소를 적당한 길이로 가늘게 써시오.
다. 채썬 채소는 씻어 물기를 제거한 후 담아내시오.

만드는 법

1. 무는 10cm 길이로 손질하여 0.1cm 두께로 얇게 돌려 깎아 0.1cm 두께로 곱게 채 썰어 찬물에 담근다.
2. 오이는 씻어 10cm 길이로 손질하여 0.1cm 두께로 얇게 돌려 깎아 0.1cm 두께로 곱게 채 썰어 찬물에 담근다.
3. 당근도 씻어 껍질을 벗겨 10cm 길이로 손질하여 0.1cm 두께로 얇게 돌려 깎아 0.1cm 두께로 곱게 채 썰어 찬물에 담근다.
4. 무채, 당근채, 오이채를 각각 헹구어 수분을 제거하여 접시에 담는다.

합격 point

1. 무, 오이, 당근은 최대한 곱게 채 썬다.

조리과정 삼색갱

1 무는 10cm 길이로 손질하여 0.1cm 두께로 얇게 돌려 깎아 0.1cm 두께로 곱게 채 썰어 찬물에 담근다.

2 오이는 씻어 10cm 길이로 손질하여 0.1cm 두께로 얇게 돌려 깎아 0.1cm 두께로 곱게 채 썰어 찬물에 담근다.

조리과정 삼색갱

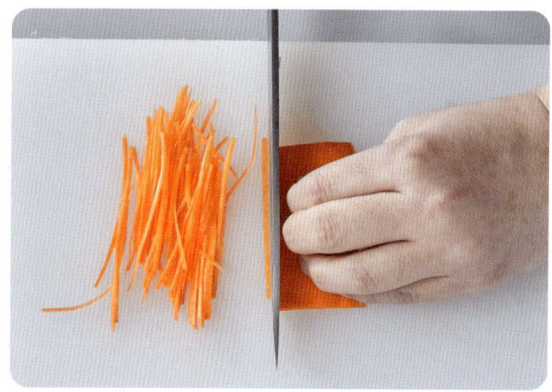

3 당근도 씻어 껍질을 벗겨 10cm 길이로 손질하여 0.1cm 두께로 얇게 돌려 깎아 0.1cm 두께로 곱게 채 썰어 찬물에 담근다.

4 무채, 당근채, 오이채를 각각 헹구어 수분을 제거하여 접시에 담는다.

일식조리산업기사 합격비법

[과제 2형]   시험시간 1시간 40분

주의사항
※ 아래 번호 순서대로 조리하면 완성시간을 단축할 수 있다.
1. 메뉴별 재료를 구분하고 메뉴별 지급재료에 있는 재료만 사용한다.
2. 요구사항에 있는 작품의 크기와 개수를 꼭 확인하고 요구사항대로 한다.
3. 조리대를 청결하게 사용하고 먼저 만들 조리와 나중에 만들 조리를 구분하여 만든다.
4. 먼저 끓여 준비할 것, 나중에 끓일 것을 구분하여 끓이는 시간이 부족하지 않도록 한다.

A. 닭양념튀김   B. 모둠냄비   C. 삼색갱

	A	B	C
1		물 3C 가쓰오다시 끓이가- 간장, 소금, 청주 넣어 요세나베국물 만들기	
2		데칠 물 냄비에 올리고 재료 씻어 분리하여 쑥갓 일부 물에 담그기	
3			오이 : 10cm 길이 돌려 깎기 - 0.1cm 채썰기 - 찬물에 담그기
4			당근, 무 : 10cm 길이 돌려 깎기 - 0.1cm 채썰기 - 찬물에 담그기
5		당근(매화꽃), 무(은행잎) 썰기	
6		죽순: 빗살 모양을 살려 편 썰기	
7		생표고버섯: (별 모양), 찐어묵(물결 무늬)	
8		팽이버섯 : 밑동 제거	
9		대파 : 어슷썰기	
10		두부 : 3×4×2cm로 썰기	
11		닭고기: 3 × 3cm 썰어 간장, 청주 밑간	
12		갑오징어: 잔 칼집 넣기	
13		동태살: 3 × 3cm 썰어 소금, 청주	
14		새우: 내장 제거하기	

	A. 닭양념튀김	B. 모둠냄비	C. 삼색갱
15		배추+쑥갓 : 데치기 - 헹구기 - 배추말이 하기(쑥갓 일부는 찬물에 담그기)	
16		당근, 무, 죽순, 표고, 찐어묵 - 데치기	
17		닭, 생선, 오징어, 새우 - 데치기 - 새우는 머리 있는 상대로 껍질 제거하기	
18		달걀 2개 - 끓는 물 + 소금 - 체에 밭쳐 김발로 말아 굳히기(후끼요세) - 3cm	
19		모둠냄비 재료 돌려 담기	
20	레몬 : 웻지 모양		
21	닭 다리 : 뼈와 살 분리 - 3×3cm - 5쪽 이상 - 간장, 생강즙		
22	반죽(튀김옷) : 흰자 머랭 + 전분		
23	닭고기 : 수분 제거 - 튀김옷 - 170℃~180℃ 튀기기		
24	꽈리고추 : 살짝 튀기기 - 소금		
25	완성 접시에 한지를 깐 후 양념 튀김 꽈리고추, 레몬 담기		
26		요세나베 부어 끓이기 - 불순물 제거 - 쑥갓 팽이버섯 얹기	
27			무채, 당근채, 오이채를 각각 헹구어 수분을 제거하고 접시에 담기
28	큰 도마에 행주 깔고 모둠냄비 놓고 닭양념튀김, 삼색갱을 담아 제출		

완성순서 모둠냄비 〉 닭양념튀김 〉 삼색갱

조리 tip

1. 재료를 씻어 손질하여 썰어 밑간해 놓고 냄비 요리를 준비하고 튀김은 나중에 해야 바삭하게 할 수 있다.
2. 삼색갱은 먼저 썰어 놓고 제출 직전에 담아야 싱싱하다.

일식조리산업기사

과제3형 총재료목록

광어회, 소고기양념튀김, 고등어간장구이   시험시간 1시간 40분

1. 광어회   2. 소고기양념튀김   3. 고등어간장구이

구 분	재 료 명	규 격	단위	수량	비 고
1	광어	500 ~ 700g	마리	1	
2	무		g	250	둥근 모양으로 지급
3	소고기	등심	g	100	
4	달걀		개	1	
5	전분	감자전분	g	30	
6	밀가루	박력분	g	30	
7	당면		g	10	
8	고등어	400~500g 정도	마리	1	
9	우엉		g	60	
10	유자		개	1	레몬으로 대체 가능
11	깻잎		장	3	
12	고춧가루		g	10	
13	실파		g	20	1뿌리 정도
14	참기름		mL	10	
15	마늘		쪽	1	
16	소금		g	30	
17	식용유		mL	500	
18	식초		mL	50	
19	건다시마	5X10cm	장	1	
20	진간장		mL	70	
21	흰 설탕		g	30	
22	청주		mL	50	
23	흰 참깨	볶은 것	g	2	
24	맛술		mL	50	
25	쇠꼬챙이	30cm 정도	개	2	

1형 총재료목록

일식조리산업기사

과제3형 과제별 재료목록

시험시간 1시간 40분

2. 광어회	2. 소고기양념튀김	3. 고등어간장구이
광어	소고기	고등어
무	실파	유자
진간장	참기름	깻잎
고춧가루	달걀	무
식초	전분	우엉
레몬	밀가루	식용유
실파	당면	식초
건다시마	레몬	건다시마
깻잎	청주	진간장
	식용유	흰 설탕
	마늘	청주
	소금	흰 참깨
		맛술
		소금
		쇠꼬챙이

과제 3형

① 광어회

광어회

요구사항

※ 위생과 안전에 유의하여 주어진 재료로 다음과 같이 만드시오.

가. 광어는 손질하여 얇은 회(우수쯔쿠리)를 완성하여 접시에 담아내시오.
나. 무는 돌려깎기(가쯔라무끼)하여 사용하시오.
다. 접시에 담은 회 중앙에 무 갱을 담아내시오.
라. 폰즈와 야꾸미를 따로 담아내시오.

재료

- 광어 500~700g
- 무 200g
- 진간장
- 고춧가루 10g
- 식초
- 유자 1/4개 (레몬으로 대체 가능)
- 실파 1/2뿌리
- 건다시마
- 깻잎 1장

만드는 법

1. 냄비에 다시마를 넣고 끓으면 건져 낸다.
2. 다시국물 1T, 간장 1T, 식초 1T을 넣어 폰즈를 만든다.
3. 무는 껍질을 제거한 후 돌려 깎아 가늘게 채 썰어 찬물에 담그고 나머지 무는 강판에 갈아 고춧가루로 물들인다.
4. 레몬은 반달 모양으로 썰고 실파는 송송 썰어 헹구어 야꾸미를 만든다.
5. 광어는 비늘과 머리, 내장을 깨끗하게 제거한 후 수분을 제거한다.
6. 배와 등, 지느러미 쪽에 각각 칼집을 넣은 후 3장으로 포 뜬다.
7. 껍질을 제거한 후 면포에 싸서 수분을 제거하고 결을 맞추어 얇게 회를 뜬 후 완성 접시에 시계 반대 방향으로 돌려 담는다.
8. 가운데 깻잎과 무갱을 올려 담고 야꾸미와 폰즈를 곁들여 낸다.

합격 point

1. 광어는 수분을 잘 제거하여 일정한 크기와 두께로 뜬다.

조리과정 광어회

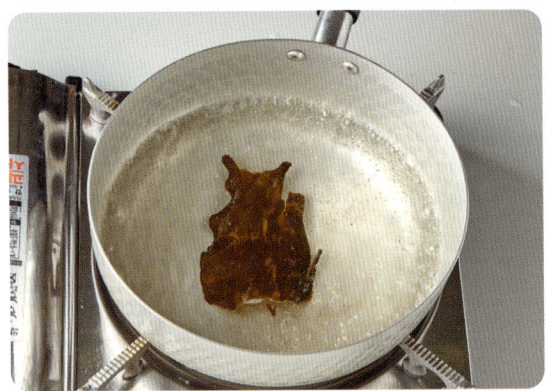

1 냄비에 다시마를 넣고 끓으면 건져 낸다.

3 무는 껍질을 제거한 후 돌려 깎아 가늘게 채 썰어 찬물에 담그고 나머지 무는 강판에 갈아 고춧가루로 물들인다.

2 다시국물 1T, 간장 1T, 식초 1T을 넣어 폰즈를 만든다.

조리과정 광어회

4 레몬은 반달 모양으로 썰고 실파는 송송 썰어 헹구어 야꾸미를 만든다.

5 광어는 비늘과 머리, 내장을 깨끗하게 제거한 후 수분을 제거한다.

조리과정 광어회

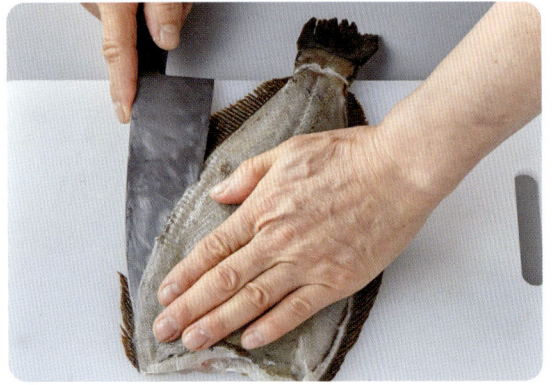

6 배와 등, 지느러미 쪽에 각각 칼집을 넣은 후 3장으로 포 뜬다.

7 껍질을 제거한 후 면포에 싸서 수분을 제거하고 결을 맞추어 얇게 회를 뜬 후 완성 접시에 시계 반대 방향으로 돌려 담는다.

조리과정 광어회

8 가운데 깻잎과 무갱을 올려 담고 야꾸미와 폰즈를 곁들여 낸다.

과제 3형

② 소고기양념튀김

소고기양념튀김

재료

- 소고기 100g
- 실파 5g
- 참기름 2t
- 달걀 1개
- 전분 30g
- 밀가루 30g
- 당면 10g
- 유자 1/4개 (레몬으로 대체 가능)
- 청주 10mL
- 식용유 500mL
- 마늘 1쪽
- 소금 약간

요구사항

※ 위생과 안전에 유의하여 주어진 재료로 다음과 같이 만드시오.

가. 소고기는 결의 반대 방향으로 가늘게 채 써시오.
나. 소고기에 양념을 한 후 달걀과 밀가루, 전분을 넣어 섞으시오.
다. 양념한 재료는 한 숟가락씩 떠서 튀겨내시오.
라. 튀긴 당면 위에 소고기양념튀김을 올려내시오.

만드는 법

1. 마늘은 곱게 다지고 실파는 송송 썰어 놓고, 레몬은 가운데 섬유질과 양끝 부분을 잘라 다듬어 놓는다.
2. 소고기는 결 반대 방향으로 길이 3cm, 두께 0.2~0.3cm로 채 썰어 키친타월에 핏물을 뺀다.
3. 소고기에 소금, 다진 마늘, 실파, 청주 2t, 참기름 2t을 넣어 양념한다.
4. 3에 달걀노른자를 넣고 밀가루 1T, 전분 1T을 넣어 약간 되직하게 반죽한다.

   > **tip** 밀가루와 전분의 양에 따라 반죽의 농도와 모양이 결정되므로 밀가루와 전분의 양을 적당히 조절한다.

5. 기름이 190℃가 되면 당면을 넣어 완전히 부풀어 오르도록 튀겨 키친타월에 기름을 제거한다.
6. 기름 온도가 160℃가 되면 고기 반죽을 작은 스푼으로 떠서 속이 충분히 잘 익도록 튀겨 키친타월에 기름을 제거한다.

   > **tip** 당면을 먼저 튀기고 고기를 튀기면 기름 온도가 너무 높아 고기가 타기 쉬우므로 찬 식용유를 더 넣어 온도를 내린다.

7. 완성 그릇에 튀긴 당면을 놓은 다음 그 위에 소고기 튀김을 올리고 레몬으로 장식한다.

* 요구사항에 종이가 없으므로 깔지 않는다.

합격 point

1. 고기는 튀기면 커지므로 티스푼으로 1t씩 떠서 튀긴다.
2. 튀겨서 키친타월에 기름을 빼서 담는다.

조리과정 소고기양념튀김

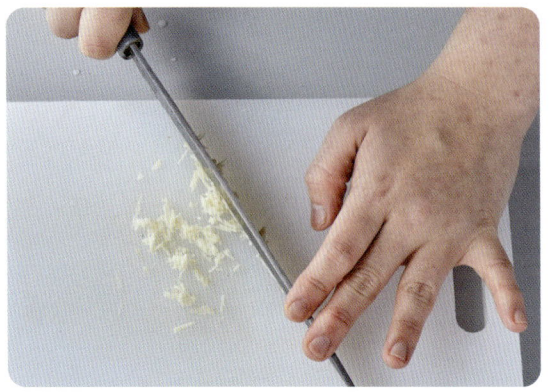

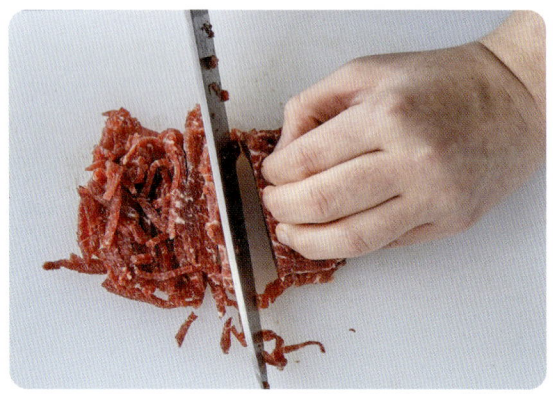

2 소고기는 결 반대 방향으로 길이 3cm, 두께 0.2~0.3cm로 채 썰어 키친타월에 핏물을 뺀다.

1 마늘은 곱게 다지고 실파는 송송 썰어 놓고, 레몬은 가운데 섬유질과 양끝 부분을 잘라 다듬어 놓는다.

조리과정 소고기양념튀김

5 기름이 190℃가 되면 당면을 넣어 완전히 부풀어 오르도록 튀겨 키친타월에 기름을 제거한다.

3 소고기에 소금, 다진 마늘, 실파, 청주 2t, 참기름 2t을 넣어 양념한다.

4 3 에 달걀노른자를 넣고 밀가루 1T, 전분 1T을 넣어 약간 되직하게 반죽한다.

tip 밀가루와 전분의 양에 따라 반죽의 농도와 모양이 결정되므로 밀가루와 전분의 양을 적당히 조절한다.

조리과정 소고기양념튀김

6 기름 온도가 160℃가 되면 고기 반죽을 작은 스푼으로 떠서 속이 충분히 잘 익도록 튀겨 키친타월에 기름을 제거한다.

tip 당면을 먼저 튀기고 고기를 튀기면 기름 온도가 너무 높아 고기가 타기 쉬우므로 찬 식용유를 더 넣어 온도를 내린다.

7 완성 그릇에 튀긴 당면을 놓은 다음 그 위에 소고기 튀김을 올리고 레몬으로 장식한다.

* 요구사항에 종이가 없으므로 깔지 않는다.

과제 3형

③ 고등어간장구이

고등어간장구이

요구사항 ※ 위생과 안전에 유의하여 주어진 재료로 다음과 같이 만드시오.

가. 고등어는 3장 뜨기하여 쇠꼬챙이에 끼워 구워내시오.
나. 고등어는 간장구이(유안야키) 양념(유자, 간장, 맛술, 청주, 설탕)에 재워 쇠꼬챙이를 이용하여 구워내시오.
다. 곁들임은 국화모양 초담금 무와 우엉조림으로 하시오.
라. 우엉은 볶아서 졸이시오.
마. 길이 10cm 정도의 고등어간장구이(유안야키) 2조각과 곁들임을 담아내시오.

재료

- 고등어 400~500g
- 유자 1/2개 (레몬으로 대체 가능)
- 깻잎 1장
- 무 50g
- 우엉 60g
- 식용유
- 식초
- 건다시마
- 진간장
- 흰 설탕
- 청주
- 흰 참깨
- 맛술
- 소금
- 쇠꼬챙이

만드는 법

1. 깻잎은 씻어 찬물에 담근다.
2. 다시마를 젖은 면포로 닦아 물을 끓여 체에 내린다.
3. 고등어를 손질하여 3장 포를 뜬 후 칼집을 넣고 소금을 뿌려 수분을 제거한다.
4. 다시국물 2T, 간장 2T, 유자즙(레몬) 2T, 맛술 1T, 청주 1T, 설탕 1T을 넣고 유안야키 소스를 만들어 고등어를 재운다.
5. 무는 높이 2cm, 가로 4cm, 세로 4cm로 썰어 칼집을 넣고 물 1T, 식초 1T, 설탕 1T, 소금을 넣은 물에 절여 지름 3cm로 둥글게 꽃 모양으로 만든다.
6. 우엉은 칼등으로 껍질을 벗겨 5cm의 젓가락 모양으로 썰어 팬에 식용유를 두른 후 볶다가 다시물 1/2C, 간장 1T, 설탕 1T, 맛술 2t을 넣고 윤기 나게 졸여 흰깨를 끝부분에 묻힌다.
7. 소스에 재워둔 고등어는 건진 후 쇠꼬챙이에 식용유를 발라 끼워 살 쪽부터 충분히 익힌 다음 껍질 쪽을 굽는다.
8. 유자(레몬)는 반달 또는 웻지 모양으로 썰고 일부는 껍질을 얇게 벗겨 다져서 절인 무에 얹는다.
9. 완성 접시에 깻잎을 깔고 구운 고등어와 우엉 조림, 무초절임, 레몬을 담는다.

합격 point

1. 유안야키 소스에 재운 고등어는 수분을 키친타월로 닦아서 굽는다.
2. 살 쪽을 60% 익힌 다음 뒤집어 구우면 부서지는 것이 덜하다.

조리과정 고등어간장구이

1 깻잎은 씻어 찬물에 담근다.

2 다시마를 젖은 면포로 닦아 물을 끓여 체에 내린다.

3 고등어를 손질하여 3장 포를 뜬 후 칼집을 넣고 소금을 뿌려 수분을 제거한다.

조리과정 고등어간장구이

4. 다시국물 2T, 간장 2T, 유자즙(레몬) 2T, 맛술 1T, 청주 1T, 설탕 1T을 넣고 유안야키 소스를 만들어 고등어를 재운다.

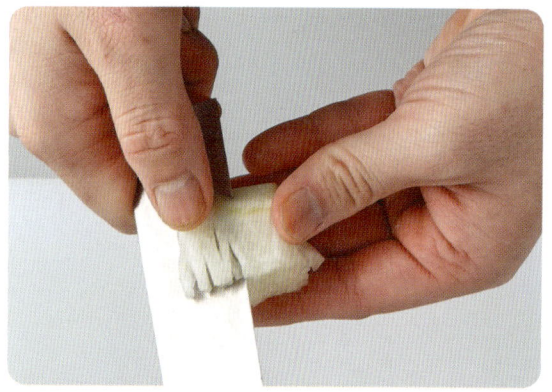

5. 무는 높이 2cm, 가로 4cm, 세로 4cm로 썰어 칼집을 넣고 물 1T, 식초 1T, 설탕 1T, 소금을 넣은 물에 절여 지름 3cm로 둥글게 꽃 모양으로 만든다.

6. 우엉은 칼등으로 껍질을 벗겨 5cm의 젓가락 모양으로 썰어 팬에 식용유를 두른 후 볶다가 다시물 1/2C, 간장 1T, 설탕 1T, 맛술 2t을 넣고 윤기 나게 졸여 흰깨를 끝부분에 묻힌다.

조리과정 고등어간장구이

7 소스에 재워둔 고등어는 건진 후 쇠꼬챙이에 식용유를 발라 끼워 살 쪽부터 충분히 익힌 다음 껍질 쪽을 굽는다.

8 유자(레몬)는 반달 또는 웻지 모양으로 썰고 일부는 껍질을 얇게 벗겨 다져서 절인 무에 얹는다.

9 완성 접시에 깻잎을 깔고 구운 고등어와 우엉 조림, 무초절임, 레몬을 담는다.

MEMO

일식조리산업기사 합격비법

[과제 3] 시험시간 1시간 40분

주의사항
※ 아래 번호 순서대로 조리하면 완성시간을 단축할 수 있다.
1. 메뉴별 재료를 구분하고 메뉴별 지급재료에 있는 재료만 사용한다.
2. 요구사항에 있는 작품의 크기와 개수를 꼭 확인하고 요구사항대로 한다.
3. 조리대를 청결하게 사용하고 먼저 만들 조리와 나중에 만들 조리를 구분하여 만든다.
4. 먼저 끓여 준비할 것, 나중에 끓일 것을 구분하여 끓이는 시간이 부족하지 않도록 한다.

A. 광어회   B. 소고기양념튀김   C. 고등어간장구이

	A	B	C
1	재료를 씻으면서 불리하고 깻잎 찬물에 담그기		
2			다시마, 물 1C 넣고 끓이기 – 다시물 2T, 간장 2T, 유자즙(레몬) 2T, 맛술 1T, 청주 1T, 설탕 1T 소스 만들기
3			고등어 : 3장 뜨기 – 칼집 – 소금 – 수분 제거 – 유한야키 소스에 재우기
4			무(국화꽃) : 2cm X 3cm – 칼집 – 물 1T, 식초 1T, 설탕 1T, 소금 – 절이기
5	무 : 10cm 돌려 깎기 – 0.1cm 채썰기 – 찬물 담그고(일부는 강판에 갈아 고춧가루 물들이기)		
6			우엉 : 껍질 벗겨 5cm 젓가락 모양 – 식용유에 볶기 – 다시물 1/2C, 간장 1T, 설탕 1T, 맛술 2t 졸이기 – 깨 묻히기
7	광어 : 비늘, 머리, 내장 제거 – 3장 뜨기 – 껍질 제거하여 면포에 싸서 수분 제거		
8		마늘(다지기), 실파(송송 썰기)	
9	레몬 : 웻지 모양 3개 나머지 껍질 곱게 다지기		

	A. 광어회	B. 소고기양념튀김	C. 고등어간장구이
10		소고기 : 결 반대 방향 3cm×0.2~0.3cm 채 썰기 - 핏물 제거 - 다진 마늘+실파+소금+참기름 - 달걀노른자+밀가루+전분-기름 190℃에서 당면 튀기가 소고기 160℃에서 튀기기	
11		완성 접시 - 튀긴 당면 - 소고기 튀김 - 레몬 장식	
12			고등어 꼬챙이에 꽂아 살 쪽부터 굽기
13			절인 무 국화꽃 모양 다듬가- 레몬 껍질 다져서 올리기
14			완성 접시에 깻잎을 깔고 구운 고등어와 우엉조림, 무초절임, 레몬 담기
15	완성 접시에 회 떠서(시계 반대 방향) 돌려 담고 가운데 깻잎과 무갱 올리기		
16	큰 도마에 광어회, 고등어간장구이, 소고기양념튀김을 담아 제출한다.		

완성순서 소고기양념튀김 〉 고등어간장구이 〉 광어회

조리 tip

1. 고등어를 먼저 손질하여 소스에 절이면 단단해져서 굽기 편하다.
2. 광어는 회 뜰 준비해 놓고 맨 나중에 떠야 신선하다.

과제4형 총재료목록

된장국, 꼬치냄비, 모둠튀김 　　　　　　시험시간 1시간 40분

1. 된장국　　2. 꼬치냄비　　3. 모둠튀김

구 분	재 료 명	규 격	단위	수량	비 고
1	백된장	일본된장	g	40	
2	두부		g	20	
3	건미역		g	5	
4	산초가루		g	1	
5	어묵	사각형, 완자, 구멍난것	g	180	
6	판곤약		g	50	
7	당근		개	1/2	둥근 모양으로 지급
8	무		g	150	
9	쑥갓		g	10	
10	삶은달걀		개	1	
11	달걀		개	1	
12	유부	사각유부주머니	장	2	
13	소고기	살코기	g	30	
14	건목이버섯		개	1	
15	당면		g	10	
16	배추		g	50	
17	새우	30~40g, 껍질 있는 것	마리	3	
18	오징어	몸살	g	40	
19	청피망	중(75g 정도)	개	1/6	
20	생표고버섯		개	1	
21	연근		g	30	
22	밀가루	박력분	g	150	
23	생강		g	50	
24	실파		g	60	
25	식용유		L	1	
26	겨자가루		g	10	
27	가다랑어포(가쓰오부시)		g	10	
28	건다시마	5X10cm	장	3	
29	맛술		mL	20	
30	소금		g	2	
31	검은 후춧가루		g	5	
32	청주		mL	40	
33	진간장		mL	50	
34	흰 설탕		g	20	
35	대꼬챙이	20cm 정도	개	2	

1형 총재료목록

과제4형 과제별 재료목록

일식조리산업기사

시험시간 1시간 40분

2. 된장국	2. 꼬치냄비	3. 모둠튀김
백된장	어묵	새우
건다시마	판곤약	오징어
두부	당근	청피망
건미역	무	생표고버섯
실파	쑥갓	연근
산초가루	삶은달걀	쑥갓
청주	유부	밀가루
가다랑어포(가쓰오부시)	소고기	달걀
	실파	무
	건목이버섯	생강
	당면	식용유
	배추	가다랑어포(가쓰오부시)
	건다시마	건다시마
	겨자가루	청주
	가다랑어포(가쓰오부시)	진간장
	진간장	흰 설탕
	청주	
	맛술(미림)	

과제 4형

① 된장국

된장국

재료

- 백된장 40g
- 건다시마 (5×10cm) 1장
- 두부 50g
- 건미역 5g
- 실파 10g
- 산초가루 1g
- 청주 2t
- 가다랑어포 (가쓰오부시) 5g

요구사항 ※ 위생과 안전에 유의하여 주어진 재료로 다음과 같이 만드시오.

가. 다시마와 가다랑어포(가쓰오부시)로 가다랑어국물(가쓰오다시)을 만드시오.
나. 1cm×1cm×1cm로 썬 두부와 미역은 데쳐 사용하시오.
다. 된장을 풀어 한소끔 끓여내시오.

만드는 법

1. 냄비에 물 2C과 다시마를 넣고 끓으면 불을 끄고 다시마는 건진 후 가쓰오부시를 넣어 가라앉으면 면포에 거른다.
2. 미역은 불린 후 데쳐서 헹구고 1×1cm로 썰어 담는다.
3. 두부는 1×1×1cm로 썰어 데쳐서 담는다.
4. 실파는 0.3cm로 송송 썰어 찬물에 헹궈 수분을 제거한다.
5. 냄비에 가쓰오다시 2C을 넣고 끓으면 백된장 1T을 체에 내리고 청주 1t을 넣어 살짝 끓여서 미역과 두부를 담은 그릇에 국물을 담고 산초가루와 실파를 올려 완성한다.

   tip 된장을 풀은 후 살짝 끓인다.
   tip 국물은 250ml 담는다.

합격 point

1. 일식 된장국은 오래 끓이지 않는다.

조리과정 된장국

2. 미역은 불린 후 데쳐서 헹구고 1×1cm로 썰어 담는다.

1. 냄비에 물 2C과 다시마를 넣고 끓으면 불을 끄고 다시마는 건진 후 가쓰오부시를 넣어 가라앉으면 면포에 거른다.

조리과정 된장국

3 두부는 1×1×1cm로 썰어 데쳐서 담는다.

5 냄비에 가쓰오다시 2C을 넣고 끓으면 백된장 1T을 체에 내리고 청주 1t을 넣어 살짝 끓여서 미역과 두부를 담은 그릇에 국물을 담고 산초가루와 실파를 올려 완성한다.

tip 된장을 풀은 후 살짝 끓인다.
tip 국물은 250ml 담는다.

4 실파는 0.3cm 송송 썰어 찬물에 헹궈 수분을 제거한다.

과제 4형

② 꼬치냄비

꼬치냄비

요구사항 ※ 위생과 안전에 유의하여 주어진 재료로 다음과 같이 만드시오.

가. 어묵은 용도에 맞게 자르시오.
   (단, 사각형으로 된 어묵은 5cm 정도로 잘라 사용한다.)
나. 다시마는 매듭을 만들고, 당근은 매화꽃 모양으로 만드시오.
다. 곤약은 길이 7cm, 폭 3cm 정도 잘라서 꼬인 상태(⋈)로 만들어 사용하시오.
라. 곤약, 무, 삶은 달걀은 조려 사용하시오.
마. 소고기, 실파, 목이버섯, 당면, 배추, 당근으로 일본식 잡채를 만들어 유부주머니(후꾸로)에 넣어 데친 실파로 묶으시오.
바. 겨자와 간장을 함께 곁들이시오.

재료

- 어묵 180g
  (사각형, 완자, 구멍난 것)
- 판곤약 50g
- 당근 1/2개
- 무 100g
- 쑥갓 10g
- 삶은 달걀 1개
- 유부 2개
- 소고기 30g
- 실파 50g
- 건목이버섯 1개
- 당면 10g
- 배추 50g
- 건다시마 (5×10cm) 1장
- 겨자가루 10g
- 가다랑어포
- 진간장
- 청주
- 맛술 (미림)
- 소금
- 식용유
- 검은 후춧가루
- 대꼬챙이 2개

만드는 법

1. 냄비에 물 3C과 다시마를 넣고 끓으면 불을 끄고 다시마는 건진 후 가쓰오부시를 넣어 가라앉으면 면포에 내려 다시국물을 준비한다.
2. 40℃의 따뜻한 물 1T에 겨자 1T을 개어 뜨거운 냄비 뚜껑 위에 덮어 놓고 숙성시킨다.
3. 쑥갓은 찬물에 담가두고 당면, 목이버섯은 따뜻한 물에 불린다.
4. 당근은 5각형으로 썰어 매화꽃 모양으로 다듬어 0.7cm 두께로 썰고, 무는 3cm 크기로 썰어 모서리를 다듬어 밤톨 모양으로 만들어 데친다.
5. 곤약은 7×3×0.6cm로 썰어 가운데 칼집을 넣고 데쳐서 꼬인 상태(⋈)를 만든다.
6. 사각 어묵, 구멍난 어묵은 5cm로 썰어 완자 어묵과 함께 끓는 물에 데친 후 대꼬챙이에 꽂는다 (2개).
7. 쇠고기와 배추, 당근, 목이버섯을 채 썰고 당면과 실파 흰 부분은 3cm로 썰고 실파 잎은 데친다.
8. 팬에 식용유를 두른 후 재료를 넣어 볶다가 간장, 소금, 후추로 간을 한다.
9. 유부를 끓는 물에 데쳐 헹구어 수분과 기름을 제거하여 유부의 윗부분을 잘라 주머니를 만들어 잡채를 넣고 데친 실파잎으로 묶어 준다.
10. 다시를 끓이고 건져낸 다시마는 1×10cm로 썰어 매듭을 만든다.
11. 냄비에 다시물 4T, 간장 2T, 미림 1T, 청주 1T을 넣고 무, 곤약, 달걀을 넣어 색이 나게 조린다.
12. 다시 3C, 간장 1t, 청주 1T, 맛술 1T, 소금 1/2t을 넣어 육수를 만든다.
13. 달걀은 반으로 가르고, 준비된 재료를 냄비에 돌려 담고 끓이면서 거품을 걷어 내고 다시마 매듭, 쑥갓을 넣고 불을 끈다.
14. 겨자와 간장을 함께 곁들여 낸다.

합격 point

1. 국물 높이가 자른 달걀보다 높지 않게 붓는다.
2. 오래 센 불에서 끓이면 국물 색이 탁하다.

조리과정 꼬치냄비

1 냄비에 물 3C과 다시마를 넣고 끓으면 불을 끄고 다시마는 건진 후 가쓰오부시를 넣어 가라앉으면 면포에 내려 다시국물을 준비한다.

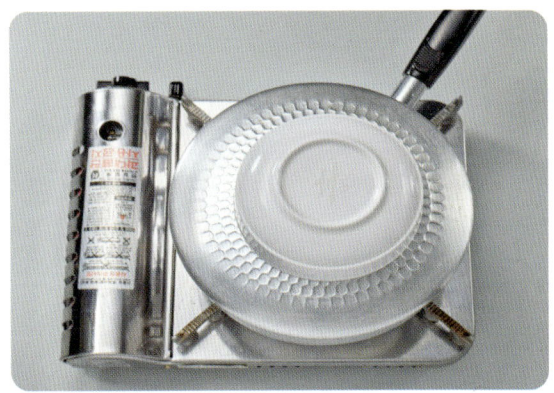

2 40℃의 따뜻한 물 1T에 겨자 1T을 개어 뜨거운 냄비 뚜껑 위에 덮어 놓고 숙성시킨다.

조리과정 꼬치냄비

3. 쑥갓은 찬물에 담가두고 당면, 목이버섯은 따뜻한 물에 불린다.

4. 당근은 5각형으로 썰어 매화꽃 모양으로 다듬어 0.7cm 두께로 썰고, 무는 3cm 크기로 썰어 모서리를 다듬어 밤톨 모양으로 만들어 데친다.

5. 곤약은 7×3×0.6cm로 썰어 가운데 칼집을 넣고 데쳐서 꼬인 상태를 만든다.

조리과정 꼬치냄비

6 사각 어묵, 구멍난 어묵은 5cm로 썰어 완자 어묵과 함께 끓는 물에 데친 후 대꼬챙이에 꽂는다 (2개)

7 쇠고기와 배추, 당근, 목이버섯을 채 썰고 당면과 실파 흰 부분은 3cm로 썰고 실파 잎은 데친다.

8 팬에 식용유를 두른 후 재료를 넣어 볶다가 간장, 소금, 후추로 간을 한다.

9 유부를 끓는 물에 데쳐 헹구어 수분과 기름을 제거하여 유부의 윗부분을 잘라 주머니를 만들어 잡채를 넣고 데친 실파잎으로 묶어 준다.

10 다시를 끓이고 건져낸 다시마는 1×10cm로 썰어 매듭을 만든다.

11 냄비에 다시물 4T, 간장 2T, 미림 1T, 청주 1T을 넣고 무, 곤약, 달걀을 넣어 색이 나게 조린다.

조리과정 꼬치냄비

12 다시 3C, 간장 1t, 청주 1T, 맛술 1T, 소금 1/2t을 넣어 육수를 만든다.

13 달걀은 반으로 가르고, 준비된 재료를 냄비에 돌려 담고 끓이면서 거품을 걷어 내고 다시마 매듭, 쑥갓을 넣고 불을 끈다.

14 겨자와 간장을 함께 곁들여 낸다.

과제 4형

③ 모둠튀김

모둠튀김

재료

- 새우 3마리
  (30~40g, 껍질 있는 것)
- 오징어 (몸살) 40g
- 청피망 (75g) 1/6개
- 생표고버섯 1개
- 연근 30g
- 쑥갓 10g
- 밀가루 (박력분) 150g
- 달걀 1개
- 무 50g
- 생강 50g
- 식용유 1L
- 가다랑어포
- 건다시마 (5×10cm) 1장
- 청주
- 진간장
- 흰 설탕

요구사항

※ 위생과 안전에 유의하여 주어진 재료로 다음과 같이 만드시오.

가. 새우, 오징어, 청피망, 표고버섯, 연근, 쑥갓을 튀기시오.
나. 오징어는 칼집을 넣어 사용하고, 새우는 구부러지지 않게 튀기시오.
다. 튀김 소스(덴쯔유)와 야쿠미(무즙, 생강즙)를 곁들여 내시오.

만드는 법

1. 면포로 다시마를 닦아 찬물 1C을 넣고 끓으면 다시마를 건져낸 후 불을 끄고 가쓰오부시(かつおぶし)를 넣어 가라앉으면 면포에 내려 가쓰오다시를 만든다.
2. 쑥갓은 씻어 찬물에 담근다.
3. 연근은 껍질 제거 후 0.6cm 두께로 썰어 물에 담근다.
4. 피망은 속을 제거하여 2.5×5cm 크기로 자르고, 표고는 별 모양으로 껍질 쪽에 칼집을 넣는다.
5. 오징어는 껍질을 제거하고 안쪽에 솔방울 무늬로 칼집을 넣은 후 2.5×7cm 크기로 썬다.
6. 새우는 머리와 내장을 제거하고 껍질을 벗겨 새우 배 쪽에 3~4번 칼집을 넣어 반듯하게 편다.
7. 냄비에 가쓰오다시 4T, 간장 1T, 청주 1T, 설탕 1t을 넣어 살짝 끓여 덴쯔유를 만든다.
8. 무와 생강은 각각 강판에 갈아서 수분을 빼고 야쿠미(やくみ)를 만든다.
9. 박력분 1C을 체에 내린다.
10. 찬물 1C에 달걀노른자 1개를 푼 다음 박력분을 넣어 글루텐(끈기)이 생기지 않도록 살짝 섞는다.
    > tip 튀김옷을 너무 되지 않게 개어주며, 재료에 수분을 충분히 제거해서 튀겨야 기름이 튀지 않는다.
11. 준비된 재료에 밀가루를 골고루 묻힌 후 털어 낸다.
12. 재료에 튀김옷을 입혀 170~180℃의 온도에서 바싹 튀겨낸 다음 키친타월에 기름을 제거하여 접시에 세워 담는다.
13. 모둠튀김, 덴쯔유, 야쿠미와 함께 제출한다.
    > tip 쑥갓, 피망, 표고버섯, 연근, 오징어, 새우 순서로 튀겨야 튀김 색이 깨끗하다.
    * 요구사항에 종이가 없으므로 깔지 않는다.

합격 point

1. 튀김 반죽은 찬물로 하고 튀기기 직전에 살짝 저어 만든다.
2. 튀김 반죽을 넣어 바닥에 닿으면서 바로 떠오르면 적당한 온도이다.
3. 채소부터 튀긴다.

조리과정 모둠튀김

1. 면포로 다시마를 닦아 찬물 1C을 넣고 끓으면 다시마를 건져낸 후 불을 끄고 가쓰오부시(かつおぶし)를 넣어 가라앉으면 면포에 내려 가쓰오다시를 만든다.

2. 쑥갓은 씻어 찬물에 담근다.

3. 연근은 껍질 제거 후 0.6cm 두께로 썰어 물에 담근다.

4. 피망은 속을 제거하여 2.5×5cm 크기로 자르고, 표고는 별 모양으로 껍질 쪽에 칼집을 넣는다.

조리과정 모둠튀김

5 오징어는 껍질을 제거하고 안쪽에 솔방울 무늬로 칼집을 넣은 후 2.5×7cm 크기로 썬다.

7 냄비에 가쓰오다시 4T, 간장 1T, 청주 1T, 설탕 1t을 넣어 살짝 끓여 덴쯔유를 만든다.

6 새우는 머리와 내장을 제거하고 껍질을 벗겨 새우 배 쪽에 3~4번 칼집을 넣어 반듯하게 편다.

조리과정 모둠튀김

8 무와 생강은 각각 강판에 갈아서 수분을 빼고 야쿠미(やくみ)를 만든다.

9 박력분 1C을 체에 내린다.

10 찬물 1C에 달걀노른자 1개를 푼 다음 박력분을 넣어 글루텐(끈기)이 생기지 않도록 살짝 섞는다.

> **tip** 튀김옷을 너무 되지 않게 개어주며, 재료에 수분을 충분히 제거해서 튀겨야 기름이 튀지 않는다.

조리과정 모둠튀김

11 준비된 재료에 밀가루를 골고루 묻힌 후 털어 낸다.

12 재료에 튀김옷을 입혀 170~180℃의 온도에서 바싹 튀겨낸 다음 키친타월에 기름을 제거하여 접시에 세워 담는다.

13 모둠튀김, 덴쯔유, 야쿠미와 함께 제출한다.

tip 쑥갓, 피망, 표고버섯, 연근, 오징어, 새우 순서로 튀겨야 튀김 색이 깨끗하다.
* 요구사항에 종이가 없으므로 깔지 않는다.

일식조리산업기사 합격비법

[과제 4형] 시험시간 1시간 40분

주의사항

※ 아래 번호 순서대로 조리하면 완성시간을 단축할 수 있다.
1. 메뉴별 재료를 구분하고 메뉴별 지급재료에 있는 재료만 사용한다.
2. 요구사항에 있는 작품의 크기와 개수를 꼭 확인하고 요구사항대로 한다.
3. 조리대를 청결하게 사용하고 먼저 만들 조리와 나중에 만들 조리를 구분하여 만든다.
4. 먼저 끓여 준비할 것, 나중에 끓일 것을 구분하여 끓이는 시간이 부족하지 않도록 한다.

A. 된장국   B. 꼬치냄비   C. 모둠튀김

1	재료 씻어 분리하면서 쑥갓(찬물), 당면, 목이버섯(불리기)		
2	다시마, 물 6C 넣고 끓으면 가쓰오부시 넣어 가쓰오다시 만들기(된장국 2C, 꼬치냄비 3C, 모둠튀김 4T)		
3			가쓰오다시 4T, 간장 1T, 청주 1T, 설탕 1t - 덴다시 끓이기
4		겨잣가루 1T+따뜻한 물 - 숙성	
5	데칠 물 냄비에 올리기		
6		무 3cm 모서리 다듬기 2~3개 만들고, 무, 생강 : 강판에 갈아 모양내기 (야꾸미)	
7		당근: 매화꽃 2~3개 만들고 유부 속에 넣을 당근 채썰기	
8	무, 당근꽃, 실파잎 2잎 데치고(실파 일부 송송 썰기) 미역, 두부 썰어 데치기		
9		곤약 : 7 × 3 × 0.6cm - 가운데 칼집- 데치기 - 꽈배기 모양내기	
10		어묵 : 5cm - 데치기 - 대꼬챙이에 끼우기 (2개)	
11		유부 : 데치기 - (쇠고기, 배추, 당근, 목이버섯, 실파 흰 부분) 채썰기, 당면, - 볶기(간장, 소금, 후추) - 유부 안에 넣고 데친 실파 잎으로 묶기	

	A. 된장국	B. 꼬치냄비	C. 모둠튀김
12		무, 곤약, 달걀 : 다시물 4T, 간장 2T, 미림 1T, 청주 1T 졸이기 – 달걀 반 가르기	
13		냄비에 재료 돌려 담기	
14		육수 : 다시물 3C, 간장 1t, 청주 1T, 맛술 1T, 소금 1/2t	
15			쑥갓 수분 제거
16			피망 : 2.5×5cm
17			연근 : 0.6cm – 찬물
18			표고버섯 : 별 모양
19			오징어 : 칼집 – 2.5×7cm
20			새우 : 머리, 내장, 껍질 제거 – 배 쪽 칼집
21	가쓰오다시물 2C을 냄비에 넣고 끓으면 된장 1T, 청주 1t 넣어 살짝 끓이기		
22	완성 그릇에 미역, 두부 담고 국물 부어 실파와 산초가루 올려 제출		
23			노른자+찬물 1C – 체에 내린 밀가루 1C – 젓가락으로 섞기
24			손질한 재료 + 밀가루 – 튀김옷 – 튀기기 170℃~180℃ – 튀김 꽃 만 들어 입히기 – 건지기 – 담기(쑥갓, 피망, 연근, 표고버섯, 오징어, 새우 순서로 튀김)
25		냄비 – 재료 담기 – 육수 – 끓이기 – 불순물 제거 – 다시마 매듭, 쑥갓 넣어 완성 – 겨자, 간장 함께 제출	
26	큰 도마에 된장국, 꼬치냄비, 모둠튀김을 담아 제출한다.		

완성순서 꼬치냄비 〉 된장국 〉 모둠튀김

조리 tip

1. 재료를 씻어서 썰거나 모양 내어 준비해 놓고 복잡한 꼬치냄비를 먼저 만들고 된장국을 끓인 후 모둠튀김은 눅지지 않도록 나중에 튀긴다.

과제5형 총재료목록

광어회, 튀김우동, 달걀말이　　　　　　　　　　시험시간 1시간 40분

1. 광어회　　2. 튀김우동　　3. 달걀말이

구 분	재 료 명	규격	단위	수량	비 고
1	광어	500 ~ 700g	마리	1	
2	무		g	300	둥근 모양으로 지급
3	우동면(생우동면)		g	150	
4	새우	30~40g, 껍질 있는 것	마리	1	
5	오징어	몸살, 5cm 이상	g	30	
6	고구마	중	g	20	
7	생표고버섯		개	1	
8	쑥갓		g	20	
9	밀가루	박력분	g	100	
10	청주		mL	30	
11	달걀		개	9	
12	레몬		개	1/4	
13	실파		g	20	
14	고춧가루		g	10	
15	식초		mL	30	
16	흰 설탕		g	20	
17	건다시마	5X10cm	장	2	
18	소금		g	10	
19	식용유		mL	500	
20	가다랑어포(가쓰오부시)		g	20	
21	맛술		mL	40	
22	진간장		mL	50	
23	청차조기잎(시소)		장	2	깻잎으로 대체 가능

일식조리산업기사

과제5형 과제별 재료목록

시험시간 1시간 40분

1. 광어회	2. 튀김우동	3. 달걀말이
광어	우동면(생우동면)	달걀
무	새우	무
진간장	오징어	흰 설탕
고춧가루	고구마	건다시마
식초	생표고버섯	소금
레몬	쑥갓	식용유
실파	달걀	가다랑어포(가쓰오부시)
건다시마	가다랑어포(가쓰오부시)	맛술
청차조기잎(시소)	건다시마	진간장
	밀가루	청차조기잎(시소)
	식용유	
	청주	
	맛술	
	진간장	

과제 5형

① 광어회

광어회

요구사항 ※ 위생과 안전에 유의하여 주어진 재료로 다음과 같이 만드시오.

가. 광어는 손질하여 얇은 회(우수쯔쿠리)를 완성하여 접시에 담아내시오.
나. 무는 돌려깎기(가쯔라무끼)하여 사용하시오.
다. 접시에 담은 회 중앙에 무 갱을 담아내시오.
라. 폰즈와 야꾸미를 따로 담아내시오.

재료
- 광어 500~700g
- 무 200g
- 진간장
- 고춧가루 10g
- 식초
- 유자 1/4개 (레몬으로 대체 가능)
- 실파 1/2뿌리
- 건다시마
- 청차조기잎 (깻잎) 1장

만드는 법

1. 냄비에 다시마를 넣고 끓으면 건져 낸다.
2. 다시국물 1T, 간장 1T, 식초 1T을 넣어 폰즈를 만든다.
3. 무는 껍질을 제거한 후 돌려 깎아 가늘게 채 썰어 찬물에 담그고 나머지 무는 강판에 갈아 고춧가루로 물들인다.
4. 레몬은 반달 모양으로 썰고 실파는 송송 썰어 헹구어 야꾸미를 만든다.
5. 광어는 비늘과 머리, 내장을 깨끗하게 제거한 후 수분을 제거한다.
6. 배와 등, 지느러미 쪽에 각각 칼집을 넣은 후 3장으로 포 뜬다.
7. 껍질을 제거한 후 면포에 싸서 수분을 제거하고 결을 맞추어 얇게 회를 뜬 후 완성 접시에 시계 반대 방향으로 돌려 담는다.
8. 접시 가운데 청차조기잎(깻잎)과 무갱을 올려 담고 야꾸미와 폰즈를 곁들여 낸다.

합격 point
1. 광어는 수분을 잘 제거하여 일정한 크기와 두께로 뜬다.

조리과정 광어회

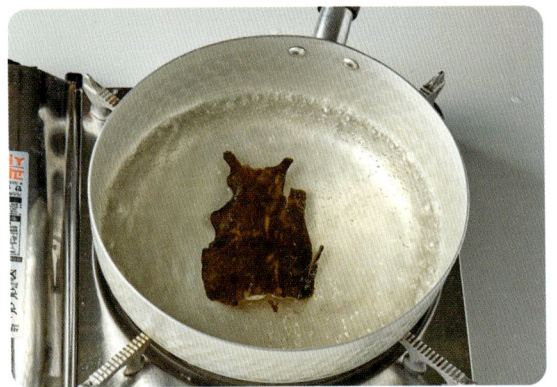

1 냄비에 다시마를 넣고 끓으면 건져 낸다.

3 무는 껍질을 제거한 후 돌려 깎아 가늘게 채 썰어 찬물에 담그고 나머지 무는 강판에 갈아 고춧가루로 물들인다.

2 다시국물 1T, 간장 1T, 식초 1T을 넣어 폰즈를 만든다.

조리과정 광어회

4 레몬은 반달 모양으로 썰고 실파는 송송 썰어 헹구어 야꾸미를 만든다.

5 광어는 비늘과 머리, 내장을 깨끗하게 제거한 후 수분을 제거한다.

조리과정 광어회

6 배와 등, 지느러미 쪽에 각각 칼집을 넣은 후 3장으로 포 뜬다.

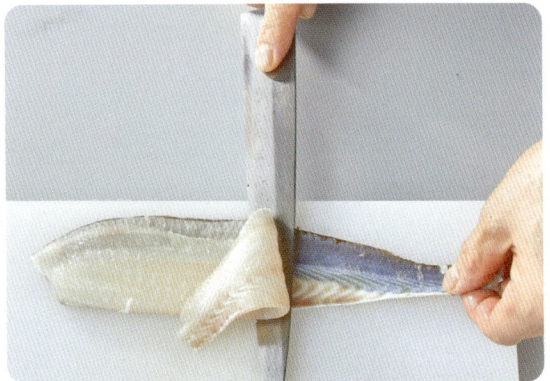

7 껍질을 제거한 후 면포에 싸서 수분을 제거하고 결을 맞추어 얇게 회를 뜬 후 완성 접시에 시계 반대 방향으로 돌려 담는다.

조리과정 광어회

8 접시 가운데 청차조기잎(깻잎)과 무갱을 올려 담고 야꾸미와 폰즈를 곁들여 낸다.

과제 5형

② 튀김우동

튀김우동

재료

- 우동면 (생우동면) 150g
- 새우 1마리
  (30~40g, 껍질 있는 것)
- 오징어 (몸살) 30g
- 고구마 (중) 20g
- 생표고버섯 1개
- 쑥갓 20g
- 달걀 1개
- 가다랑어포 (가쓰오부시)
- 건다시마
- 밀가루 (박력분) 100g
- 식용유
- 청주
- 맛술
- 진간장

요구사항 ※ 위생과 안전에 유의하여 주어진 재료로 다음과 같이 만드시오.

가. 우동면을 삶아 사용하시오.
나. 다시마와 가다랑어포(가쓰오부시)로 다시물을 만들어 우동국물을 만드시오.
다. 새우, 오징어, 고구마, 표고버섯, 쑥갓을 튀겨 사용하시오.
라. 오징어는 칼집을 넣어 사용하고, 새우는 구부러지지 않게 튀기시오.
마. 우동에 튀김을 올려내시오.

만드는 법

1. 냄비에 찬물 3C과 건다시마를 넣고 끓으면 불을 끄고 다시마를 건진 후 가다랑어포를 넣어 가라앉으면 면포에 내려 다시물을 만든다.
2. 쑥갓은 찬물에 담근다.
3. 고구마는 5cm 길이로 편 썰어 물에 담그고, 생표고버섯은 칼집을 넣어 별 모양으로 만든다.
4. 새우는 내장과 껍질을 제거하고 배 쪽에 칼집을 넣은 후 눌러가며 힘줄을 펴 준다.
   tip 새우가 잘라지거나 구부러지지 않도록 힘줄을 잘 주의하여 펴준다.
5. 오징어는 솔방울 모양으로 칼집을 넣어 2.5×7cm 정도의 크기로 썬다.
6. 찬물 2/3C에 달걀노른자를 풀어준 후 체에 내린 박력분 2/3C을 넣어 젓가락으로 저어서 튀김옷을 만든다.
7. 재료에 밀가루를 묻히고 반죽을 입혀 170℃~180℃ 기름에 넣어 튀긴 후 반죽을 뿌려 튀김꽃을 만든다.
8. 다시국물 2C, 간장 2T, 청주 1T, 미림 1T을 넣고 끓여 우동 국물을 만든다.
9. 우동면을 삶아 찬물에 헹군 후 완성 그릇에 담고 우동 국물을 부어 튀김을 세워서 올린다.

합격 point

1. 튀김 반죽은 튀기기 직전에 만들어야 바삭한 튀김을 만들 수 있다.
2. 우동국수는 나중에 삶고 국물은 제출 직전에 부어 튀김을 올린다.

조리과정 튀김우동

1 냄비에 찬물 3C과 건다시마를 넣고 끓으면 불을 끄고 다시마를 건진 후 가다랑어포를 넣어 가라앉으면 면포에 내려 다시물을 만든다.

2 쑥갓은 찬물에 담근다.

3 고구마는 5cm 길이로 편 썰어 물에 담그고, 생표고버섯은 칼집을 넣어 별 모양으로 만든다.

4 새우는 내장과 껍질을 제거하고 배 쪽에 칼집을 넣은 후 눌러가며 힘줄을 펴 준다.

tip 새우가 잘라지거나 구부러지지 않도록 힘줄을 잘 주의하여 펴준다.

5 오징어는 솔방울 모양으로 칼집을 넣어 2.5×7cm 정도의 크기로 썬다.

조리과정 튀김우동

6 찬물 2/3C에 달걀노른자를 풀어준 후 체에 내린 박력분 2/3C을 넣어 젓가락으로 저어서 튀김옷을 만든다.

7 재료에 밀가루를 묻히고 반죽을 입혀 170℃~180℃ 기름에 넣어 튀긴 후 반죽을 뿌려 튀김꽃을 만든다.

8 다시국물 2C, 간장 2T, 청주 1T, 미림 1T을 넣고 끓여 우동 국물을 만든다.

9 우동면을 삶아 찬물에 헹군 후 완성 그릇에 담고 우동 국물을 부어 튀김을 세워서 올린다.

과제 5형

③ 달걀말이

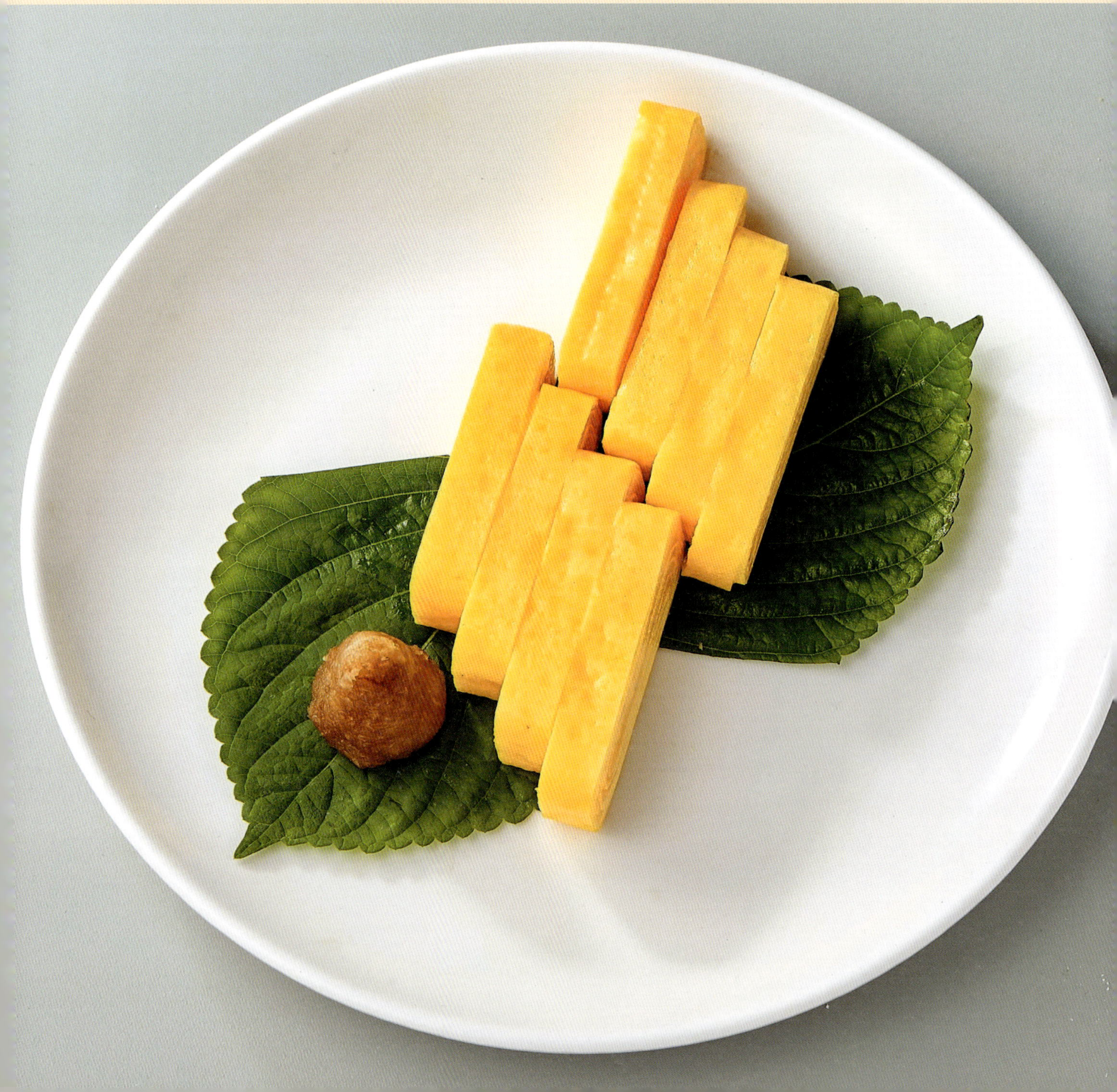

달걀말이

요구사항 ※ 위생과 안전에 유의하여 주어진 재료로 다음과 같이 만드시오.

가. 달걀과 가쓰오다시, 소금, 설탕, 미림(맛술)을 섞어 체에 걸러 사용하시오.
나. 젓가락을 사용하여 달걀말이를 한 후 김발을 이용하여 사각모양을 만드시오.
다. 길이 8cm, 높이 2.5cm, 두께 1cm 정도로 8개를 만드시오.
라. 달걀말이와 간장무즙을 접시에 담아내시오.

재료

- 달걀 8개
- 흰 설탕 20g
- 건다시마
- 소금
- 식용유
- 가다랑어포 (가쓰오부시)
- 맛술
- 무 100g
- 진간장 30g
- 청차조기잎 (시소) 1장

만드는 법

1. 냄비에 찬물 1C과 건다시마를 넣고 끓으면 불을 끄고 다시마를 건진 후 가다랑어포를 넣어 가라앉으면 면포에 내려 다시물을 만든다.
2. 달걀, 가쓰오다시 2T, 소금 1/3t, 설탕 1T, 맛술 1T을 풀어서 체에 내린다.
3. 달걀말이 팬에 기름을 두른 후 키친타월로 기름을 닦아주고 1/2C씩 부어 처음에 5cm 넓이로 접어 달걀말이를 만든다.
   - *tip* 처음에 1/2C 씩 부어 5cm로 접어야 달걀말이 폭을 8cm로 만들 수 있다.
   - *tip* 온도가 높으면 부풀어 기포가 생긴다.
   - *tip* 작은 그릇에 식용유를 따라 놓고 키친타월로 사각팬에 기름을 바르면서 한다.
4. 달걀말이를 김발에 올려 4각형 모양으로 잡아 길이 8cm, 높이 2.5cm, 두께 1cm로 8개 썬다.
5. 무는 강판에 갈아 물에 헹구어 수분을 제거 후 산 모양을 만들어 간장을 끼얹는다.
6. 접시에 깻잎을 깔고 달걀말이와 간장 무를 올려 담는다.

합격 *point*

1. 기름이 많거나 온도가 높으면 기포가 생기고 썰었을 때 매끄럽지 않게 된다.
2. 다시국물은 식혀서 넣는다.
3. 달걀을 말 때는 반드시 젓가락으로만 한다.
4. 다시국물을 많이 넣으면 말기가 힘들다.

조리과정 달걀말이

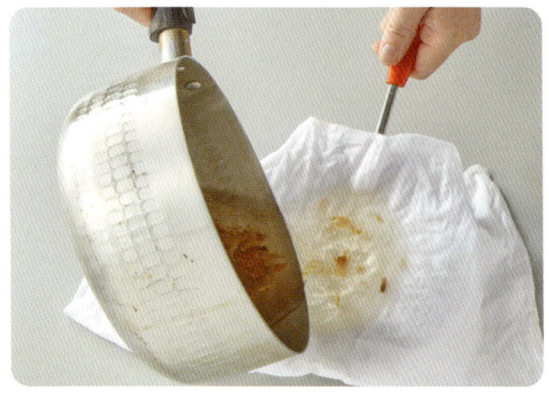

1 냄비에 찬물 1C과 건다시마를 넣고 끓으면 불을 끄고 다시마를 건진 후 가다랑어포를 넣어 가라앉으면 면포에 내려 다시물을 만든다.

2 달걀, 가쓰오다시 2T, 소금 1/3t, 설탕 1T, 맛술 1T을 풀어서 체에 내린다.

조리과정 달걀말이

3 달걀말이 팬에 기름을 두른 후 키친타월로 기름을 닦아주고 1/2C씩 부어 처음에 5cm 넓이로 접어 달걀말이를 만든다.

- *tip* 처음에 1/2C 씩 부어 5cm로 접어야 달걀말이 폭을 8cm로 만들 수 있다.
- *tip* 온도가 높으면 부풀어 기포가 생긴다.
- *tip* 작은 그릇에 식용유를 따라 놓고 키친타월로 사각팬에 기름을 바르면서 한다.

4 달걀말이를 김발에 올려 4각형 모양으로 잡아 길이 8cm, 높이 2.5cm, 두께 1cm로 8개 썬다.

5 무는 강판에 갈아 물에 헹구어 수분을 제거 후 후지산 모양을 만들어 간장을 끼얹는다.

6 접시에 깻잎을 깔고 달걀말이와 간장 무를 올려 담는다.

일식조리산업기사 합격비법

[과제 5형] 시험시간 1시간 40분

주의사항
※ 아래 번호 순서대로 조리하면 완성시간을 단축할 수 있다.
1. 메뉴별 재료를 구분하고 메뉴별 지급재료에 있는 재료만 사용한다.
2. 요구사항에 있는 작품의 크기와 개수를 꼭 확인하고 요구사항대로 한다.
3. 조리대를 청결하게 사용하고 먼저 만들 조리와 나중에 만들 조리를 구분하여 만든다.
4. 먼저 끓여 준비할 것, 나중에 끓일 것을 구분하여 끓이는 시간이 부족하지 않도록 한다.

A. 광어회　　B. 튀김우동　　C. 달걀말이

1	재료 씻어 분리하면서 물 3c 넣고 가쓰오다시 끓이기		
2	쑥갓, 깻잎 : 찬물에 담그기		
3		고구마 : 5cm 편썰기 - 찬물 생표고 : 별 모양	
4	무 : 10cm 돌려 깎기 - 0.1cm 채썰기 - 찬물에 담그기 (일부는 강판에 갈아 고춧가루 물들이고 일부는 간장 물들이기)	새우 : 머리, 내장, 껍질 제거 - 배쪽 칼집	
5		오징어 : 칼집 - 2.5×7cm로 썰기	
6	레몬(반달 모양), 실파(송송 썰기)		
7	광어 : 비늘, 머리, 내장 제거 - 3장 뜨기 - 껍질 제거하여 면포에 싸서 수분 제거		
8			달걀에 가쓰오다시 2T, 소금 1/3t, 설탕 1T, 맛술 1T을 넣고 풀어서 체에 내리기
9			달군 팬에 달걀물 1/2C씩을 부어가며 젓가락으로 높이 2.5cm 길이 8cm로 말기
10			김발에 달걀말이 감싸 모양 잡기

	A. 광어회	B. 튀김우동	C. 달걀말이
11		노른자에 찬물 2/3C 넣고 풀기 - 체에 내린 밀가루 2/3C - 젓가락으로 섞기	
12		손질한 재료 + 밀가루 - 튀김옷 - 튀기기 170℃~180℃ - 튀김꽃 만들기 - 키친타월에 기름 빼기	
13		우동면 : 삶아 찬물에 헹구어 담기	
14			두께 1cm로 8개 썰기 - 깻잎 깔고 달걀말이 담고 간장 물들인 무 곁들이기
15	우동국물을 데우면서 완성 접시에 회 떠서(시계 반대 방향) 돌려 담고 가운데 깻잎과 무갱 올리기		
16		우동 그릇에 우동 국물 붓기 - 튀김 올리기	
17	큰 도마에 광어회, 튀김우동, 달걀말이를 담아 제출한다.		

완성순서 달걀말이 〉 광어회 〉 튀김우동

> **조리 tip**

1. 달걀말이는 다시국물이 식은 다음 달걀을 풀고 모든 준비를 다 해 놓고 달걀말이, 광어회, 튀김우동 순서로 만든다.
2. 달걀말이는 김발에 말아 충분히 식힌 후 우동을 담기 전에 썰어 담는다.

복어조리산업기사

실기

복어조리산업기사

출제기준(필기)

직무분야	음식서비스	중직무분야	조리	자격종목	복어조리산업기사	적용기간	2022.1.1.~2024.12.31.

○ 직무내용 : 복어메뉴 계획에 따라, 식재료를 선정, 구매, 검수, 보관 및 저장하며, 식용 가능한 복어를 안전하게 제독처리한 후 맛과 영양을 고려하여 위생적으로 음식을 조리하고 조리기구와 시설관리 및 급식·외식경영을 수행하는 직무이다.

필기검정방법	객관식	문제수	60	시험시간	1시간 30분

필기 과목명	출제 문제수	주요항목	세부항목	세세항목
위생 및 안전관리	20	1 위생관리	1. 개인 위생관리	1. 위생관리기준 2. 식품위생에 관련된 질병
			2. 식품 위생관리	1. 미생물의 종류와 특성 2. 식품과 기생충질환 3. 살균 및 소독의 종류와 방법 4. 식품의 위생적 취급기준 5. 식품첨가물과 유해물질 혼입
			3. 작업장 위생관리	1. 작업장위생 및 위해요소 2. 해썹(HACCP) 관리기준 3. 작업장 교차오염발생요소 4. 식품위해요소 취급규칙 5. 위생적인 식품조리 6. 식품별 유통, 조리, 생산 시스템
			4. 식중독 관리	1. 세균성 및 바이러스성 식중독 2. 자연독 식중독 3. 화학적 식중독 4. 곰팡이 독소
			5. 식품위생 관계법규	1. 식품위생법 및 관계 법규 2. 식품 등의 표시·광고에 관한 법령

필기 과목명	출제 문제수	주요항목	세부항목	세세항목
		2 안전관리	1. 개인 안전관리	1. 개인 안전관리 점검표 2. 작업 안전관리 3. 개인 안전사고 예방 및 응급조치 4. 산업안전보건법
			2. 장비·도구 안전작업	1. 조리장비·도구의 종류와 특징, 용도 2. 조리장비·도구의 분해 및 조립 방법 3. 조리장비·도구 안전관리 지침 4. 조리장비·도구의 작동 원리 5. 주방도구 활용
			3. 작업환경 안전관리	1. 작업장 환경관리 2. 작업장 안전관리 3. 화재예방 및 화재진압 4. 유해, 위험, 화학물질 관리 5. 정기적 안전교육 실시
		3 공중 보건	1. 공중보건의 개념	1. 공중보건의 개념
			2. 환경위생 및 환경오염	1. 일광 2. 공기 및 대기오염 3. 상하수도, 오물처리 및 수질오염 4. 구충구서
			3. 산업보건관리	1. 산업보건의 개념과 직업병관리
			4. 역학 및 질병관리	1. 역학 일반 2. 급만성감염병관리 3. 생활습관병 및 만성질환
			5. 보건관리	1. 보건행정 및 보건통계 2. 인구와 보건 3. 보건영양 4. 모자보건, 성인 및 노인보건 5. 학교보건

필기 과목명	출제문제수	주요항목	세부항목	세세항목
식재료관리 및 외식경영	20	1 재료관리	1. 저장 관리	1. 식재료 냉동·냉장·창고 저장관리 2. 식재료 건조창고 저장관리 3. 저장고 환경관리 4. 저장 관리의 원칙
			2. 재고 관리	1. 재료 재고 관리 2. 재료의 보관기간 관리 3. 상비량과 사용 시기 조절 4. 재료 유실방지 및 보안 관리
			3. 식재료의 성분	1. 수분 2. 탄수화물 3. 지질 4. 단백질 5. 무기질 6. 비타민 7. 식품의 색 8. 식품의 갈변 9. 식품의 맛과 냄새 10. 식품의 물성 11. 식품의 유독성분 12. 효소
			4 식품과 영양	1 영양소의 기능 2 영양소 섭취기준
		2 조리외식경영	1. 조리외식의 이해	1. 조리외식산업의 개념 2. 조리외식산업의 분류 3. 외식산업 환경분석 기술
			2. 조리외식 경영	1. 서비스 경영 2. 외식소비자 관리 3. 서비스 매뉴얼 관리 4. 위기상황 예측 및 대처
			3. 조리외식 창업	1. 창업의 개념 2. 외식창업 경영 이론 3. 창업절차

필기 과목명	출제 문제수	주요항목	세부항목	세세항목
복어조리	20	1 메뉴관리	1. 메뉴관리 계획	1. 메뉴 구성 2. 메뉴의 용어와 명칭 3. 계절별 메뉴 4. 메뉴조절, 관리
			2. 메뉴 개발	1. 시장상황과 흐름에 관한 변화분석 2. 메뉴 분석기법 및 메뉴구성 3. 플레이팅 기법과 개념
			3. 메뉴원가 계산	1. 메뉴 품목별 판매량 및 판매가 2. 표준분량크기 3. 식재료 원가 계산 4. 재무제표 5. 대차대조표 6. 손익 분기점
		2 구매관리	1. 시장 조사	1. 재료구매계획 수립 2. 식재료, 조리기구의 유통·공급환경 3. 재료수급, 가격변동에 의한 공급처 대체
			2. 구매관리	1. 공급업체 선정 및 구매 2. 육류의 등급별, 산지, 품종별 차이 3. 어패류의 종류와 품질 4. 채소, 과일류의 종류와 품질 5. 구매관리 관련 서식
			3. 검수관리	1. 식재료 선별 및 검수 2. 검수관리 관련 서식
		3 재료준비	1. 재료준비	1. 재료의 선별 2. 재료의 종류 3. 재료의 조리 특성 및 방법 4. 조리과학 및 기본 조리조작 5. 조리도구의 종류와 용도 6. 작업장의 동선 및 설비 관리

필기 과목명	출제 문제수	주요항목	세부항목	세세항목
			2. 재료의 조리원리	1. 농산물의 조리 및 가공·저장 2. 축산물의 조리 및 가공·저장 3. 수산물의 조리 및 가공·저장 4. 유지 및 유지 가공품 5. 냉동식품의 조리 6. 조미료와 향신료
			3. 식생활 문화	1. 복어의 음식 문화와 배경 2. 복어의 분류 3. 복어의 특징 및 용어
		4 복어 껍질굳힘조리	1. 부재료 썰기	1. 부재료의 종류 2. 부재료의 특성 및 효능 3. 부재료 기초손질
			2. 복어 껍질조리	1. 가다랑어 포의 종류와 특성 2. 조림 국물의 농도 3. 조리도구 사용법
			3. 복어 껍질굳힘 완성	1. 응고 온도 조절 2. 젤라틴의 특징 3. 굳힘도구 사용법
		5 복어 튀김조리	1. 복어 튀김재료 준비	1. 복어 튀김재료의 종류와 특성 2. 향신료의 종류 및 활용
			2. 복어 튀김옷 준비	1. 튀김옷의 종류와 특징 2. 튀김옷의 배합능력
			3. 복어 튀김조리 완성	1. 튀김기름의 성분 및 용도 2. 튀김온도 조절
		6 복어 찜조리	1. 복어 술찜 준비	1. 단백질의 응고 원리 2. 찜 조리법
			2. 복어 수육 준비	1. 복어 수육 종류 2. 주재료와 부재료의 성질
			3. 복어 술찜 완성	1. 술찜불의 강약 조절 2. 복어술찜 맛국물 조리
			4. 복어 수육 완성	1. 술찜의 색상 및 질감

필기 과목명	출제문제수	주요항목	세부항목	세세항목
		7 복어 선별·손질 관리	1. 복어 종류 구별	1. 식용 가능한 복어의 종류
			2. 복어 선도 구별	1. 복어의 신선도 구분
			3. 저장·관리	1. 복어의 상태별 저장 온도 2. 복어 저장 방법
			4. 기초 손질	1. 복어의 부위별 명칭 2. 복어 기초손질 순서 3. 칼 사용방법
			5. 식용 부위 손질	1. 가식·불가식 부위 명칭
			6. 제독 처리	1. 복어의 부위별 독성 2. 복어 제독처리 방법
			7. 껍질 작업	1. 복어 종류별 껍질의 특성 2. 껍질 가시 분리 기술
			8. 독성 부위 폐기	1. 복어 전용 분리수거용기
		8 복어 회 국화모양 조리	1. 복어 살 전처리 작업	1. 전처리에서의 삼투압 원리 2. 숙성수의 산도와 염도
			2. 복어 회뜨기	1. 회 뜨기 기술의 종류와 방법
			3. 복어 회 국화모양 접시에 담기	1. 국화모양을 내는 방법과 그릇선택
		9 복어 샤브샤브 조리	1. 복어 맛국물 만들기	1. 다시마의 종류와 특성
			2. 복어 샤브샤브 준비	1. 조리용 냄비의 종류와 용도 2. 채소의 종류와 용도 3. 샤브샤브 양념장
			3. 복어 샤브샤브 완성	1. 샤브샤브 조리 순서
		10 복어 맑은탕 조리	1. 복어 맛국물 만들기	1. 다시마의 활용
			2. 복어 맑은탕 준비	1. 복어(활어, 선어, 냉동)의 구별 2. 맑은탕 양념장 3. 채소, 두부, 복떡 등 부재료 손질
			3. 복어 맑은탕 완성	1. 맑은탕 불의 강약 조절

필기 과목명	출제 문제수	주요항목	세부항목	세세항목
		11 복어 초밥조리	1. 복어 초밥용 밥 짓기	1. 쌀의 종류와 용도 2. 전분의 호화와 노화
			2. 복어 배합초 만들기	1. 식초의 종류와 산도 2. 식초의 사용법 3. 설탕과 소금의 종류와 특성
			3. 복어 초밥 준비	1. 초밥에서의 삼투압 원리 2. 초밥용 복어의 포뜨기
			4. 복어 초밥 만들기	1. 초밥용 밥의 적정 온도 2. 고추냉이의 활용
		12 복어 껍질초회조리	1. 복어껍질 준비	1. 복어껍질 성질 및 특성 2. 복어껍질 손질법 3. 복어껍질 조리법
			2. 복어초회 양념만들기	1. 양념(야쿠미) 종류와 특성 2. 양념 식재료에 관한 지식
			3. 복어껍질 무치기	1. 양념배합에 관한 지식 2. 복어껍질 부재료 손질법 3. 복어껍질 무치기 4. 복어껍질무침 담기방법
		13 복어 구이조리	1. 부위별 주재료 준비	1. 어취제거 방법의 종류
			2. 복어 갈비 양념	1. 양념의 염도
			3. 복어 불고기 양념	1. 양념조리법 2. 양념재료의 성분
			4. 복어 구이조리 완성	1. 구이 조리법
		14 복어 죽 조리	1. 복어 맛국물 준비	1. 식재료 종류 및 성분에 관한 지식 2. 맛 국물 조리 방법 3. 다시마 종류와 성분
			2. 복어 죽재료 준비	1. 복어 죽 종류 2. 복어 죽 조리법 3. 복어 죽 부재료 종류와 특성
			3. 복어 죽 끓여서 완성	1. 복어 죽 부재료에 관한 지식 2. 죽 조리순서 및 불 조절 방법

출제기준(실기)

복어조리산업기사

| 직무 분야 | 음식서비스 | 중직무 분야 | 조리 | 자격 종목 | 복어조리산업기사 | 적용 기간 | 2022.1.1.~2024.12.31. |

○ 직무내용 : 복어메뉴 계획에 따라, 식재료를 선정, 구매, 검수, 보관 및 저장하며, 식용 가능한 복어를 안전하게 제독처리한 후 맛과 영양을 고려하여 위생적으로 음식을 조리하고 조리기구와 시설관리 및 급식·외식경영을 수행하는 직무

○ 수행준거 :
1. 복어껍질을 이용하여 굳힘 요리를 만들 수 있다.
2. 복어의 살과 뼈를 밑간하고 튀김옷을 입혀 기름에 튀겨낼 수 있다.
3. 복어 술찜과 복어 수육 등을 조리할 수 있다.
4. 음식조리 작업에 필요한 위생관련지식을 이해하고 주방의 청결상태와 개인위생·식품위생을 관리하여 전반적인 조리작업을 위생적으로 수행할 수 있다.
5. 조리사가 주방에서 일어날 수 있는 사고와 재해에 대하여 안전기준 확인, 안전수칙 준수, 안전예방 활동을 할 수 있다.
6. 계절·장소·목적 등에 따라 메뉴를 구성하고, 개발하며 메뉴관리를 할 수 있다.
7. 복어의 종류와 선도를 구분하고 안전하게 제독 처리하여 각 부위별로 손질할 수 있다.
8. 복어살을 전처리하여 얇게 포를 떠서 국화모양으로 담을 수 있다.
9. 끓는 맛국물에 얇게 썬 복어와 채소 등을 데치고 양념장을 준비할 수 있다.
10. 맛국물을 내어 복어와 채소를 익히고 양념장을 조리할 수 있다.
11. 배합초를 섞은 초밥용 밥과 재단된 복어 살로 쥔 초밥을 조리할 수 있다.
12. 채 썬 복어껍질을 초간장에 무쳐서 조리할 수 있다.
13. 부위별 주재료와 양념을 준비하여 복어갈비구이와 복어불고기를 조리할 수 있다.

| 실기검정방법 | 작업형 | 시험시간 | 2시간 정도 |

실기 과목명	주요항목	세부항목	세세항목
복어조리실무	1 복어 위생관리	1. 개인 위생관리하기	1. 위생관리기준에 따라 조리복, 조리모, 앞치마, 조리안전화 등을 착용할 수 있다. 2. 두발, 손톱, 손 등 신체청결을 유지하고 작업수행 시 위생습관을 준수할 수 있다. 3. 근무 중의 흡연, 음주, 취식 등에 대한 작업장 근무수칙을 준수할 수 있다. 4. 위생관련법규에 따라 질병, 건강검진 등 건강상태를 관리하고 보고할 수 있다.
		2. 식품 위생관리하기	1. 식품의 유통기한·품질 기준을 확인하여 위생적인 선택을 할 수 있다. 2. 채소·과일의 농약 사용여부와 유해성을 인식하고 세척할 수 있다. 3. 식품의 위생적 취급기준을 준수할 수 있다. 4. 식품의 반입부터 저장, 조리과정에서 유독성, 유해물질의 혼입을 방지할 수 있다.
		3. 주방 위생관리하기	1. 주방 내에서 교차오염 방지를 위해 조리생산 단계별 작업공간을 구분하여 사용할 수 있다. 2. 주방위생에 있어 위해요소를 파악하고, 예방할 수 있다. 3. 주방, 시설 및 도구의 세척, 살균, 해충·해서 방제 작업을 정기적으로 수행할 수 있다. 4. 시설 및 도구의 노후상태나 위생 상태를 점검하고 관리할 수 있다. 5. 식품이 조리되어 섭취되는 전 과정의 주방 위생상태를 점검하고 관리할 수 있다. 6. HACCP적용 업장의 경우 HACCP관리기준에 의해 관리할 수 있다.
	2 복어 안전관리	1. 개인 안전관리하기	1. 안전관리 지침서에 따라 개인 안전관리 점검표를 작성할 수 있다. 2. 개인안전사고 예방을 위해 도구 및 장비의 정리정돈을 상시 할 수 있다. 3. 주방에서 발생하는 개인 안전사고의 유형을 숙지시키고 예방을 위한 안전수칙을 교육할 수 있다. 4. 주방 내 필요한 구급품이 적정 수량 비치되었는지 확인하고 개인 안전 보호 장비를 정확하게 착용하여 작업하는지 확인할 수 있다. 5. 개인이 사용하는 칼에 대해 사용안전, 이동안전, 보관안전을 수행할 수 있다.

실기 과목명	주요항목	세부항목	세세항목
			6. 개인의 화상사고, 낙상사고, 근육팽창과 골절사고, 절단사고, 전기기구에 인한 전기 쇼크 사고, 화재사고와 같은 사고 예방을 위해 주의사항을 숙지하고 실천할 수 있다. 7. 개인 안전사고 발생 시 신속 정확한 응급조치를 실시하고 재발 방지 조치를 실행할 수 있다.
		2. 장비·도구 안전관리하기	1. 조리장비·도구에 대한 종류별 사용방법에 대해 주의사항을 숙지할 수 있다. 2. 조리장비·도구를 사용 전 이상 유무를 점검할 수 있다. 3. 안전 장비 류 취급 시 주의사항을 숙지하고 실천할 수 있다. 4. 조리장비·도구를 사용 후 전원을 차단하고 안전수칙을 지키며 분해하여 청소 할 수 있다. 5. 무리한 조리장비·도구 취급은 금하고 사용 후 일정한 장소에 보관하고 점검할 수 있다. 6. 모든 조리장비·도구는 반드시 목적 이외의 용도로 사용하지 않고 규격품을 사용할 수 있다.
		3. 작업환경 안전관리하기	1. 작업환경 안전관리 시 작업환경 안전관리 지침서를 작성할 수 있다. 2. 작업환경 안전관리 시 작업장주변 정리 정돈 등을 관리 점검할 수 있다. 3. 작업환경 안전관리 시 제품을 제조하는 작업장 및 매장의 온·습도관리를 통하여 안전사고요소 등을 제거할 수 있다. 4. 작업장 내의 적정한 수준의 조명과 환기, 이물질, 미끄럼 및 오염을 방지할 수 있다. 5. 작업환경에서 필요한 안전관리시설 및 안전용품을 파악하고 관리할 수 있다. 6. 작업환경에서 화재의 원인이 될 수 있는 곳을 자주 점검하고 화재진압기를 배치하고 사용할 수 있다. 7. 작업환경에서의 유해, 위험, 화학물질을 처리기준에 따라 관리할 수 있다. 8. 법적으로 선임된 안전관리책임자가 정기적으로 안전교육을 실시하고 이에 참여할 수 있다.

실기 과목명	주요항목	세부항목	세세항목
	3 복어 메뉴관리	1. 메뉴 계획하기	1. 균형 잡힌 식단 구성 방식을 감안하여 메뉴를 구성할 수 있다. 2. 원가, 식재료, 시설용량, 경제성을 감안하여 메뉴 구성을 조정할 수 있다. 3. 메뉴의 식재료, 조리방법, 메뉴 명, 메뉴판 작성 등 사용되는 용어와 명칭을 정확히 구분하고 사용할 수 있다. 4. 수익성과 선호도에 따른 메뉴 엔지니어링을 할 수 있다. 5. 공헌이익 높일 수 있는 메뉴구성을 할 수 있다.
		2. 메뉴 개발하기	1. 고객의 수요예측, 수익성, 이용 가능한 식자재, 조리설비, 메뉴의 다양성, 영양적 요소를 파악할 수 있다. 2. 고객의 식습관과 선호도에 미치는 경제적, 사회적, 지역적, 그리고 형태적 영향을 파악하고 활용할 수 있다. 3. 주방에서 보유한 조리기구의 특성을 이해하고, 메뉴의 영양적 요소와 설명을 제시할 수 있다. 4. 지역적 위치와 고객수준 등을 고려한 입지분석과 계층분석을 할 수 있다. 5. 식재료 전반에 관한 외부적인 환경을 파악하여 메뉴를 개발할 수 있다.
		3. 메뉴원가 계산하기	1. 실제원가를 일 단위, 월 단위로 계산하며, 이에 대한 의사결정을 할 수 있다. 2. 원가, 식재료, 시설용량, 경제성을 감안하여 메뉴 구성을 할 수 있다. 3. 당일 식료수입과 재료에 대한 현황을 파악하여 실제원가를 알 수 있다. 4. 당일 매출 보고서를 이해하고 매출에 대한 재료비 율을 산출할 수 있다. 5. 부분별 재료 선입선출에 의한 품목별 단위원가를 산출하여 총원가를 계산할 수 있다.

실기 과목명	주요항목	세부항목	세세항목
	4 복어 껍질굳힘 조리	1. 부재료 썰기	1. 부재료를 용도에 맞게 손질할 수 있다. 2. 생강을 가늘게 채 썰 수 있다. 3. 실파를 용도에 맞게 썰 수 있다.
		2. 복어 껍질조리하기	1. 가다랑어 포를 이용하여 맛국물을 만들 수 있다. 2. 복어껍질을 용도에 맞게 손질할 수 있다. 3. 복어껍질을 맛국물에 넣어 조릴 수 있다.
		3. 복어 껍질굳힘 완성하기	1. 굳힘 틀에 조린 껍질과 부재료를 순차적으로 넣을 수 있다. 2. 조린 복어껍질을 얼음물에 식힐 수 있다. 3. 조린 복어껍질을 저온에서 굳힐 수 있다.
	5 복어 튀김조리	1. 복어 튀김재료 준비하기	1. 복어를 한입 크기로 토막 낼 수 있다. 2. 어취를 다양한 방법으로 제거할 수 있다. 3. 손질된 복어를 튀김용으로 밑간 할 수 있다.
		2. 복어 튀김옷 준비하기	1. 박력분 밀가루를 이용하여 튀김옷을 만들 수 있다. 2. 전분을 이용하여 튀김옷을 만들 수 있다. 3. 밀가루와 전분을 혼합하여 튀김옷을 만들 수 있다.
		3. 복어 튀김조리 완성하기	1. 튀김용 기름의 온도와 양을 조리 용도에 맞게 조절할 수 있다. 2. 양념된 복어살과 뼈를 기름에 조리 용도에 맞게 튀겨 낼 수 있다. 3. 튀긴 복어를 제시된 모양으로 담아낼 수 있다.
	6 복어 찜조리	1. 복어 술찜 준비하기	1. 복어 살을 용도에 맞게 전처리할 수 있다. 2. 복어 살을 술찜용으로 재단 할 수 있다. 3. 부재료를 술찜 용도에 맞게 준비할 수 있다.
		2. 복어 수육 준비하기	1. 복어 살을 수육용에 맞게 재단을 할 수 있다. 2. 부재료를 수육 용도에 맞게 준비할 수 있다. 3. 복어 살을 수육 용도에 맞게 밑간할 수 있다.
		3. 복어 술찜 완성하기	1. 준비된 복어 술찜 재료를 술찜할 수 있도록 용기에 담을 수 있다. 2. 복어 술찜 국물을 용도에 맞게 만들 수 있다. 3. 술찜 조리 특성에 맞게 불의 강약을 조절할 수 있다.

실기 과목명	주요항목	세부항목	세세항목
		4. 복어 수육 완성하기	1. 복어 종류별로 찌는 시간을 조절할 수 있다. 2. 수육용 부재료를 시점에 맞게 넣을 수 있다. 3. 복어 수육을 제시된 모양으로 담아낼 수 있다.
	7 복어 선별·손질관리	1. 복어 종류 구별하기	1. 복어를 종류별로 구별하고 특성을 설명할 수 있다. 2. 계절별로 어획되는 복어의 특성을 설명할 수 있다. 3. 복어를 원산지별로 구별하고 특성을 설명할 수 있다.
		2. 복어 선도 구별하기	1. 관능검사의 방법을 나열할 수 있다. 2. 관능검사의 방법을 종류별로 설명할 수 있다. 3. 관능검사를 통해 복어의 신선도를 판별 할 수 있다.
		3. 저장·관리하기	1. 수족관의 염도와 온도를 조절할 수 있다. 2. 수족관 내 복어의 활어 상태를 유지시킬 수 있다. 3. 저장온도를 조절하여 복어의 신선도를 유지시킬 수 있다.
		4. 기초 손질하기	1. 복어를 위생적으로 세척할 수 있다 2. 복어의 점액질을 제거할 수 있다. 3. 복어를 부위별로 분리할 수 있다.
		5. 식용 부위 손질하기	1. 가식과 불가식 부위를 정확하게 구분할 수 있다. 2. 가식 부위를 조리용도에 맞게 손질할 수 있다. 3. 불가식 부위를 안전하게 분리할 수 있다.
		6. 제독 처리하기	1. 복어의 독이 인체에 미치는 영향을 상세히 설명할 수 있다. 2. 복어의 독성이 있는 부위를 정확하게 분류할 수 있다. 3. 복어의 독을 안전하게 제거할 수 있다.
		7. 껍질 작업하기	1. 복어를 겉껍질과 속껍질로 분리할 수 있다. 2. 복어 껍질의 점액질과 핏줄을 제거할 수 있다. 3. 복어 껍질의 가시를 제거할 수 있다. 4. 복어 껍질을 삶은 후 용도에 맞게 건조시킬 수 있다.
		8. 독성 부위 폐기하기	1. 복어 독성의 위험성을 설명할 수 있다. 2. 복어 전용 분리수거용기를 준비할 수 있다. 3. 복어의 독성 부위를 안전하게 폐기할 수 있다.

실기 과목명	주요항목	세부항목	세세항목
	8 복어 회 국화모양조리	1. 복어 살 전처리 작업하기	1. 복어살이 뼈에 붙어있지 않게 분리할 수 있다. 2. 복어살에 붙은 엷은 막을 제거할 수 있다. 3. 제거한 복어살을 회 장식에 사용할 수 있다. 4. 복어살의 어취와 수분을 제거할 수 있다.
		2. 복어 회뜨기	1. 복어살을 일정한 폭과 길이로 자를 수 있다. 2. 복어 회의 끝부분을 삼각 접기할 수 있다. 3. 복어 회를 국화 모양으로 만들 수 있다.
		3. 복어 회 국화모양 접시에 담기	1. 복어 회를 얇게 포를 뜰 수 있다 2. 복어 지느러미를 완성접시에 국화모양으로 만들어 담을 수 있다. 3. 실파, 미나리, 겉껍질, 속껍질 등 곁들임 재료들을 완성접시에 제시된 모양으로 담을 수 있다.
	9 복어 샤브샤브 조리	1. 복어 맛국물 만들기	1. 맛국물을 내기 위한 전처리 작업을 할 수 있다. 2. 다시마로 맛국물을 낼 수 있다. 3. 복어 뼈로 맛국물을 낼 수 있다.
		2. 복어 샤브샤브 준비하기	1. 복어를 샤브샤브 용도로 재단할 수 있다. 2. 채소, 두부, 복떡 등 부재료를 복어 샤브샤브용으로 손질할 수 있다. 3. 고춧가루, 무, 간장, 레몬, 식초로 양념장을 준비할 수 있다. 4. 복어 샤브샤브용기를 선별할 수 있다.
		3. 복어 샤브샤브 완성하기	1. 조리별 익히기 순서를 설명할 수 있다. 2. 복어를 샤브샤브 용도에 맞게 익힐 수 있다.
	10 복어 맑은탕 조리	1. 복어 맛국물 만들기	1. 맛국물을 내기 위한 전처리 작업을 할 수 있다. 2. 다시마로 맛국물을 낼 수 있다. 3. 복어 뼈로 맛국물을 낼 수 있다.
		2. 복어 맑은탕 준비하기	1. 복어를 맑은탕 용도로 재단할 수 있다. 2. 채소, 두부, 복떡 등 부재료를 복어 맑은탕용으로 손질할 수 있다. 3. 고춧가루, 무, 간장, 레몬, 식초로 양념장을 준비할 수 있다. 4. 복어 맑은탕 용기를 선별할 수 있다.

실기 과목명	주요항목	세부항목	세세항목
		3. 복어 맑은탕 완성하기	1. 조리별 순서에 맞게 조리할 수 있다 2. 복어 맑은탕 용도에 맞게 익힐 수 있다.
	11 복어 초밥조리	1. 복어 초밥용 밥 짓기	1. 초밥용 쌀을 선별할 수 있다. 2. 쌀을 초밥용으로 씻을 수 있다. 3. 씻은 쌀을 초밥용 된밥으로 지을 수 있다.
		2. 복어 배합초 만들기	1. 배합초 재료를 초밥용으로 준비할 수 있다. 2. 배합초 만드는 순서를 설명할 수 있다. 3. 준비된 재료로 초밥용 배합초를 만들 수 있다.
		3. 복어 초밥 준비하기	1. 복어 살을 뼈와 분리하여 주재료를 준비할 수 있다. 2. 복어 살에 붙은 얇은 막을 손질할 수 있다. 3. 복어 살의 어취와 수분을 제거할 수 있다. 4. 복어 살을 초밥용으로 포 뜰 수 있다.
		4. 복어 초밥 만들기	1. 초밥용 밥의 온도를 일정하게 유지할 수 있다. 2. 고추냉이를 초밥 용도에 맞게 준비할 수 있다. 3. 초밥용 밥과 주재료로 복어 초밥을 만들 수 있다.
	12 복어 껍질초회 조리	1. 복어 껍질 준비하기	1. 복어껍질의 가시를 완전히 제거할 수 있다. 2. 손질된 복어껍질을 데치고 건조시킬 수 있다. 3. 건조된 복어껍질을 초회용으로 채 썰 수 있다.
		2. 복어초회 양념만들기	1. 재료의 비율에 맞게 초간장을 만들 수 있다. 2. 양념재료를 이용하여 양념을 만들 수 있다. 3. 초간장과 양념으로 초회 양념을 만들 수 있다.
		3. 복어 껍질 무치기	1. 재료의 배합 비율을 용도에 맞게 조절할 수 있다. 2. 채 썬 복어껍질을 초회 양념으로 무칠 수 있다. 3. 복어껍질초회를 제시된 모양으로 담아낼 수 있다.
	13 복어 구이조리	1. 부위별 주재료 준비하기	1. 복어 갈비와 복어 불고기에 필요한 부위를 준비할 수 있다. 2. 청주, 레몬, 유자 등으로 복어의 어취를 제거할 수 있다. 3. 수분 제거한 복어 갈빗살에 잔 칼집을 내어 썰 수 있다. 4. 수분 제거한 복어 살을 불고기용으로 썰 수 있다.

실기 과목명	주요항목	세부항목	세세항목
		2. 복어 갈비 양념하기	1. 복어 갈비용 양념 구성 재료를 준비할 수 있다. 2. 준비된 재료로 복어갈비용 양념장을 만들 수 있다. 3. 복어 갈빗살이 숙성되도록 양념장에 재울 수 있다.
		3. 복어 불고기 양념하기	1. 복어 불고기용 양념 재료를 준비할 수 있다. 2. 준비된 재료로 복어불고기용 양념장을 만들 수 있다. 3. 복어 불고기 살이 숙성되도록 양념장에 재울 수 있다.
		4. 복어 구이조리 완성하기	1. 복어 갈비를 타지 않게 구울 수 있다. 2. 복어 불고기를 타지 않게 볶을 수 있다. 3. 조리 과정에서 순서에 맞게 부재료를 넣을 수 있다.

수험자 유의사항

※ 다음 유의사항을 고려하여 요구사항을 완성합니다.

1. 조리산업기사로서 갖추어야 할 숙련도, 재료관리, 작품의 예술성을 나타내어야 합니다.
2. 지정된 시설을 사용하고, 지급재료 및 지참공구목록 이외의 조리기구는 사용할 수 없으며, 지참공구목록에 없는 단순 조리기구(수저통 등) 지참 시 시험위원에게 확인 후 사용합니다.
3. 지급재료는 1회에 한하여 지급되며 재지급은 하지 않습니다.
   (단, 수험자가 시험 시작 전 지급된 재료를 검수하여 재료가 불량하거나 양이 부족하다고 판단될 경우에는 즉시 시험위원에게 통보하여 교환 또는 추가지급을 받도록 합니다.)
4. 요구사항 및 지급재료의 규격은 "정도"의 의미를 포함하며, 재료의 크기에 따라 가감하여 채점됩니다.
5. 위생복, 위생모, 앞치마, 마스크를 착용하여야 하며, 시험장비, 가스레인지(가스밸브 개폐기 사용), 조리도구 등을 사용할 때에는 안전사고 예방에 유의합니다.
6. 다음 사항은 실격에 해당하여 채점대상에서 제외됩니다.
   - 가. 수험자 본인이 시험 도중 시험에 대한 포기 의사를 표현하는 경우
   - 나. 위생복, 위생모, 앞치마, 마스크를 착용하지 않은 경우
   - 다. 독제거 작업과 작업 후 안전처리가 완전하지 않은 경우
   - 라. 시험시간 내에 과제를 모두 제출하지 못한 경우
   - 마. 완완성품을 요구사항의 과제(요리)가 아닌 다른 요리(예, 화→다타키)로 만들었거나, 요구사항에 없는 과제(요리)를 추가하여 만든 경우
   - 바. 불을 사용하여 만든 과제가 과제특성에 벗어나는 정도로 타거나 익지 않은 경우
   - 사. 수험자지참준비물 이외 조리기술에 영향을 줄 수 있는 기구를 사용한 경우
   - 아. 시험 중 시설·장비(칼, 가스레인지 등) 사용 시 시험위원 및 타수험자의 시험 진행에 위해를 일으킬 것으로 시험위원 전원이 합의하여 판단한 경우
   - 자. 부정행위에 해당하는 경우
7. 완료된 과제는 지정한 장소에 시험시간 내에 제출하여야 합니다.
8. 가스레인지 화구는 2개까지 사용 가능합니다.
9. 과제를 제출한 다음 본인이 조리한 장소의 주변을 깨끗이 청소하고 조리기구를 정리 정돈한 후 시험위원의 지시에 따라 퇴실합니다.
10. 시험시작 전 가벼운 몸 풀기(스트레칭) 동작으로 긴장을 풀고 시험을 시작합니다.

시험장 실기 준비물

복어조리산업기사

준비물	규격	단위	수량	비고
위생복	상의 - 흰색/긴소매 하의 - 긴바지(색상 무관)	벌	1	위생복장을 착용하지 않을 경우 채점대상에서 제외(실격)됩니다.
위생모	흰색	EA	1	
앞치마	흰색(남,녀 공용)	EA	1	
마스크	null	EA	1	
칼	조리용 칼, 칼집 포함	EA	1	
도마	흰색 또는 나무도마	EA	1	시험장에도 준비되어 있음. 도마 고정 보조용품(실리콘 등) 사용 가능
계량스푼	-	SET	1	
계량컵	-	EA	1	
가위	-	EA	1	
냄비	-	EA	1	시험장에도 준비되어 있음
밥공기	-	EA	1	
국대접	기타 유사품 포함	EA	1	
접시	양념접시 등 유사품 포함	EA	1	
종지	-	EA	1	
숟가락	차스푼 등 유사품 포함	EA	1	
젓가락	null	EA	1	
국자	-	EA	1	
주걱	-	EA	1	
강판	-	EA	1	
쇠조리(혹은 체)	-	EA	1	
집게	-	EA	1	
볼(bowl)	-	EA	1	
종이컵	-	EA	1	
위생타올	키친타올, 휴지 등 유사품 포함	장	1	
면포(행주)	흰색	장		
비닐백	위생백, 비닐봉지 등 유사품 포함	장		
랩	-	EA	1	
호일	-	EA	1	
이쑤시개	산적꼬치 등 유사품 포함	EA	1	
상비의약품	손가락골무, 밴드 등	EA	1	
볼펜	검정색	EA	1	필수 지참
수정테이프(수정액 제외)	문구용	EA	1	

복어과제 요구사항

※ 위생과 안전에 유의하여 주어진 재료로 다음과 같이 복어회, 복어맑은탕, 복껍질굳힘(니꼬고리)을 만드시오.

가. 복어는 시험시작 후 15분 이내에 식용부위와 비식용부위를 분리하고, 지급한 네임태그(Name-Tag)에 부위별 명칭을 기록하여 감독위원의 확인을 받으시오.
나. 복의 겉껍질과 속껍질을 분리·손질하여 복어회에 사용하시오.
다. 복어회에 지느러미를 사용하여 장식하시오.
라. 복어맑은탕 국물이 맑게 나오도록 복어를 데쳐서 사용하시오.
마. 복어맑은탕 완성품은 접시에 담아 감독위원의 확인을 받은 다음, 냄비에 담아 익혀 내시오.
바. 껍질굳힘은 젤라틴을 사용해도 무방하며 필요 시 냉장고를 이용하시오.
사. 복어회, 복어맑은탕, 복껍질굳힘(니꼬고리)을 완성하여 제출하시오.
아. 복어회, 복어맑은탕의 야꾸미(양념)와 폰즈(초간장)를 만들어 따로 담아내시오.
자. 복어는 맹독성이므로 소제작업과 제독작업을 철저히 하시오.

총재료목록

복어회, 복어맑은탕, 복껍질굳힘(니꼬고리)　　　　시험시간 1시간 30분

1. 복어회　　2. 복어맑은탕　　3. 니꼬고리

구 분	재 료 명	규 격	단위	수량	비 고
1	복어	1kg 정도, 시험 전까지 해동하여 지급	마리	1	
2	배추		g	150	
3	두부		g	70	
4	무		g	200	
5	생표고버섯	중	개	1	
6	미나리		g	30	
7	팽이버섯		봉	1/3	
8	당근		g	80	
9	찹쌀떡(복떡)	가래떡 대체 가능	g	30	
10	대파	흰 부분 4cm 정도	토막	1	
11	실파	20g 정도	뿌리	2	
12	레몬		개	1/4	
13	건다시마		g	10	
14	청차조기잎(시소)	깻잎 대체 가능	장	1	
15	가다랑어포(가쓰오부시)		g	5	
16	청주		mL	50	
17	맛술(미림)		mL	50	
18	젤라틴		g	10	
19	고운 고춧가루		g	10	
20	식초		mL	100	
21	진간장		mL	100	
22	생강		g	20	
23	소금	정제염	g	20	
24	포스트잇	1.5 × 5cm	장	13	

복어 손질

1. 복어는 소금을 뿌려 문질러 씻는다.
2. 복어의 머리 쪽이 나와 마주 보게 놓고 한쪽 지느러미를 자르고, 돌려놓고 반대쪽 지느러미를 자른다.
3. 양옆 지느러미를 소금에 비벼 씻어 손질하여 접시나 호일에 펼쳐서 나비 모양을 만들어 불 옆에 놓고 말려 놓는다.
4. 등지느러미를 자른 후 배 쪽 지느러미도 자른다.
5. 입 위 코 있는 부위에서 혀가 다치지 않게 잘라 복어 주둥이를 칼등으로 쳐서 벌어지게 한 후 윗니 사이에 칼을 넣어 잘라 소금에 비벼 씻어 물에 담근다.
6. 껍질 양쪽 부분에 칼집을 넣은 후 칼등으로 꼬리를 바닥에 닿게 누른 채 등 쪽 꼬리에서 머리 쪽으로 껍질을 잡아당겨 벗기고, 뒤집어 배 쪽도 같은 방법으로 껍질을 벗긴다.
7. 껍질을 벗겨낸 복어의 양쪽 머리뼈와 아가미 사이에 칼집을 넣고 칼로 머리 부분을 누른 상태에서 내장을 들어 올려 꺼낸다.
8. 눈은 안쪽에 손가락을 밀어 넣어 밖으로 눈이 돌출되게 한 후 터지지 않도록 주의하여 꺼낸다.
9. 혀와 아가미 사이에 칼집을 넣고 당겨서 내장을 부위별로 분리한다.
10. 비식용 부위를 접시에 담은 후 포스트잇에 부위별 명칭을 기록하여 붙여 감독위원에게 확인을 받는다.
11. 복어의 머리를 잘라내고 다시 반으로 자른다.
12. 머리 뼛속의 불순물을 제거한다.
13. 갈비뼈를 반으로 잘라 불순물을 제거하여 물에 담근다.
14. 배꼽 살 양쪽에 칼집을 넣은 후 배꼽 살을 떼어낸다.
15. 복어 몸통을 3장 뜨기 한 후 뼈는 5cm로 잘라 칼집을 넣어 찬물에 담근다.
16. 복어 살에 붙은 얇은 속껍질을 사시미 칼을 사용하여 제거한다.
    - tip 나무 도마를 사용하면 밀착이 잘 되어서 편하다.
17. 복어를 연한 소금물에 담가 제독하고 물기를 제거한 후 마른 면포에 감싸 최대한 수분을 제거한다.
18. 대바칼로 껍질 안쪽의 점막을 긁어내어 속껍질을 제거한다.
19. 겉껍질의 안쪽이 도마에 닿게 펼쳐 머리 부분에 칼집을 넣은 후 도마에 밀착시켜 가시를 제거한 후 찬물에 담근다.
    - tip 가시와 껍질 사이를 지나가듯이 사시미 칼을 위아래로 움직여 가시를 제거

복어 손질

1 복어는 소금을 뿌려 문질러 씻는다.

2 복어의 머리 쪽이 나와 마주 보게 놓고 한쪽 지느러미를 자르고 돌려놓고 반대쪽 지느러미를 자른다.

3 양옆 지느러미를 소금에 비벼 씻어 손질하여 접시나 호일에 펼쳐서 나비 모양을 만들어 불 옆에 놓고 말려 놓는다.

복어 손질

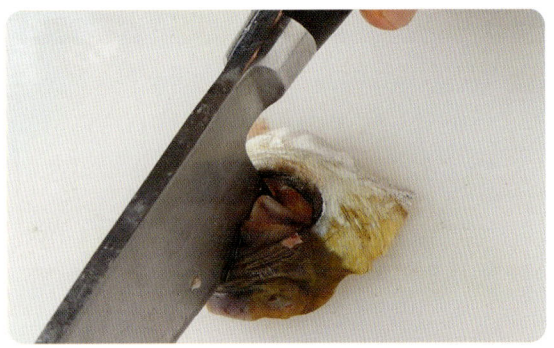

4 등지느러미를 자른 후 배 쪽 지느러미도 자른다.

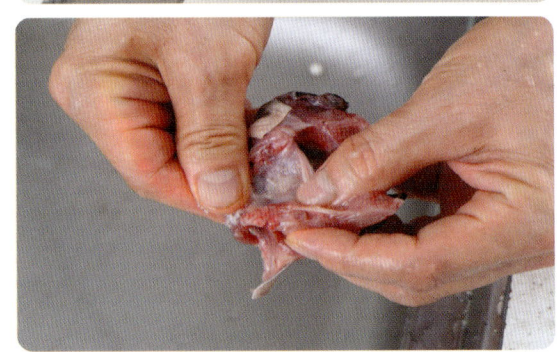

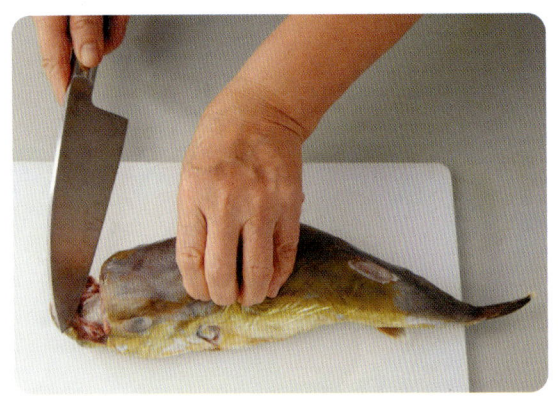

5 입 위 코 있는 부위에서 혀가 다치지 않게 잘라 복어 주둥이를 칼 등으로 쳐서 벌어지게 한 후 윗니 사이에 칼을 넣어 잘라 소금에 비벼 씻어 물에 담근다.

복어 손질

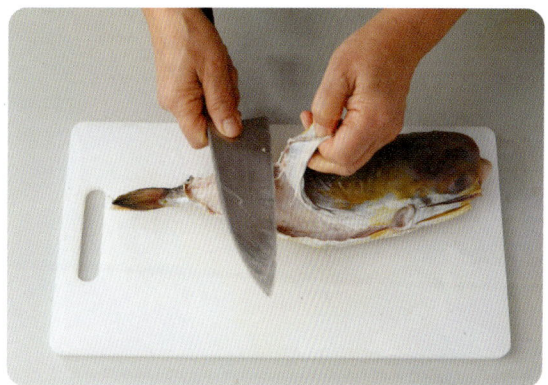

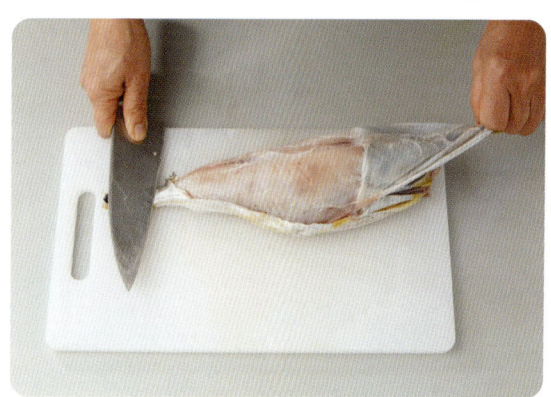

복어 손질

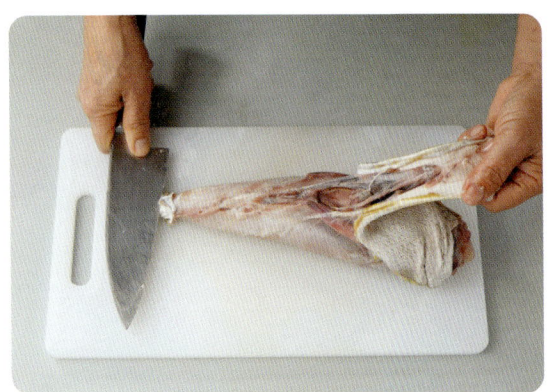

6 껍질 양쪽 부분에 칼집을 넣은 후 칼등으로 꼬리를 바닥에 닿게 누른 채 등 쪽 꼬리에서 머리 쪽으로 껍질을 잡아당겨 벗기고 뒤집어 배 쪽도 같은 방법으로 껍질을 벗긴다.

복어 손질

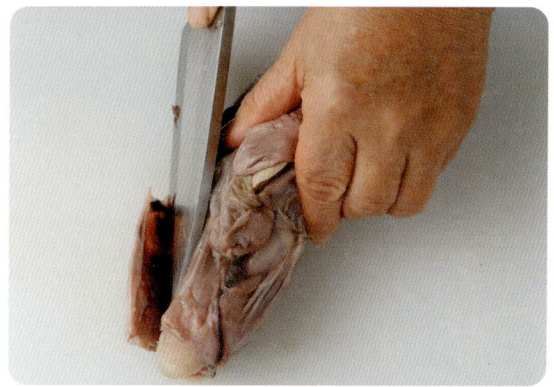

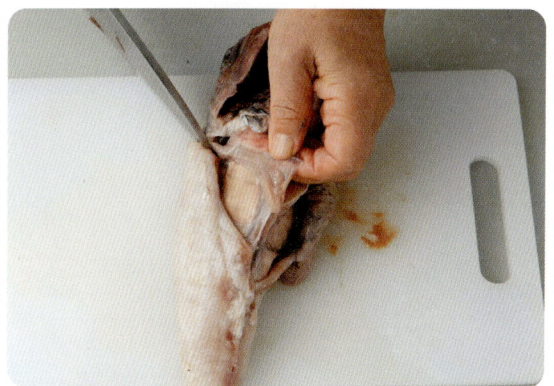

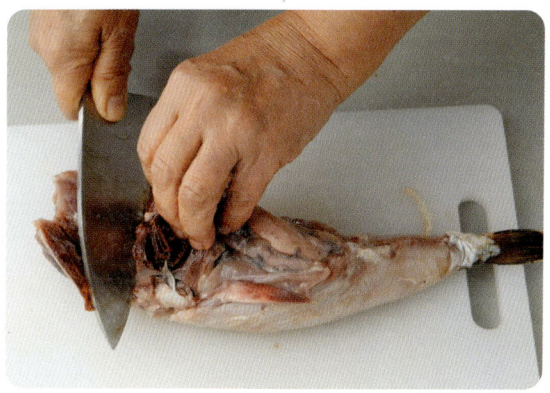

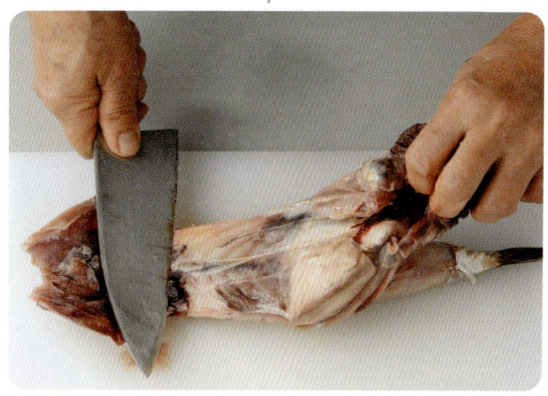

7 껍질을 벗겨낸 복어의 양쪽 머리뼈와 아가미 사이에 칼집을 넣고 칼로 머리 부분을 누른 상태에서 내장을 들어 올려 꺼낸다.

복어 손질

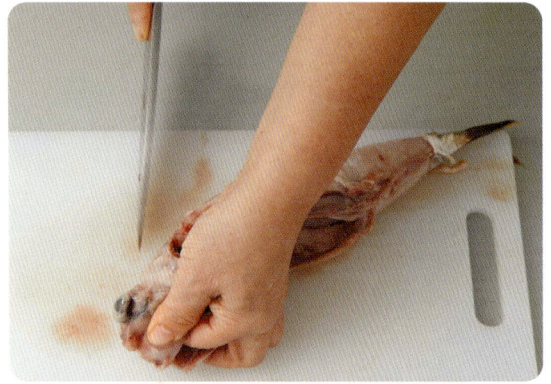

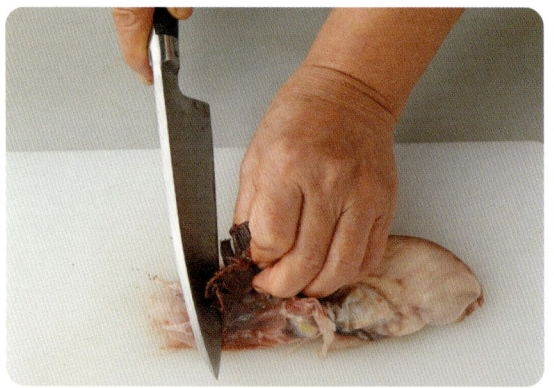

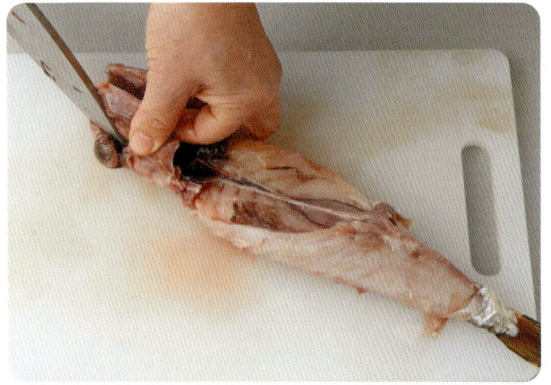

8 눈은 안쪽에 손가락을 밀어 넣어 밖으로 눈이 돌출되게 한 후 터지지 않도록 주의하여 꺼낸다.

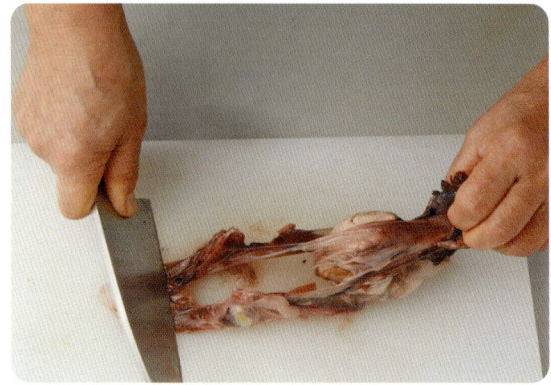

9 혀와 아가미 사이에 칼집을 넣고 당겨서 내장을 부위별로 분리한다.

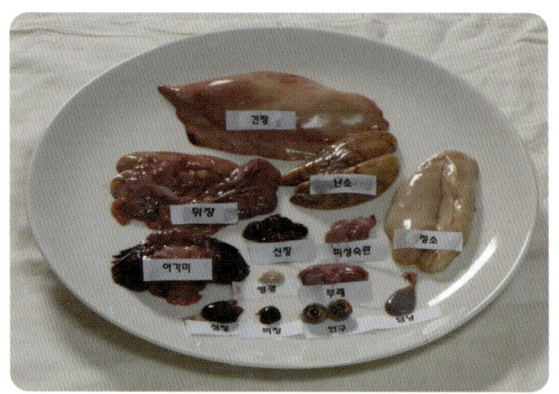

10 비식용 부위를 접시에 담은 후 포스트잇에 부위별 명칭을 기록하여 붙여 감독위원에게 확인을 받는다.

복어 손질

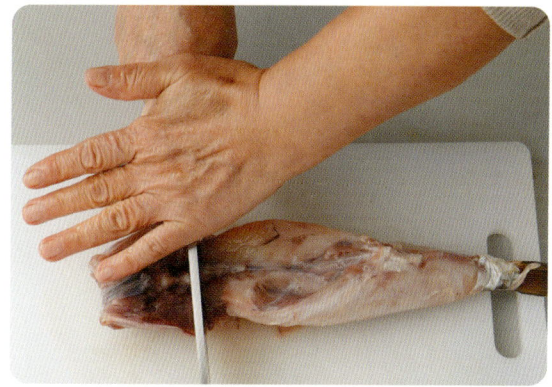
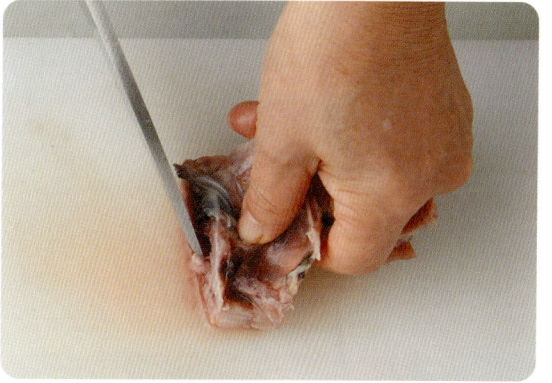
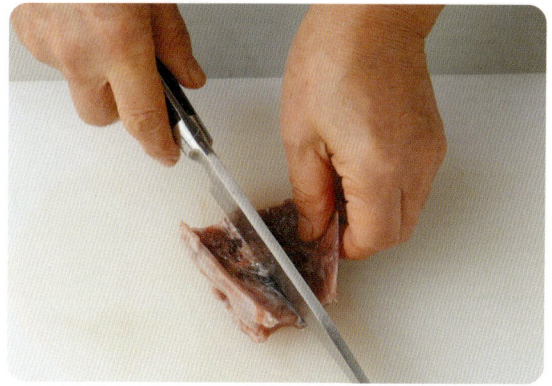
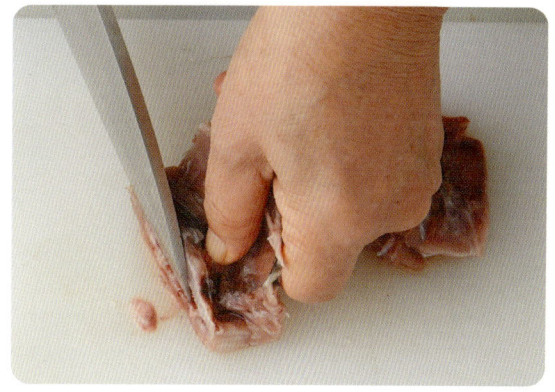

11 복어의 머리를 잘라내고 다시 반으로 자른다.

12 머리 뼛속의 불순물을 제거한다.

복어 손질

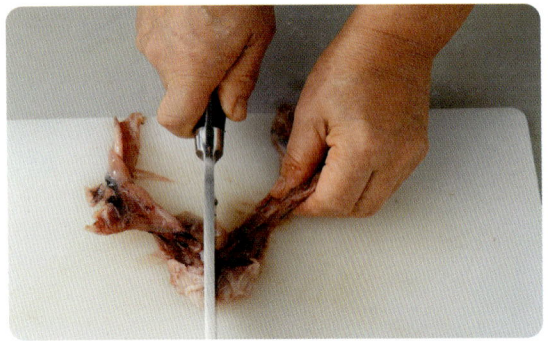

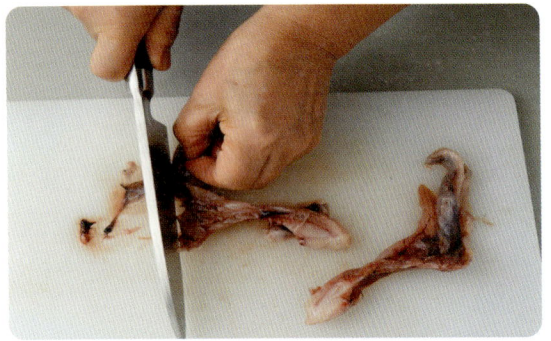

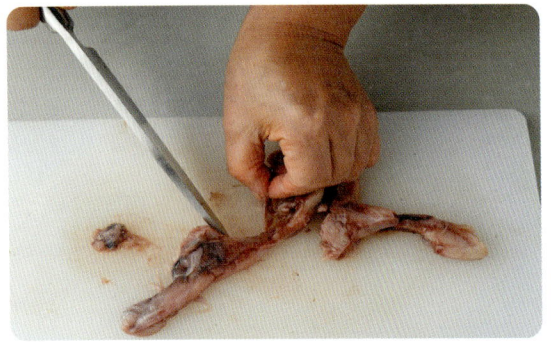

13 갈비뼈를 반으로 잘라 불순물을 제거하여 물에 담근다.

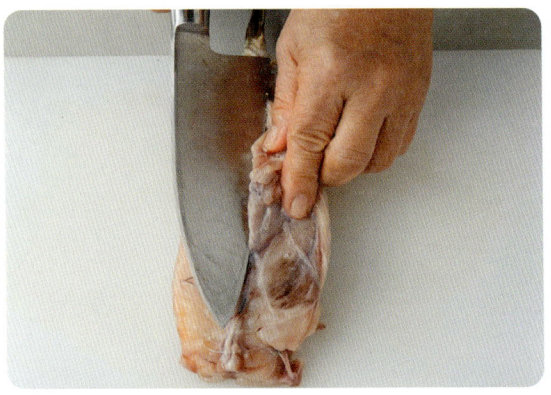

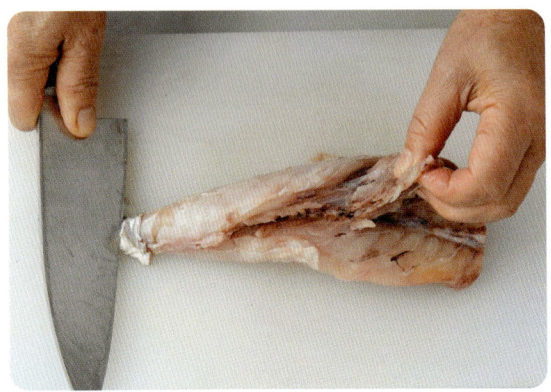

14 배꼽 살 양쪽에 칼집을 넣은 후 배꼽 살을 떼어낸다.

복어 손질

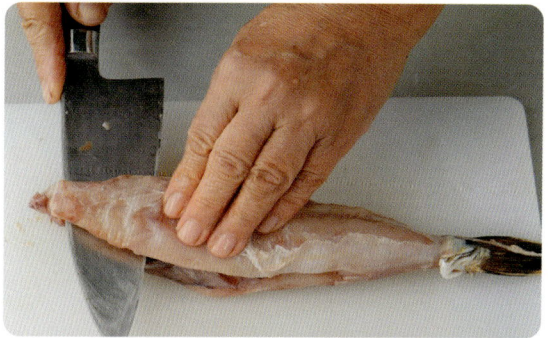
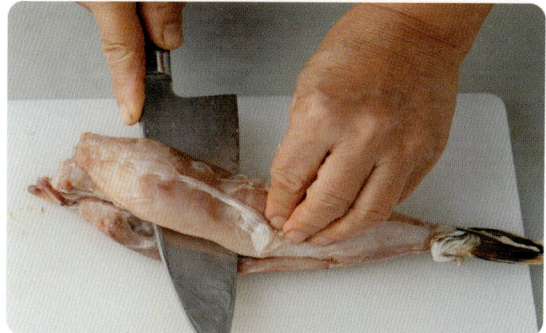

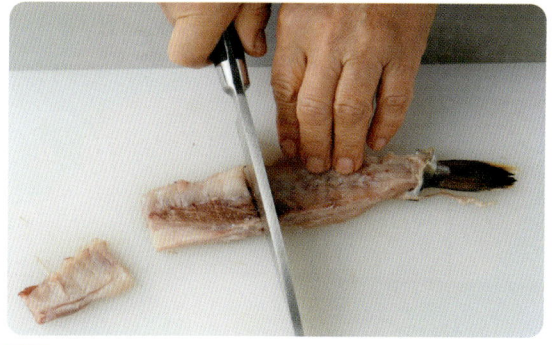

15 복어 몸통을 3장 뜨기 한 후 뼈는 5cm로 잘라 칼집을 넣어 찬물에 담근다.

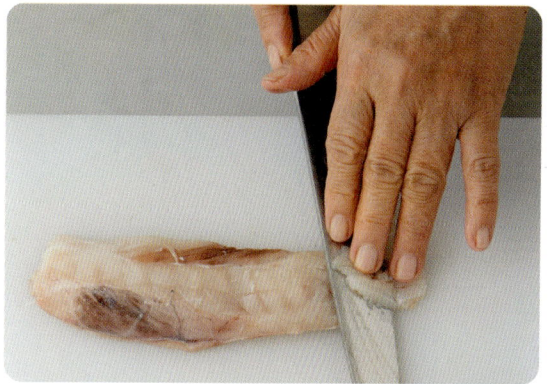
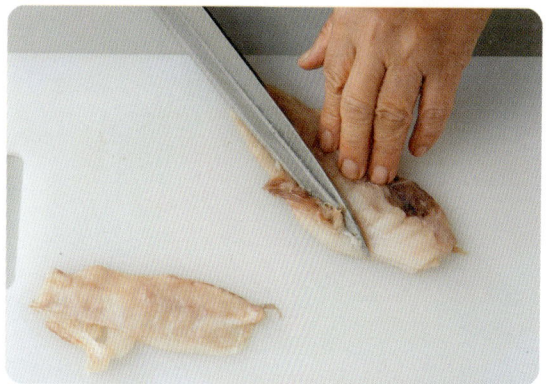
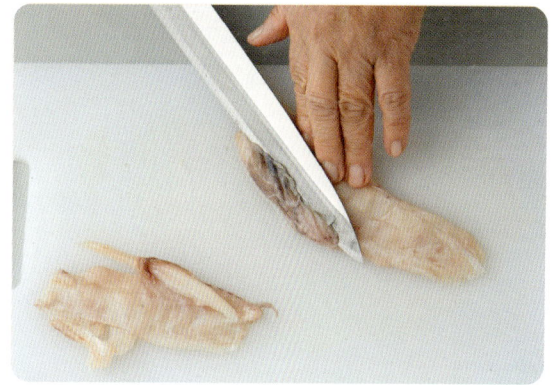

16 복어 살에 붙은 얇은 속껍질을 사시미 칼을 사용하여 제거한다.

tip 나무 도마를 사용하면 밀착이 잘 되어서 편하다.

복어 손질

17 복어를 연한 소금물에 담가 제독하고 물기를 제거한 후 마른 면포에 감싸 최대한 수분을 제거한다.

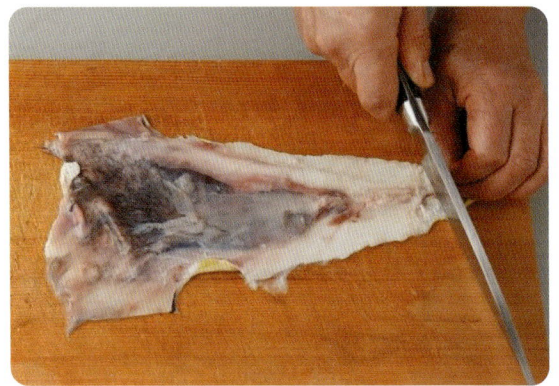

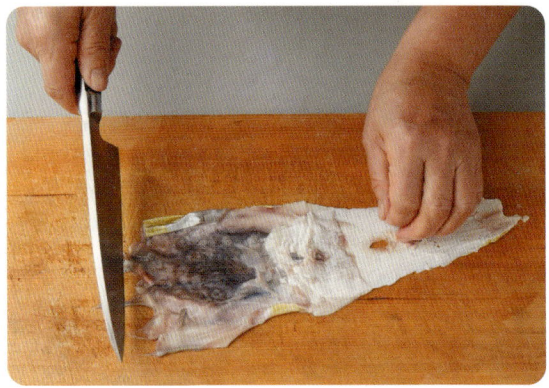

18 대바칼로 껍질 안쪽의 점막을 긁어내어 속껍질을 제거한다.

복어 손질

19 겉껍질의 안쪽이 도마에 닿게 펼쳐 머리 부분에 칼집을 넣은 후 도마에 밀착시켜 가시를 제거한 후 찬물에 담근다.

tip 가시와 껍질 사이를 지나가듯이 사시미칼을 위아래로 움직여 가시를 제거

복어회

복어회

만드는 법

1. 복어는 손질하여 횟감용 살을 포 뜬 후 살에 붙은 속껍질을 제거하여 연한 소금물에 담갔다 물기를 제거한 후 마른 면포에 감싸 최대한 수분을 제거한다.
2. 가시를 제거한 복어 배 껍질과 등껍질은 소금으로 씻어 끓는 물에 넣어 투명해지면 건져 찬물에 식혀 물기를 제거한다.

   tip 참복과 까치복은 껍질을 넣고 끓여 투명하면 건지고 은복은 살짝 데친다.
3. 마른 면포에 감싸 수분을 제거한 복어 살의 껍질 부분이 바닥으로, 머리 부분이 위쪽으로 오도록 사선으로 도마 위에 놓는다.
4. 복어 살을 왼손가락으로 살짝 누른 후 폭 2cm, 길이 6~7cm가 되도록 얇게 회를 뜬다.
5. 접시에 처음 회를 담을 때 정각 12시에 놓고 시계 반대 방향으로 돌려가면서 국화꽃 모양으로 담는다.
6. 데쳐 놓은 복어 껍질은 대바칼을 이용하여 4×0.3×0.3cm 길이로 곱게 채 썰고, 미나리도 4cm 길이로 놓는다.
7. 회를 뜨고 남은 복어 살은 장미꽃 모양으로 만들어 접시 중앙 빈 공간에 놓고 말려둔 지느러미를 꽃에 기대어 세워 지느러미 사이에 애벌레를 올려 나비를 완성하고 미나리와 복어 껍질 채 썬 것을 담는다.

합격 point

1. 복어 회는 수분을 잘 빼야 얇게 뜨기 편하다.
2. 복어회는 찢어지거나 구멍 나지 않게 하여 얇게 뜬다.

조리과정 복어회

1. 복어는 손질하여 횟감용 살을 포 뜬 후 살에 붙은 속껍질을 제거하여 연한 소금물에 담갔다 물기를 제거한 후 마른 면포에 감싸 최대한 수분을 제거한다.

2. 가시를 제거한 복어 배 껍질과 등껍질은 소금으로 씻어 끓는 물에 넣어 투명해지면 건져 찬물에 식혀 물기를 제거한다.

   tip 참복과 까치복은 껍질을 넣고 끓여 투명하면 건지고 은복은 살짝 데친다.

3. 마른 면포에 감싸 수분을 제거한 복어 살의 껍질 부분이 바닥으로, 머리 부분이 위쪽으로 오도록 사선으로 도마 위에 놓는다.

조리과정 복어회

4 복어 살을 왼손가락으로 살짝 누른 후 폭 2cm, 길이 6~7cm가 되도록 얇게 회를 뜬다.

6 데쳐 놓은 복어 껍질은 대바칼을 이용하여 4×0.3×0.3cm 길이로 곱게 채 썰고, 미나리도 4cm 길이로 놓는다.

5 접시에 처음 회를 담을 때 정각 12시에 놓고 시계 반대 방향으로 돌려가면서 국화꽃 모양으로 담는다.

7 회를 뜨고 남은 복어 살은 장미꽃 모양으로 만들어 접시 중앙 빈 공간에 놓고 말려둔 지느러미를 꽃에 기대어 세워 지느러미 사이에 애벌레를 올려 나비를 완성하고 미나리와 복어 껍질 채 썬 것을 담는다.

복어맑은탕

복어맑은탕

만드는 법

1. 다시마를 면포에 닦아 찬물에 넣어 끓으면 다시마를 건진 후 소금, 청주로 육수를 준비한다.
2. 무는 일부 남기고 은행잎 모양으로 다듬어 두께 0.7cm로 2~3쪽을 썰고 당근은 5각형으로 썰어 매화꽃을 만들고 두께 0.7cm로 썰어 끓는 물에 70~80% 익힌다.
3. 배추와 미나리 일부는 데쳐서 김발에 배추를 놓고 속에 미나리를 넣어 말아 수분을 제거하여 모양 있게 썰어 놓는다.
4. 두부는 4×1.5×3cm로 2~3개 썰어 놓고 표고버섯은 기둥을 떼고 별 모양 칼집을 내고, 팽이버섯은 밑둥을 제거하고, 대파는 길이 5cm로 어슷하게 썰어 놓는다.
5. 찰떡(가래떡)을 석쇠나 쇠꼬챙이를 이용해 노릇하게 구워 씻어 놓는다.
   > **tip** 떡을 구워서 씻어야 국물이 깨끗하다.
6. 물이 끓으면 손질한 복어 뼈를 데쳐서 찬물에 헹구면서 이물질을 깨끗하게 손질한다.
7. 접시에 손질한 채소와 복어를 조화롭게 담아 감독위원에게 검사를 받는다.
8. 검사 후 떡, 미나리, 팽이버섯을 남기고 모든 재료를 냄비에 모양 있게 담아 재료가 잠길 정도의 육수를 붓고 끓으면 거품은 제거한 후 떡, 미나리, 팽이버섯을 넣고 살짝 끓인다.
9. 무를 강판에 갈아 헹구어 수분을 제거하여 고운 고춧가루로 물들여 놓는다.
10. 레몬은 반달 모양으로 편 썰고, 실파는 송송 썰어 헹구어서 수분을 제거한다.
11. 다시국물 1T, 간장 1T, 식초 1T을 혼합하여 폰즈를 만든다.
12. 종지에 물들인 무, 레몬, 실파 1/2을 담고 폰즈를 다른 종지에 담아낸다.

합격 point

1. 복어 뼈는 피를 잘 제거하여 깨끗하게 손질하여 데친다.
2. 맑은탕에 찹쌀떡이 나오면 나중에 놓고 살짝 끓인다. (미리 넣으면 풀어진다)
3. 센 불에서 끓이면 국물이 탁하다.

조리과정 복어맑은탕

1 다시마를 면포에 닦아 찬물에 넣어 끓으면 다시마를 건진 후 소금, 청주로 육수를 준비한다.

2 무는 일부 남기고 은행잎 모양으로 다듬어 두께 0.7cm로 2~3쪽을 썰고 당근은 5각형으로 썰어 매화꽃을 만들고 두께 0.7cm로 썰어 끓는 물에 70~80% 익힌다.

조리과정 복어맑은탕

3 배추와 미나리 일부는 데쳐서 김발에 배추를 놓고 속에 미나리를 넣어 말아 수분을 제거하여 모양 있게 썰어 놓는다.

4 두부는 4×1.5×3cm로 2~3개 썰어 놓고 표고 버섯은 기둥을 떼고 별 모양 칼집을 내고, 팽이버섯은 밑둥을 제거하고, 대파는 길이 5cm로 어슷하게 썰어 놓는다.

조리과정 복어맑은탕

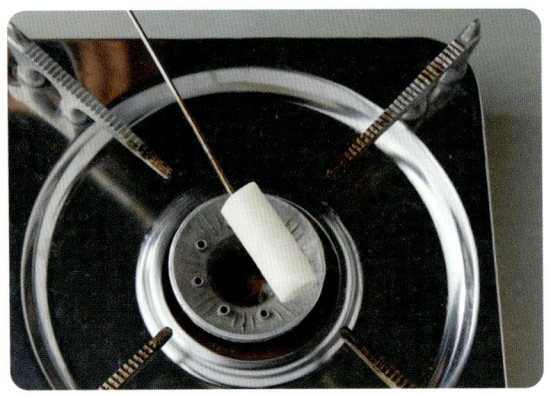

5. 찰떡(가래떡)을 석쇠나 쇠꼬챙이를 이용해 노릇하게 구워 씻어 놓는다.

   tip 떡을 구워서 씻어야 국물이 깨끗하다.

7. 접시에 손질한 채소와 복어를 조화롭게 담아 감독위원에게 검사를 받는다.

6. 물이 끓으면 손질한 복어 뼈를 데쳐서 찬물에 헹구면서 이물질을 깨끗하게 손질한다.

8. 검사 후 떡, 미나리, 팽이버섯을 남기고 모든 재료를 냄비에 모양 있게 담아 재료가 잠길 정도의 육수를 붓고 끓으면 거품은 제거한 후 떡, 미나리, 팽이버섯을 넣고 살짝 끓인다.

조리과정 복어맑은탕

10 레몬은 반달 모양으로 편 썰고, 실파는 송송 썰어 헹구어서 수분을 제거한다.

9 무 강판에 갈아 헹구어 수분을 제거하여 고운 고춧가루로 물들여 놓는다.

복어맑은탕 379

조리과정 복어맑은탕

11 다시국물 1T, 간장 1T, 식초 1T을 혼합하여 폰즈를 만든다.

12 종지에 물들인 무, 레몬, 실파 1/2을 담고 폰즈를 다른 종지에 담아낸다.

복껍질굳힘(니꼬고리)

복껍질굳힘(니꼬고리)

만드는 법

1. 젖은 면포로 다시마를 닦아 물 6컵을 넣고 끓으면 다시마는 건져 낸다.(지리용 다시마 국물 4컵을 따로 보관한다)
2. 그릇에 다시 국물을 1C을 넣고 가루 젤라틴을 풀어 녹인다.(판젤라틴의 경우 마찬가지로 다시물에 불려준다.)
3. 가시를 제거한 복어 배 껍질과 등 쪽 껍질을 끓는 물에 데친 후 찬물에 식혀 물기를 제거하여 4~3cm 길이로 곱게 채 썬다.(참복과 까치복 껍질은 끓여 투명하면 건지고 은복은 살짝 데친다)
4. 생강은 곱게 채 썰어 찬물에 담가두고, 실파는 다져 헹군다.
5. 불린 젤라틴에 다시 국물 1C을 더 넣고 채 썬 복어 껍질을 넣어 5분 이상 끓인 다음 간장으로 색을 내고 청주, 미림, 소금으로 간을 한 후 약한 불에서 투명하게 거품을 제거하며 끓인다.
6. 5에 생강을 넣고 살짝 끓여 1C 정도 되면 그릇에 담아 찬물 위에서 2~3차례 시간을 두고 저으면서 식힌다.
7. 실파를 넣고 생강과 파가 가라앉지 않게 고루 섞어 굳힘틀에 담아 냉장고에 넣어 식힌다.
   - **tip** 파는 식혀서 굳으려고 할 때 넣어야 파가 뜨거나 가라앉지 않고 고르게 섞인다.
8. 굳으면 굳힘틀에서 꺼내어 2~3cm 크기로 썰어 완성 그릇에 시소를 깔고 모양 있게 담아낸다.

합격 point

1. 니꼬고리는 늦게 하면 안 굳으므로 빨리 해서 냉장고에서 굳힌다.
2. 끓여서 1C 정도 되면 간장은 색을 보면서 넣는다.
3. 양이 많으면 잘 안 굳는다.

조리과정 복껍질굳힘

1 젖은 면포로 다시마를 닦아 물 6컵을 넣고 끓으면 다시마는 건져 낸다.(지리용 다시마 국물 4컵을 따로 보관한다)

2 그릇에 다시 국물을 1C을 넣고 가루 젤라틴을 풀어 녹인다.(판젤라틴의 경우 마찬가지로 다시물에 불려준다.)

3 가시를 제거한 복어 배 껍질과 등 쪽 껍질을 끓는 물에 데친 후 찬물에 식혀 물기를 제거하여 4~3cm 길이로 곱게 채 썬다.(참복과 까치복 껍질은 끓여 투명하면 건지고 은복은 살짝 데친다)

조리과정 복껍질굳힘

4 생강은 곱게 채 썰어 찬물에 담가두고, 실파는 다져 헹군다.

5 불린 젤라틴에 다시 국물 1C을 더 넣고 채 썬 복어 껍질을 넣어 5분 이상 끓인 다음 간장으로 색을 내고 청주, 미림, 소금으로 간을 한 후 약한 불에서 투명하게 거품을 제거하며 끓인다.

6 **5**에 생강을 넣고 살짝 끓여 1C 정도 되면 그릇에 담아 찬물 위에서 2~3차례 시간을 두고 저으면서 식힌다.

조리과정 복껍질굳힘

7 실파를 넣고 생강과 파가 가라앉지 않게 고루 섞어 굳힘틀에 담아 냉장고에 넣어 식힌다.

> **tip** 파는 식혀서 굳으려고 할 때 넣어야 파가 뜨거나 가라앉지 않고 고르게 섞인다.

8 굳으면 굳힘틀에서 꺼내어 2~3cm 크기로 썰어 완성 그릇에 시소를 깔고 모양 있게 담아낸다.

MEMO

복어조리산업기사 합격비법

[과제] 시험시간 1시간 30분

주의사항
※ 아래 번호 순서대로 조리하면 완성시간을 단축할 수 있다.
1. 메뉴별 재료를 구분하고 메뉴별 지급재료에 있는 재료만 사용한다.
2. 요구사항에 있는 작품의 크기와 개수를 꼭 확인하고 요구사항대로 한다.
3. 조리대를 청결하게 사용하고 먼저 만들 조리와 나중에 만들 조리를 구분하여 만든다.
4. 먼저 끓여 준비할 것, 나중에 끓일 것을 구분하여 끓이는 시간이 부족하지 않도록 한다.

A. 복어회   B. 복어맑은탕   C. 니꼬고리

1	냄비에 다시마와 물 6C 넣고 끓여 다시물 만들기(2C은 복껍질굳힘용 3.C은 복어맑은탕, 1T는 폰즈용)
2	복어를 소금을 뿌려 문질러 씻기
3	복어 양쪽 지느러미를 자르기
4	등지느러미와 배 쪽 지느러미도 자르기
5	복어 주둥이 자르기
6	복어 칼집 넣어 껍질을 벗기기
7	복어의 양쪽 머리뼈와 아가미 사이에 칼집을 넣어 내장을 들어 올려 꺼내기
8	눈 제거하기
9	내장 분리하여 15분 이내에 비식용부위에 네임태그에 부위별 명칭을 기록하여 감독위원의 확인 받기
10	다시국물 1C에 젤라틴 녹이기
11	복어 배꼽 떼고 3장 포 떠서 손질하여 소금물에 5분 정도 담갔다가 면포에 싸서 수분 제거하기
12	복어 껍질에 가시 제거하여 데쳐서 좋은 것은 회에 장식할 것 남기고 나머지 젤라틴 녹인 것에 다시국물 1C 넣고 끓이기
13	생강 곱게 채 썰어 물에 담그기 (조금만 채 썰어 사용)
14	파 송송 썰어 물에 헹구기
15	지느러미 소금으로 비벼 씻어 칼집 넣어 호일에 나비 모양으로 만들어 불 옆에 놓고 말리기

16	12에 1C으로 줄면 간장으로 색 내고 청주, 미림, 소금, 생강 넣고 끓여 식으면 실파 넣고 틀에 담아 냉장고에 굳히기
17	복어 머리 잘라 머리 뼛속의 불순물을 제거하여 물에 담가 제독하기
18	갈비뼈를 반으로 잘라 불순물을 제거하고 뼈도 5cm로 잘라 칼집 넣어 물에 담가 제독하기
19	당근 매화꽃, 무 일부 은행잎으로 썰어 데치고 무 일부는 강판에 갈아 고춧가루 물들이기
20	배추와 미나리(안 좋은 것) 데쳐서 배추 말이 하여 썰기
21	표고버섯 별 모양으로 칼집 넣고 팽이버섯 밑동 자르기
22	가래떡은 구워 씻어 놓고 두부는 4×1.5×3cm로 2~3개 썰기
23	대파 어슷썰기
24	복어 뼈 데쳐서 헹구기
25	접시에 맑은탕 재료 조화롭게 사라 모리하여 감독위원에게 검사 받기
26	냄비에 미나리와 팽이버섯 빼고 조화롭게 담아 다시국물에 간하여 붓고 끓이기
26	레몬 반달 모양으로 썰어 야꾸미와 폰즈 만들기
26	복어 회 떠서 장식하여 완성
26	맑은 탕에 미나리와 팽이버섯 넣어 완성
26	니꼬고리 썰어 완성 그릇에 시소를 깔고 모양 있게 담기

완성순서 복어회 〉 복어맑은탕 〉 니꼬고리 (복어회, 복어맑은탕, 복껍질굳힘, 야꾸미, 폰즈를 함께 제출한다.)

조리 tip

1. 15분 이내에 비식용 부위 네임태그 부위별로 명칭 기록하여 검사받기
2. 복껍질굳힘은 미리 만들어서 냉장고에 등번호 붙여서 굳힌다. (늦게 하면 안 굳는 경우가 많음)
3. 야꾸미, 폰즈 만들어 제출할 준비해 놓고 회 뜨기
4. 복껍질굳힘은 안 굳는 경우가 많으므로 나중에 틀에서 뺀다.

핵심정리 핸드북 (요점정리)

양식조리산업기사

핵심정리 핸드북 (요점정리)

과제 1형

토마토 쿨리를 곁들인
치킨 룰라드
(Chicken Lollard with Tomato Coolie)

과제 2형

타임 소스를 곁들인
양갈비 구이
(Grilled lamb chops with time sauce)

1. 닭 다리 : 뼈와 살 분리 – 타임, 소금, 후추를 이용하여 마리네이드
2. 룰라드 : 듁셀(양송이+양파+빵가루+생크림) – 차게 식힌 듁셀 +닭 다리 – 실로 묶기 – 시어링 하기 – 오븐에서 익히기
3. 치킨부용 : 닭뼈+당근+양파+월계수 잎을 끓이기 – 거르기
4. 토마토쿨리 : 양파찹, 마늘찹 볶기 – 토마토퓨레, 적포도주, 토마토콩카세, 바질, 치킨부용 넣고 조려 체에 내리기
5. 감자 : 삶기 – 노른자 넣어 매쉬 만들기 – 짤주머니에 깍지 끼워 넣어 모양 나게 짠 후 오븐에 굽기
6. 사과 : 설탕에 글레이징 하기
7. 당근 : 올리베또(Olivette) – 삶기 – 버터물 + 설탕 – 글레이징
8. 브로콜리 : 데치기 –버터 넣어 볶아주기
9. 가지 : 슬라이스 하여 마리네이드 하기 – 오븐에 굽기
10. 소스와 재료를 이용하여 플레이팅

1. 양갈비 : 손질하여 타임, 로즈마리, 소금, 후추로 마리네이드
2. 소스 : 팬에 구운 양갈비 뼈, 토마토 페이스트, 당근, 양파, 타임, 적포도주를 이용하여 만들기
3. 양겨자 크러스트 : 양겨자, 파슬리, 타임, 마늘, 빵가루, 올리브오일
4. 양갈비 : 시어링 – 민트 젤리+꿀 섞어 바르기 – 양겨자 크러스트 입히기 – 오븐에서 굽기(미디움)
5. 감자 : 둥근 모양 – 두께 0.2cm로 컷팅 – 안나포테이토 – 오븐
6. 아스파라거스 : 물에 데치기 – 팬에 버터 넣어 볶기
7. 비가라드 소스 : 설탕 캐러멜화 하기 – 오렌지주스, 적포도주, 레몬, 데미글라스, 제스트, 타임, 월계수 잎 넣어 조려 체에 내리기 – 버터 몽테 하기
8. 양갈비 – 3등분하여 접시에 담기 – 가니쉬, 타임 소스 플레이팅 하기

과제 3형

비가라드 소스를 곁들인
오리가슴살 구이
(Grilled duckbreast with Bigarade sauce)

과제 4형

엔쵸비버터를 곁들인
소안심구이
(Grilled beef tenderloin with enchobie butter)

1. 오리가슴살 : 껍질 부분에 칼집 – 소금, 후추, 마늘, 타임으로 마리네이드 – 시어링 – 꿀 발라 오븐에서 굽기 (미디움)
2. 로스티 감자 : 채 썰은 감자, 베이컨 + 다진 블랙올리브 + 전분 – 팬에 양면 노릇하게 굽기
3. 당근 : 올리베또 3개 – 글레이징
4. 배 : 샤토 2개 – 레드와인에 졸여 배 콘피(Pear Confit)
5. 브로콜리 : 한입 크기 – 다듬기 – 데치기 – 버터에 볶기
6. 오렌지 : 세그먼트 3쪽, 제스트, 주스 각각 만들기
7. 비가리드 소스 : 설탕, 오렌지주스, 식초, 양파, 적포도주, 데미글라스 소스, 월계수 잎, 검은 통후추
8. 잘 익은 오리가슴살은 3쪽으로 잘라 담고 준비한 가니쉬, 비가라드 소스 플레이팅 하기

1. 소고기 안심 : 160g 컷팅 – 마늘, 타임, 소금, 으깬 검은 후추, 올리브오일 마리네이드
2. 레드와인 소스 : 당근, 양파, 셀러리 갈색으로 볶기 – 레드와인, 데미글라스 소스 – 물, 파슬리 줄기, 검은 통후추 넣고 조려 체에 내리기 – 소금간 하여 버터 몽테 하기
3. 앤초비 버터 : 포마드 상태의 버터 휘핑 – 앤초비, 마늘, 샬롯, 타라곤, 파슬리, 케이퍼 다져서 혼합 – 모양 잡아 냉장고에 굳히기
4. 도피누와즈 포테이토 : 밀가루 버터 볶아 베샤멜 소스 만들기– 감자 얇게 썰어 볶기– 감자. 베샤멜 소스 층층이 놓기 – 파르미지아노 레지아노 치즈 얹기 – 오븐에 굽기
5. 당근 : 올리베또 3개 – 글레이징
6. 방울양배추, 아스파라거스 :데치기 – 팬에 볶기
7. 안심스테이크를 담고 준비한 가니쉬, 레드와인 소스 플레이팅 하기

양식 핵심정리 핸드북

핵심정리 핸드북 (요점정리)

양식조리산업기사

과제 5형

타임벨루테 소스를 곁들인 기름에 저온 조리한 적도미
(Sous-vide in oil with Time Belute sauce)

1. 적도미 : 3장 뜨기 – 칼집 – 소금, 후추 밑간 (도미뼈 – 찬물)
2. 생선 스톡 : 생선 뼈, 양파, 셀러리, 대파, 볶기-물, 파슬리 줄기, 월계수 잎, 검은 통후추 넣고 끓이기- 체에 내리기
3. 벨루테 소스 : 밀가루, 버터 볶아 화이트 루 만들기- 루에 생선 스톡 넣고 멍울이 풀기- 휘핑크림 넣고 끓이기- 다진 파슬리, 다진 타임 넣고 간하기 – 버터 몽테
4. 브로콜리 : 데치기 –버터 넣어 조리기
5. 퐁당감자 : 보일드 감자 모양 – 오븐에 굽기
6. 라따뚜이 : 토마토 콩카세 하고 샬롯, 가지, 애호박, 붉은 파프리카, 케이퍼 0.6×0.6×0.6cm로 썰기 – 볶아 소금, 후추 간하기
7. 적도미는 타임을 곁들인 기름에 낮은 온도에서 서서히 익히기
8. 기름기를 뺀 적도미, 가니쉬, 벨루테 소스를 이용하여 플레이팅 하기

중식조리산업기사

핵심정리 핸드북 (요점정리)

과제 1형

● 완성순서 : 삼품냉채 → 광동식탕수육 → 물만두

1. 재료 분리하여 해파리 여러 번 헹구어 연한 식촛물에 담가 염분을 제거한다.
2. 전분 일부 남기고 물을 넣어 앙금 녹말을 만든다.
3. 밀가루 반죽하여 숙성시킨다.
4. 겨잣가루 따뜻한 물에 개어 숙성시킨다.
5. 송화단 삶아 8등분한다.
6. 새우살 삶아 식으면 껍질을 벗긴다.
7. 당근꽃 만들어 물에 담근다.
8. 양파, 청피망 삼각형으로 썰어 놓는다.
9. 파인 통조림, 8등분하고 완두콩 데친다.
10. 돼지고기(200g) 3×3×1cm로 썰어 밑간한다.
11. 돼지고기(50g) 다져서 부추와 양념 넣고 소를 만든다.
12. 오이 일부는 채 썰고 일부는 편 썬다.
13. 해파리 데쳐 헹군다.
14. 겨자 소스와 마늘 소스 만들어 삼품냉채 완성 시킨다.
15. 돼지고기 기름에 1번 튀긴다.
16. 물만두 피 만들어 만두를 빚는다.
17. 돼지고기 2차로 튀긴 다음 광동식 탕수육 소스 만들어 완성한다.
18. 끓는 물에 물만두 익혀 물만두 완성한다.

과제 2형

● 완성순서 : 산라탕 → 양장피잡채 → 빠스사과

1. 겨잣가루 따뜻한 물에 개어 숙성시킨다.
2. 양장피, 목이버섯 미지근한 물에 불린다.
3. 재료 씻으면서 분리하여 표고버섯, 죽순, 소고기는 5cm로 곱게 채 썰어 데친다.
4. 새우는 내장을 제거하고 해삼은 5cm로 채 썰어 데친다. (새우, 해삼은 산라탕과 양장피용 분리)
5. 오징어 칼집 넣어 데친다.
6. 두부는 5×0.3×0.3cm 정도로 채 썰고 팽이버섯도 5cm 길이로 썬다.
7. 대파와 생강은 채 썬다.
8. 물녹말을 만든다. (녹말 1T + 물 2T)
9. 양파와 돼지고기는 5cm 길이로 채 썰어 놓는다.
10. 목이버섯 먹기 좋은 크기로 뜯어 놓는다.
11. 부추는 5cm 길이로 썰어 놓는다.
12. 사과는 3cm 정도 크기의 다각형으로 썰어 달걀 흰자 묻히고 밀가루를 묻힌다.
13. 사과 뜨거운 물에 살짝 적신 다음 다시 밀가루를 묻힌다.
14. 황백 지단 부쳐서 채 썰어 접시에 돌려 담는다.
15. 오이, 당근은 5×0.3×0.3cm로 채 썰어 돌려 담는다.
16. 데친 오징어도 채 썰어 새우, 해삼과 같이 돌려 담는다.
17. 양장피 삶아 헹구어 4cm 크기로 뜯어 소금, 참기름으로 밑간하여 접시 중간에 돌려 담는다.
18. 돼지고기, 양파, 목이버섯, 부추 순서로 넣어 볶아 소금과 참기름으로 간하여 접시 중앙에 담아 겨자 소스 만들어 양장피잡채 완성.
19. 사과 기름에 튀긴다.
20. 설탕 갈색으로 시럽 만들어 튀긴 사과 버무려 식용유 바른 접시에 달라붙지 않도록 담아 식으면 완성 접시에 담는다.
21. 냄비에 물 2C 넣고 간장 청주, 생강 넣고 끓으면 새우, 표고버섯, 죽순, 해삼, 소고기 넣어 끓여 두부, 팽이버섯, 소금 후춧가루, 참기름, 식초 넣고 끓인다.
22. 탕에 물녹말로 농도 맞추고 달걀 풀어 완성 그릇에 담고 파채 올리고 고추기름 얹어 완성.

중식조리산업기사

핵심정리 핸드북 (요점정리)

과제 3형

● 완성순서 : 쇼마이 → 피망돼지고기볶음 → 깐쇼새우

1. 전분은 물에 담그고 밀가루 익반죽한다.
2. 재료 씻으면서 분리하여 피망, 양파, 죽순, 표고버섯은 채 썰어 죽순, 표고버섯은 데친다.
3. 대파, 마늘. 생강 다지고 부추 송송 썰어 놓는다.
4. 당근 0.3×0.3×0.3cm로 다진다.
5. 새우 껍질, 내장 제거하여 밑간한다.
6. 돼지고기 100g은 채 썰고 50g은 다진다.
7. 다진 돼지고기 부추 넣고 양념하여 쇼마이 소를 만든다.
8. 반죽 지름 6cm로 얇게 밀어 소를 넣고 쇼마이 만들어 당근 올려 찜기에 찐다.
9. 채 썬 돼지고기 밑간하여 달걀, 전분 넣고 코팅하여 기름에 데친다.
10. 팬에 양파, 죽순, 표고버섯, 피망, 순서로 간하면서 볶아 돼지고기, 참기름 넣어 피망돼지고기볶음 완성한다.
11. 앙금 전분, 달걀 넣고 튀김 옷 만들어 새우에 입혀 기름에 2번 튀긴다.
12. 팬에 고추기름, 대파, 마늘, 생강을 넣어 볶다가 간장, 청주를 넣고 볶은 후 두반장, 토마토케첩을 넣고 볶는다.
13. 물1/2C을 넣고 설탕, 식초를 넣어 끓이면 물 전분으로 농도를 맞추고 튀겨낸 새우를 넣어 완성한다.

과제 4형

● 완성순서 : 면보하 → 궁보계정 → 팔보채

1. 재료 씻어 분리한다.
2. 양송이, 표고버섯, 죽순, 홍피망, 당근은 4×2×0.3cm로 썰어 데친다.
3. 청피망 반은 4×2×0.3cm로 썰고 반은 1.5×1.5×1.5cm로 썬다.
3. 닭가슴살 1.5×1.5×1.5cm로 썰어 밑간한다.
4. 새우살 내장을 제거하여 60g은 데치고 100g은 다진다.
5. 갑오징어 칼집을 넣어 썰어 데친다.
6. 소라, 불린 해삼 편 썰어 데친다.
7. 건고추 1.5cm로 썰어 놓는다.
8. 궁보계정용 대파, 생강 일부는 1.5cm로 편 썰고 면보하용은 대파, 생강은 다지고 팔보채용 마늘, 대파, 생강은 편 썬다.
9. 다진 새우살에 양념하여 달걀흰자 전분을 넣어 반죽한다.
10. 식빵 지름 5cm로 둥글게 썰어 양념한 새우살을 넣고 샌드위치 만들어 기름에 튀긴 뒤 기름을 제거하여 완성 접시에 담는다.
11. 닭가슴살에 달걀, 전분을 넣고 버무려 기름에 부드럽게 익힌다.
12. 땅콩을 기름에 튀긴다.
13. 팬에 고추기름을 넣고 건고추를 볶다가 향신채와 양념을 넣고 볶은 다음 피망을 넣고 볶는다.
14. 13)에 물을 넣고 끓이면 닭고기와 땅콩을 넣고 물녹말로 농도를 맞추고 참기름을 넣어 완성 접시에 담는다.
15. 팬에 기름을 넣고 마늘, 대파, 생강을 볶다가 간장 1T, 청주 1T을 넣고 볶는다.
16. 표고버섯, 양송이버섯, 죽순, 당근 넣고 볶다가 갑오징어, 새우살, 참소라, 불린 해삼을 넣어 볶는다.
17. 홍피망, 청피망을 넣고 볶다가 육수를 넣고 소금 후추를 넣은 뒤 물녹말로 농도를 맞추고 참기름을 넣어 팔보채 완성 접시에 담는다.

핵심정리 핸드북 (요점정리)

중식조리산업기사

과제 5형

● 완성순서 : 짜춘권 → 라조육 → 류산슬

1. 재료 씻어 분리한다.
2. 표고버섯 2개는 4×2cm로 썰고 2개는 채 썰어 유산슬용과(5~6cm) 짜춘권용(4cm)을 분리한다.
3. 죽순 30g은 4×2cm로 썰고 채 썰어 유산슬용과 (5~6cm) 짜춘권용(4cm)을 분리한다.
4. 피망은 4×2cm로 썰고 채 썰어 놓는다.
5. 불린 해삼(30g)은 5~6cm로 채 썰고 20g은 4cm로 채 썬다.
6. 채소와 해물 각각 데친다.
7. 새우 내장을 제거하여 30g은 데치고 40g은 밑간하여 달걀, 전분 넣고 코팅하여 기름에 데친다.
8. 돼지고기 50g은 4cm로 채 썰고, 50g은 5~6cm로 가늘게 채 썰어 밑간하여 코팅하고 200g은 4×1×1cm 크기로 썰어 밑간한다.
9. 코팅한 새우와 돼지고기는 기름에 각각 데친다.
10. 달걀에 된 물전분 넣고 체에 내려 지단 2장을 부친다.
11. 파, 마늘, 생강 일부는 채 썰고 일부는 편 썬다.
12. 팬에 식용유를 넣고 생강, 파채를 볶다가 간장, 청주를 넣고 돼지고기 양파, 표고, 죽순, 해삼, 새우 순으로 넣고 볶다가 부추를 넣어 살짝 볶은 후 소금, 참기름을 넣어 식힌다.
13. 밀가루 물을 섞어 되직한 풀을 만든다.
14. 지단에 12)을 3cm 굵기로 넣고 말아 밀가루 풀을 발라 고정하고 기름에 튀겨 식으면 3cm 높이로 썰어 담아 짜춘권 완성한다
15. 밑간한 돼지고기에 달걀, 앙금 전분을 넣어 튀김옷을 입혀 기름에 2번 튀긴다.
16. 팬에 식용유를 넣고 대파, 마늘, 생강을 넣어 볶다가 진간장, 청주로 향을 내고 해삼, 채소를 넣고 볶다가 물 1C 넣고 끓으면
17. 16)에 새우살과 돼지고기를 넣고 팽이버섯을 넣어 물녹말로 농도를 맞추고 후춧가루, 참기름을 넣어 유산슬 완성하여 접시에 담는다
18. 팬에 고추기름을 넣고 건고추 볶다가 편 썬 대파, 마늘, 생강을 넣어 볶는다.
19. 18)에 간장 1T, 청주 1T을 넣고 표고버섯, 죽순, 홍고추, 청피망, 청경채 순으로 넣어 볶다가 육수 1C를 넣는다.
20. 끓어오르면 돼지고기를 넣고 물녹말을 넣어 농도를 맞춘 후 참기름을 넣어 버무려 접시에 담아낸다.

MEMO

일식조리산업기사

핵심정리 핸드북 (요점정리)

과제 1형

● 완성순서 : 튀김덮밥 → 도미냄비 → 삼색갱

1. 튀김덮밥
1. 가쓰오다시 끓이기 (다시마X)
2. 밥 짓기 : 불린 쌀과 물을 1:1 비율로 계량하여 밥 짓기
3. 새우 : 내장, 껍질 제거 – 배 쪽에 칼집 – 눌러가며 펼쳐주기
4. 오징어 : 솔방울 모양 칼집 넣기 – 2×8cm
5. 가지 : 5cm 정도로 4등분
6. 생표고 : 별 모양
7. 찬물 1C+달걀노른자 – 박력분 – 젓가락으로 저어서 튀김옷 만들기
8. 손질한 재료+밀가루 – 튀김옷 – 튀기기 170℃~180℃ – 튀김꽃 만들기 – 건지기
9. 덴동다시 : 다시물 5T, 간장 2T, 맛술 2T, 설탕 1T – 끓이기 – 담기
10. 완성그릇에 밥과 튀김 담아 덴동다시와 함께 제출

2. 도미냄비 (타이지리)
1. 다시물 끓이기
2. 도미 : 손질 – 머리, 몸통, 꼬리 3등분하기 – 머리(반 가르기), 몸통(3장 뜨기), 꼬리(칼집 넣기) – 소금 – 끓는 물에 데치기 – 헹구기
3. 당근(매화꽃) 무(은행잎) – 데치기 – 헹구기
4. 배추+쑥갓 : 데치기 – 헹구기 – 배추말이 하기(쑥갓 일부는 찬물에 담그기)
5. 두부 : 4×3×2cm
6. 죽순 : 빗살무늬 – 0.3cm 편 썰기 – 데치기
7. 생표고 : 별 모양
8. 대파 : 4cm – 어슷썰기
9. 팽이버섯 : 밑둥 제거
10. 냄비 : 재료 돌려 담기 – 다시물 2~3C, 소금 1/2t, 청주 1T, 맛술 1T – 끓이기 – 불순물 제거 – 쑥갓, 팽이
11. 폰즈 : 다시물 1T, 식초 1T, 간장 1T
12. 야꾸미 : 강판에 갈은 무(고춧가루 물) + 실파 + 레몬
13. 도미냄비와 폰즈 소스, 야꾸미를 함께 제출

3. 삼색갱
1. 무 : 10cm 돌려깎기 – 0.1cm 채썰기 – 찬물
2. 오이 : 10cm 돌려깎기 – 0.1cm 채썰기 – 찬물
3. 당근 : 10cm 돌려깎기 – 0.1cm 채썰기 – 찬물
4. 무채, 당근채, 오이채 – 수분 제거 – 각각 돌려담기

과제 2형

● 완성순서 : 닭양념튀김 → 모둠냄비 → 삼색갱

1. 닭양념튀김
1. 닭 다리 : 뼈와 살 분리 – 3×3cm – 5쪽 이상 – 간장, 생강즙
2. 반죽 : 흰자 머랭 + 전분
3. 닭고기 : 수분 제거 – 튀김옷 – 170℃~180℃ 튀기기
4. 꽈리고추 : 살짝 튀기기 – 소금
5. 레몬 : 웻지 모양
6. 완성접시 – 한지를 깐 후 양념튀김, 꽈리고추, 레몬 담기

2. 모둠냄비(요세나베)
1. 가쓰오다시 끓이기 – 간장, 소금, 청주 넣어 요세나베 국물 만들기
2. 새우 : 내장 제거 – 데치기 – 머리 있는 상태로 껍질 제거하기
3. 닭고기 : 3×3cm – 간장, 청주 – 데치기
4. 동태살 : 3×3cm – 소금, 청주 – 데치기
5. 갑오징어 : 잔 칼집 – 데치기
6. 죽순 : 빗살 모양을 살려 편 썰기 – 데치기
7. 팽이버섯 : 밑둥 제거
8. 대파 : 어슷썰기
9. 두부 : 3×4×2cm
10. 당근 (매화꽃), 무 (은행잎) – 데치기
11. 생표고 (별 모양), 찐 어묵 (물결 무늬) – 데치기
12. 배추+쑥갓 : 데치기 – 헹구기 – 배추말이 하기 (쑥갓 일부는 찬물에 담그기)
13. 달걀 2개 – 끓는 물 + 소금 – 체에 받쳐 김발로 말아 굳히기 (후끼요세) – 3cm
14. 냄비 : 재료 돌려담기 – 요세나베 – 끓이기 – 불순물 제거 – 쑥갓, 팽이

3. 삼색갱
1. 무 : 10cm 돌려깎기 – 0.1cm 채썰기 – 찬물
2. 오이 : 10cm 돌려깎기 – 0.1cm 채썰기 – 찬물
3. 당근 : 10cm 돌려깎기 – 0.1cm 채썰기 – 찬물
4. 무채, 당근채, 오이채 – 수분 제거 – 각각 돌려담기

핵심정리 핸드북 (요점정리)

일식조리산업기사

과제 3형

● 완성순서 : 광어회 → 소고기양념튀김 → 고등어간장구이

1. 광어회
1. 무 : 10cm 돌려깎기 - 0.1cm 채썰기 - 찬물 (일부는 강판에 갈아 고춧가루 물들이기)
2. 레몬 (반달 모양), 실파 (송송 썰기)
3. 광어 : 비늘, 머리, 내장 제거 - 3장 뜨기 - 껍질 제거 - 완성접시에 포뜨기(시계 반대 방향)
4. 가운데 깻잎과 무갱 올리기

2. 소고기양념튀김
1. 마늘 (다지기), 실파 (송송 썰기), 레몬 (웻지 모양)
2. 소고기 : 결 반대 방향 3cm×0.2~0.3cm 채 썰기 - 핏물 제거 - 다진 마늘+실파+소금+참기름 - 달걀+밀가루+전분
3. 기름 190℃ - 당면 - 소고기 순서로 튀기기
4. 완성접시 - 종이 깔기 - 튀긴 당면 - 소고기 튀김 - 레몬 장식

3. 고등어간장구이
1. 깻잎(찬물)
2. 다시물 끓이기 - 다시물 2T, 간장 2T, 유자즙 (레몬) 2T, 맛술 1T, 청주 1T, 설탕 1T 소스 만들기
3. 고등어 : 3장 뜨기 - 칼집 - 소금 - 수분 제거 - 유한야키소스에 재우기 - 꼬챙이에 꽂아 살 쪽부터 굽기
4. 무(국화꽃) : 2cm×3cm - 칼집 - 물 1T, 식초 1T, 설탕 1T, 소금 - 절이기 - 다듬기 - 레몬 껍질 다져서 올리기
5. 우엉 : 껍질 벗겨 5cm 젓가락 모양 - 식용유에 볶기 - 다시물 1/2C, 간장 1T, 설탕 1T, 맛술 2t 졸이기 - 깨 묻히기
6. 완성 접시에 깻잎을 깔고 구운 고등어와 우엉 조림, 무초절임, 레몬 담기

과제 4형

● 완성순서 : 된장국 → 꼬치냄비 → 모둠튀김

1. 된장국
1. 다시마, 물 넣고 끓으면 가쓰오부시 넣어 가쓰오다시 만들기
2. 미역 불려 1×1cm로 썰어 데치기
3. 두부 1×1×1cm로 썰어 데치기
4. 실파 송송 썰어 물에 헹구기
5. 가쓰오다시물 2C을 냄비에 넣고 끓으면 된장 1T, 청주 1t 넣어 살짝 끓이기
6. 완성 그릇에 미역, 두부 담고 국물 부어 실파와 산초가루 올려 제출

2. 꼬치냄비
1. 가쓰오다시 끓이기 - 다시마는 매듭짓기
2. 겨자가루 1T+따뜻한 물 - 숙성
3. 쑥갓 (찬물), 당면, 목이버섯 (불리기)
4. 당근 (매화꽃), 무 (3cm 모서리 다듬기)
5. 곤약 : 7×3×0.6cm - 가운데 칼집- 데치기 - 꽈배기 모양 내기
6. 어묵 : 5cm - 데치기 - 대꼬챙이에 끼우기 (2개)
7. 유부 : 데치기 - 쇠고기, 배추, 당근, 목이버섯, 당면, 실파 흰 부분 - 볶기(간장, 소금, 후추) - 유부 안에 넣고 데친 실파 잎으로 묶기
8. 무, 곤약, 달걀 : 다시물 4T, 간장 2T, 미림 1T, 청주 1T 졸이기 - 달걀 반 가르기
9. 육수 : 다시물 3C, 간장 1t, 청주 1T, 맛술 1T, 소금 1/2t
10. 냄비 - 재료 담기 - 육수 - 끓이기 - 불순물 제거 - 완성 (쑥갓) - 겨자, 간장 함께 제출

3. 모둠튀김
1. 가쓰오다시 끓이기 - 가쓰오다시 4T, 간장 1T, 청주 1T, 설탕 1t - 덴다시 끓이기
2. 쑥갓 (찬물), 연근(0.6cm - 찬물)
3. 피망(2.5×5cm), 표고(별 모양)
4. 오징어 : 칼집 - 2.5×7cm
5. 새우 : 머리, 내장, 껍질 제거 - 배 쪽 칼집
6. 무, 생강 : 강판에 갈아 모양 내기(야꾸미)
7. 찬물 1C+노른자 - 체에 내린 밀가루 1C - 젓가락으로 섞기
8. 손질한 재료 + 밀가루 - 튀김옷 - 튀기기 170℃~180℃ - 튀김꽃 만들기 - 건지기 - 담기
9. 덴다시와 함께 제출하기

일식조리산업기사

핵심정리 핸드북 (요점정리)

과제 5형

● 완성순서 : 광어회 → 튀김우동 → 달걀말이

1. 광어회
1. 무 : 10cm 돌려깎기 – 0.1cm 채썰기 – 찬물 (일부는 강판에 갈아 고춧가루 물들이기)
2. 레몬 (반달 모양), 실파 (송송 썰기)
3. 광어 : 비늘, 머리, 내장 제거 – 3장 뜨기 – 껍질 제거 – 완성접시에 포뜨기(시계 반대 방향)
4. 가운데 깻잎과 무갱 올리기

2. 튀김우동
1. 가쓰오다시 끓이기 – 다시국물 2C, 간장 2T, 청주 1T, 미림 1T – 끓이기 – 우동국물 만들기
2. 쑥갓은 찬물에 담근다.
3. 고구마 (5cm 편썰기 – 찬물), 생표고(별 모양)
4. 새우 : 머리, 내장, 껍질 제거 – 배 쪽 칼집
5. 오징어 : 칼집 – 2.5×7cm
6. 찬물 1C+노른자 – 체에 내린 밀가루 1C – 젓가락으로 섞기
7. 손질한 재료+밀가루 – 튀김옷 – 튀기기 170℃~180℃ – 튀김꽃 만들기 – 건지기 – 튀김꽃만들기 – 건지기 – 담기
8. 우동면 : 삶아 찬물에 헹구기 담기 – 우동 국물 – 튀김 올리기

3. 달걀말이
1. 다시마 물 1C 넣고 끓으면 가쓰오부시 넣어 면포에 내리기
2. 달걀, 가쓰오다시 2T, 소금 1/3t, 설탕 1T, 맛술 1T을 풀어서 체에 내리기
3. 달군 팬에 계란물 1/2C씩을 부어가며 젓가락으로 말기
4. 김발에 달걀말이 감싸 모양 잡기
5. 무 강판에 갈아 물에 헹구어 간장 넣어 색 내기
6. 달걀말이 두께 1cm로 8개 썰기
7. 깻잎 깔고 달걀말이 담고 간장무 곁들이기

MEMO

복어조리산업기사

핵심정리 핸드북 (요점정리)

과제

● 완성순서 : 복어회 → 복어맑은탕 → 니꼬고리

1. 다시마 물 5C 정도 올려 다시국물 끓인다.
2. 복어 순서대로 손질하여 내장을 분리하여 네임태그에 내장명을 써서 감독위원에게 검사를 받는다.
3. 다시국물 1C에 젤라틴 가루를 녹인다.
4. 복어 껍질은 가시를 제거하여 끓는 물에 투명하게 데쳐서 4cm 길이로 썰고 예쁜 것은 복어회에 담을 것 남기고 나머지 껍질과 3)을 넣고 끓인다.
5. 생강 곱게 채 썰어 찬물에 담그고 실파 송송 썰어 물에 헹군다.
6. 4)에 간장으로 색을 내고 미림, 소금으로 간하여 1C 정도 되면 틀에 담아 식혀 중간에 생강, 실파를 색을 조절하면서 넣어 냉장고에서 굳힌다.
7. 회 뜰 살은 소금물에 3~5분 담가 핏물 빼서 마른 면포에 싸서 수분 제거(조금 무거운 것으로 눌러 놓으면 수분이 잘 빠지고 중간에 마른 면포로 다시 싸서 수분 제거하면 더 잘 빠진다)
8. 양옆 지느러미는 호일에 펴서 말린다.

9. 복어 머리, 뼈(5cm 길이) 깨끗하게 손질하여 핏물 잘 빠지게 칼집 넣어 물에 담가 제독한다.
10. 무는 일부 남기고 은행잎 모양으로 다듬어 두께 0.7cm로 2~3쪽을 썰고 당근은 5각형으로 썰어 매화꽃을 만들고 두께 0.7cm로 썰어 끓는 물에 70~80% 익힌다.
11. 배추와 미나리 일부는 데쳐서 김발에 배추 놓고 속에 미나리를 넣어 말아 수분을 제거하여 모양 있게 썰어 놓는다.
12. 두부는 4×1.5×3cm로 2~3개 썰어 놓고 표고버섯은 기둥을 떼고 별 모양, 팽이버섯은 밑둥을 제거하고, 대파는 길이 5cm로 어슷하게 썰어 놓는다.
13. 찰떡(가래떡) 석쇠나 쇠꼬챙이에 노릇하게 구어 씻어 놓는다.
14. 물이 끓으면 손질한 복어 뼈를 데쳐서 찬물에 헹구면서 이물질을 깨끗하게 손질한다.

15. 접시에 손질한 채소와 복어 뼈를 조화롭게 담아 감독위원에게 검사를 받는다.
16. 검사 후 떡, 미나리, 팽이버섯을 남기고 모든 재료를 냄비에 모양 있게 담아 다시국물을 넣고 끓여서 떡, 미나리, 팽이버섯을 넣고 살짝 끓인다.
17. 무 강판에 갈아 헹구어 수분을 제거하여 고운 고춧가루로 물들여 놓는다.
18. 레몬은 반달 모양으로 편 썰고, 실파 송송 썰어 헹구어서 수분을 제거한다.
19. 다시국물 1T, 간장 1T, 식초 1T을 혼합하여 폰즈를 만든다.
20. 종지에 물들인 무, 레몬, 실파를 담고 폰즈를 다른 종지에 담는다.
21. 복어를 길이 6~7cm, 폭 2cm 정도로 얇게 떠서 처음 접시에 시계 12시 위치에 놓고 시계 반대 방향으로 국화꽃 모양으로 돌려 담는다.

22. 회 뜨면서 안 좋은 것은 돌돌 말아 장미꽃 모양으로 만들어 가운데 공간에 담고 말린 지느러미로 나비 모양 만들어 꽃에 올려 놓고 복어 껍질 채와 미나리를 담는다.
23. 도마에 복어회, 복어맑은탕. 니꼬고리, 야꾸미, 폰즈를 담아 같이 제출한다.

복어 핵심정리 핸드북 **401**

저자 프로필 ①

• 임인숙 •

조리과학 석사
한국음식명인 (사)글로벌 K-푸드협회 전통 한식
한식대가 (사)대한민국 한식 포럼

자격증
조리기능장 외 다수

경 력
현 : 중부여성 발전센터 조리과 강사
현 : 조리기능장, 조리산업기사 시험감독위원
현 : 한식, 양식, 중식, 일식, 복어 조리기능사 시험감독위원
현 : 떡제조기능사 시험 감독위원
현 : 조리기능장 한식 메뉴 139가지 인터넷 강의(경록쿡)
현 : 조리기능장 중식 메뉴 60가지 인터넷 강의(경록쿡)
현 : 조리기능장 복어 메뉴 8가지 인터넷 강의(경록쿡)
현 : 한식조리산업기사 메뉴 120가지 인터넷 강의(경록쿡)
전 : 백석문화대학 외래교수
전 : 성신여자대학 외래교수
SBS, KBS, EBS 방송 다수 출연

수상이력
2017년 국회의장상
2018년 농림축산식품부장관상 외 다수

저 서
조리기능장 한식 실기(경록)
한국전통음식의맛(경록)
한식, 양식, 중식, (일식, 복어) 기능사 실기 각각 1권(경록)
한식기능사 필기(경록)
한식조리산업기사 실기(경록)
떡제조기능사 필기, 실기(경록)
(양식, 중식, 일식 복어) 조리 산업기사(경록)
천연조미료와 스마트 저염식으로 만드는 어린이 식단(크라운 출판사)
한식, 양식, (중식, 일식, 복어) 기능사 실기, 필기, 문제집 각각 1권(한국고시회 출판사)

• 이경주 •

경기대학교 일반대학원 외식조리관리학 석사

자격증
조리기능장
조리산업기사(한식)
조리기능사(한식,양식,중식,일식,복어)
커피바리스타1급
커피핸드드립전문가1급
커피감정평가사1급
로스팅마스터1급
와인소믈리에1급
아동요리지도사1급
티소믈리에1급

경 력
현 : 목동 중앙요리학원 원장
현 : 혜전대학교 호텔조리계열 외래교수
현 : 한국조리협회 상임이사
전 : 국제조리사관집업전문학교 교무부장
전 : 토마토요리학원 부원장
전 : 부천조리제과제빵직업전문학교 전임교사
전 : 한국요리학원 전임강사
코리아 월드푸드챔피언십 심사위원
국제요리&제과경연대회 심사위원

수상이력
2019 한국조리사협회중앙회 우수지도자상
2019,2020 대구시장상
2019,2021 국회의원상
국제요리&제과경연대회 라이브 금상
월드푸드챔피언십 금상 외 다수

저 서
양식조리기능사 실기(경록)
중식조리기능사 실기(경록)
일식복어조리기능사 실기(경록)
양식, 중식, 일식, 복어 조리산업기사 실기(경록)
한식조리기능사 필기(크라운출판사)

저자 프로필 ②

• 정문석 •

경기대학교 관광전문대학원 박사 과정 중

자격증
조리기능장 외 다수

경 력
현 : 사조회참치 대표
현 : 한국호텔관광전문학교 일식 조리 강의

수상이력
2016년 대통령상 외 다수

저 서
한국인의 맛(지구문화사)
한국전통음식(백산출판사)
양식조리산업기사&양식조리기능사(백산출판사) 외 다수
참치 해동 특허 3개 보유

• 김창현 •

한국관광대학교 교수

자격증
조리기능장 외 다수

경 력
현 : (사)한국조리협회 이사
전 : HANWHAHOTEL&RESORT.co 조리팀

수상이력
서울세계음식박람회 서울시장상

사진 촬영 **타임아카이브 스튜디오**

시험장에서
눈을 의심할 만큼,
진가를 합격으로 확인하세요

한방에 합격하는
경록 조리산업기사
양식·중식·일식·복어 실기

		정가 39,000원
발 행	2024년 1월 5일	
인 쇄	2023년 10월 5일	

EBS 2019년 ~ 2020년 교재

저 자	임인숙·이경주·정문석·김창현
발행자	이성태 / 李星兑
발행처	경록 / 景鹿
주 소	서울시 강남구 영동대로 114길 7 (삼성동 91-24) 경록메인홀
문 의	02)3453-3993 / 02)3453-3546
홈페이지	www.kyungrok.com
팩 스	02)556-7008
등 록	제16-496호
I S B N	979-11-92336-80-0 13590

개정법령 및 정오사항 등은 경록 홈페이지에서 서비스됩니다.

대표전화 1544-3589

대한민국필독서!!

저자협의인지생략

이 책의 무단전재·복제를 금함

이 책은 저작권법에 의해 저작권이 보호됩니다. 무단전재 및 복제행위는 이 법 제36조에 의해 5년 이하의 징역 또는 5,000만원 이하의 벌금에 처하거나 병과(倂科)할 수 있습니다.